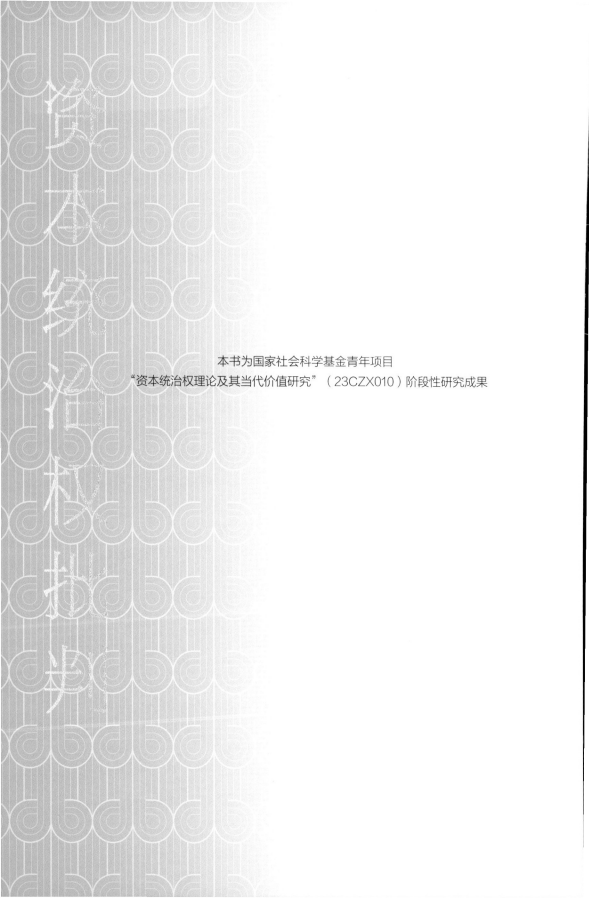

本书为国家社会科学基金青年项目
"资本统治权理论及其当代价值研究"（23CZX010）阶段性研究成果

CRITIQUE OF
CAPITAL DOMINANCE

蔡垚 著

资本统治权批判

社会科学文献出版社
SOCIAL SCIENCES ACADEMIC PRESS (CHINA)

# 目　录

# 导言　资本统治权：切中资本主义本质的核心概念

哲学作为时代精神的精华，就其最核心的内容而言，是对文明形态的理论表征。人类文明的哲学表征，本质上就是以理论的方式揭示和展现人类存在的不同历史形态及其自我意识。阿甘本曾说："术语乃思想之诗意的时刻。"① 以何种术语反思和表征我们的时代特征，决定了我们以何种眼光来审视和把握当下的时代。从本质上来看，资本是我们这个时代最为本质性的特征，也正是在这个意义上，我们把现代文明称为"资本的文明"。资本虽然具有促进生产力发展和推动社会进步的正向作用，但这绝不意味着由资本统摄的现代意义上的"文明社会"实现了彻底的人类解放。卢梭曾言，人生而自由，但却无往不在枷锁之中。现代人也概莫能外。

马克思明确指出，在资本主义社会，"个人现在受抽象统治，而他们以前是互相依赖的"②。在资本形而上学的统治中，人丧失了"主体性"，资本却具有了独立性和个性。可以说，马克思的这一论断阐明了资本主义社会的本质性特征，即资本作为主体取得了对整个社会的统治权，并形成了其特殊的抽象统治结构。在这个意义上，现代资本文明的发展和进步反而在深层次上不断强化资本对人的统治权，这种资本统治权不仅宰制着生产方式的宏观

---

① 〔意〕吉奥乔·阿甘本：《论友爱》，刘耀辉、尉光吉译，北京大学出版社，2017，第1页。
② 《马克思恩格斯文集》第8卷，人民出版社，2009，第59页。

运行，也决定着权力的微观运作模式，是标识现代资本文明本质的核心性概念。因此，对资本统治权的产生、发展及其具体运作方式的分析，以及在文明形态变革的意义上对反抗资本统治权的可能性方案的探求，无疑是整个人类社会所面临的重大理论任务。

## 一　什么是资本统治权

我们在现代性的意义上谈论资本统治权，首先需要明确统治和统治权究竟意味着什么。统治（dominate），有支配、称霸、控制之义。谈到统治，我们总是会将其与野蛮、暴力相关联。"但是统治的武库不仅仅是枪炮。对我们借以创造我们生活的工具和给我们的生活和忠诚以其意义的词语的控制也一样就是权力行使的中心。"[①] 这就意味着，统治不仅是一种直观上的对领土的征服和占有，更是一种引发社会结果却无民主责任的权力，它总是与一种不平等的权力分配关系相关联。由此，我们对资本主义社会统治问题的研究，就是要在现代性的语境下具体揭示资本主义社会的权力关系和统治策略，并对其进行分析和批判。因此，统治指向的是规训和管控人们的权力关系，而统治权指向的是从总体上规训主体和支配社会的主权形式。在这个意义上，马克思最为深刻地揭示了资本作为一种抽象统治力量对人的奴役与统治，如何破解这一现实中客观存在的抽象统治力量，就构成了其政治经济学批判要解决的根本问题。

对于马克思的"抽象"概念，人们往往是从他的《〈政治经济学批判〉导言》开始讨论的。因为在这里，马克思明确指出了通达现实的两种不同的思想道路："在第一条道路上，完整的表象蒸发为抽象的规定；在第二条道路上，抽象的规定在思维行程中导致具体的再现"[②]。前者在特定意义上被称为马克思批判资本主义社会的研究方法，后者则被看成一种叙述方法。这种区分具有一定的理论意义，它启示我们从"抽象力"的角度思考马克思在认

---

① 〔美〕塞缪尔·鲍尔斯、赫伯特·金蒂斯：《民主与资本主义》，韩水法译，商务印书馆，2013，第120页。
② 《马克思恩格斯选集》第2卷，人民出版社，1995，第18页。

识论领域所实现的思维方式的变革。但是如果我们仅仅从认识论的意义上理解马克思的"抽象"概念，就会遗漏马克思政治经济学批判的核心问题，即资本作为一种"抽象"所形成的社会统治的问题。因为马克思借助"抽象"所要进一步揭示和把握的，是蕴含在资本主义生产关系中的强制性，以及这种抽象如何真实地宰制人的社会生活。因此，"抽象"是对社会规定的历史把握，而不是对物的内在本质进行简单的概括。对方法的分析实际上就是对作为统治方式的"抽象"的思考。正如索恩-雷特尔所指出的，不是人的抽象思维能力建构起商品交换过程中抽象的"价值""劳动"等社会规定，而是商品交换的历史过程现实地赋予了人以思维的抽象能力。因此，这种抽象是一种"现实抽象"（real abstraction），它本身对应于一个真实的社会统治过程。

　　"现实抽象"问题是一个具有深刻历史内涵和现实性的问题，它不仅是一个政治经济学批判的方法的问题，更是资本主义现实本身的问题。索恩-雷特尔发现了思想领域的形式抽象与资本主义经济结构的抽象的相似性，从对商品形式的分析出发，指出现实的抽象"并不是源自思维的，它直接地是一种社会本性，其起源存在于人与人之间交往的时空领域之中"①。商品本身具有使用价值与交换价值双重属性，但是在人们的交换行为中，使用价值与交换价值是分离的。一个商品在被交换之前对购买者来说只是单纯的物，人们在头脑中关注的只是其价格，只有在交换行为发生的那一个时刻，商品才成为人们私人领域的拥有物，消费者才具有对它的使用权。因此，从时间上来看，人们的交换行为与使用行为是相互排斥的。交换这一行为本身使得原本体现在市场等公共领域的使用实践被排除出去，它变成了商品占有者纯粹私人领域的东西。虽然商品的使用在交换行为中被排除了，但这种使用没有从思想中被驱逐，因为所有消费者购买商品就是为了获得商品的使用权。人们只注意到自身意识的抽象性，实际上真正抽象的不是意识，而是其交换的行为。这样，索恩-雷特尔将形而上学领域的思维抽象呈现为交换领域的现

① 〔德〕阿尔弗雷德·索恩-雷特尔：《脑力劳动与体力劳动：西方历史的认识论》，谢永康、侯振武译，南京大学出版社，2015，第10页。

实抽象。正是社会化的交换行为塑造了思维的抽象逻辑，进而衍生出脑力劳动与体力劳动的对立以及资本主义社会的抽象统治体系对劳动者阶层的剥削。因此，商品抽象是交换抽象的形式规定，而剥削则是它的历史内容。在交换抽象统摄下的商品抽象、价值抽象和货币抽象，共同构成了资本主义整体性的抽象统治。

不同于索恩-雷特尔在交换领域寻求思维抽象的现实根基，普殊同认为商品形式实际发挥作用的领域不是源自交换抽象，而是源自生产领域的劳动抽象。普殊同认为索恩-雷特尔忽视了劳动本身的抽象，而这种劳动的抽象才是资本主义奴役和压迫人的根源所在。于是，他创造性地将马克思揭示的异化社会结构与劳动的抽象关联起来，进一步确认了马克思所指认的"抽象成为统治"的社会现实。普殊同认为，马克思的异化理论不仅揭示了劳动者受到的剥削与压榨，还从根本上为我们揭示出由劳动本身所建构的资本主义的抽象统治结构。资本主义劳动不仅是自然之间的物质变换的调节器，同时它建构出一种抽象的、非个人的、客观的社会关系。"资本主义特有的以劳动为中介的社会关系形式，并非仅仅建构了一个社会网络来定位、联结个人；相反，这一中介自身获得了生命，它独立于它所中介的个人。"[1]资本主义社会关系的统治形式绝对不是天然形成的，而是在劳动作为中介下形成的。因此，交换领域的价值形式的抽象只是劳动抽象的一个表现形式。从本质上来看，不是交换这一行为，而是资本主义劳动本身赋予了商品形式的抽象以一种客观的普遍性。商品结构的普遍性一旦确立，人们就会陷入一种强制性的社会统治结构之中。并且这种由抽象劳动所建构的新的社会统治结构，表现出一种非个人的、抽象的、客观的特征，它在对人进行全方位管控的同时也建构出整个社会的抽象统治。

但无论是索恩-雷特尔的交换抽象还是普殊同的劳动抽象，他们最后导向的现实就是资本作为主体取得了对整个社会的统治地位。马克思在论述

---

[1] 〔加〕普殊同：《劳动、时间与社会统治——马克思的批判理论再阐释》，康凌译，北京大学出版社，2019，第18页。

"抽象"这一概念的时候深刻指出："抽象或观念，无非是那些统治个人的物质关系的理论表现。"① 结合索恩-雷特尔和普殊同的论述，我们可以概括出"抽象"所具有的双重内涵：一是在理论层面上统摄人们思维过程的形而上学观念，如"存在""绝对精神"等；二是在具体的生产过程中统治和束缚人们的各种"现实规定"，如商品、货币、资本等。这两种抽象并不是相互对立和彼此分离的，思维领域中的观念抽象以具体的生产过程为依据，生产过程中的统治原则又不断巩固和加强思维领域中的抽象，最后二者被资本逻辑所统摄，形成了资本统治权这种新的现实抽象。这也就意味着，在现代社会真正统摄我们的，既不是存在于思维中的概念的权力，也不是资本主义生产过程中的劳动权力，而是将这二者囊括于自身的资本统治权。资本统治权的诞生塑造了一种同一性的管控逻辑，实现了对思维领域和社会领域的双重统摄。因此，作为一种现实抽象的资本统治权，既具有思想上的统治力，它逐渐内化为现代社会的意识形态控制，又具有社会层面上的统治力，它逐渐建构起一种非个人的抽象统治结构。在这个意义上，今天我们仍然生活在马克思的批判指向的时代，而且这种趋势还在进一步强化。

当代资本逻辑与技术理性的精致化，以及生命政治权力的微观治理，使作为一种"现实的抽象"的资本统治权成为当代社会构建的核心机制。借助数字技术以及信息传播体系，资本统治权不断更新着自身的理论形态并进一步扩大自己的统治范围。因此，资本主义的社会统治在我们的生活中就不仅表现为交换价值和货币的统治，而且发展成虚拟资本和知识经济的统治，人越来越受到匿名的网络和规则的统治。"这也给人们带来了反抗的'无目标性'，这种抽象的统治结构是'四海为家'的，它潜伏并藏匿于人们生活的各个层面，已经无法在阶级剥削或阶级统治的意义上来认识。"② 所以，今天的革命更迫切的任务已经不再是推翻某个阶级的统治，而是在更为现实的层面上指向如何抵抗资本作为一种统治权力所建构的带有强制性的抽象社会统治结构。

① 《马克思恩格斯文集》第 8 卷，人民出版社，2009，第 59 页。
② 孙亮：《重审〈资本论〉语境中的"抽象"与统治》，《贵州大学学报》（社会科学版）2020 年第 1 期。

## 二 资本统治权问题的研究现状

马克思发现并揭示了资本主义社会中作为主体力量的资本这一客观抽象对人的统治，随着全球化、金融资本主义以及数字资本主义的发展，这种资本统治权不仅宰制着生产方式的宏观运行，也决定着现代社会的微观权力结构，现代社会在很大程度上是由资本这一抽象的实体真实地推动的，是被抽象权力穿透的。由此，马克思所指认的"抽象成为统治"这一基本社会现实也在新的时代特性和历史语境中被不断激活，资本作为一种抽象对人们的奴役与压迫的问题也越来越受到学者们的关注。

（一）国外研究现状

在对资本统治权及其导致的抽象社会统治形式问题的研究中，国外学者主要围绕"价值形式""现实抽象""资本权力"等，对资本统治权的现实运行以及马克思指认的关于资本主义社会的抽象统治问题进行了详细和深入的解读。

1. 以"价值形式"为核心范畴的拜物教批判

"价值形式"分析是马克思在《资本论》中分析资本主义社会形式的起点，更是他超越古典经济学而做出的一个独特贡献。在马克思看来，"古典政治经济学的根本缺点之一，就是它从来没有从商品的分析，特别是商品价值的分析中，发现那种正是使价值成为交换价值的价值形式"[①]。因此，鲁宾、巴克豪斯、亚瑟等学者立足于"价值形式"的分析视角，延续了马克思拜物教批判的理论思路，将对资本统治权的分析具体落实到价值形式层面，对资本主义的抽象社会统治问题进行了解读。苏联经济学家伊萨克·鲁宾在其《马克思价值理论文集》一书中，将"价值形式"这种真实的抽象看作一种具有构成性的社会权力，在这种权力关系之下，拜物教并不是一种幻象，它本身就是资本主义社会关系得以形成的条件。因此，鲁宾特别强调从价值形式分析入手来解析马克思的政治经济学批判，指出政治经济学并不分

---

① 《马克思恩格斯文集》第5卷，人民出版社，2009，第98页。

析资本主义生产过程中物质和技术的方面，而是分析构成资本主义生产关系总体的特定的"社会形式"，这种社会形式本身就带有一种拜物教和物化的显著特征。[1] 新马克思阅读运动的开拓者巴克豪斯也敏锐地把握到了马克思价值形式分析的重要性，他在《价值形式的辩证法》一文中通过对价值二重化为商品和货币的客观机制的分析，进一步揭示出了隐藏在资本主义生产关系和生产过程中的强制性和抽象性。巴克豪斯认为资本在现代社会具有了像黑格尔绝对主体概念一样的生命力，资本对马克思而言就是一种主体性存在。因此，资本主义的本质性特征和本质属性不是私有财产，而是劳动的特定社会形式。因为一旦资本将劳动吸纳进它抽象的生产过程之后，资本就成为一种自在的主体，不断促进自身的扩张和增殖。[2]

克里斯多夫·约翰·亚瑟延续巴克豪斯的思路，认为资本是一个自足的体系，将价值形式作为统治形式给予哲学论证。他在《新辩证法与马克思的〈资本论〉》中，将价值形式与黑格尔逻辑学进行了一种"同构性"的描绘，从而强化了价值形式的统治力。他认为马克思《资本论》讨论的是作为一定历史形态的现代社会的结构关系，只有完成对价值形式的分析才能将对资本形式规定性的理解深入到劳动生产中去。[3] 约翰·霍洛威在《资本主义的裂缝》中更为集中地将价值形式这种统治形式作为人类现实生存的坚固围城，但与亚瑟和巴克豪斯通过价值形式的分析赋予资本以一种绝对主体并具有自治性的特征不同，霍洛威强调价值形式不过是根源于劳动自身的分裂，因此资本主义内部没有自治，没有自我决定的可能。从抵抗方式的角度来看，自治只能被理解为一个不断引导我们反对和超越资本主义障碍的筹划。基于此，霍洛威更多地将价值形式对人的统治看作一种"同一性"的支配方式，而抵抗价值形式也就是从"非同一性"的视角出发寻求

① Isaak Illich Rubin, *Essays on Marx's Theory of Value*, Black Rose Books, 1972.
② Hans-Georg Backhaus, "On the Dialectics of Value-Form", *Thesis Eleven*, No. 1, 1980.
③ 参见〔英〕克里斯多夫·约翰·阿瑟《新辩证法与马克思的〈资本论〉》，高飞等译，北京师范大学出版社，2018。

解放的可能性。①

2. 以"现实抽象"为核心范畴的社会结构批判

德国社会批判理论学家索恩-雷特尔在他的《脑力劳动与体力劳动：西方历史的认识论》一书中最为直接地提出了"现实抽象"这一批判资本主义社会统治的核心范畴。在索恩-雷特尔看来，构成马克思所分析的"价值形式"本质部分的东西正是发生于商品交换过程中的"现实抽象"，商品是这一现实抽象的形式规定，剥削则是这一现实抽象的历史内容。因此，他根据"第一自然"（原始的自然）和"第二自然"（以交换为特征的资本主义社会）的区分，以及对脑力劳动和体力劳动分工的考察，"翻转"了康德的认识论思路，即不存在先验的认知机制，而是在商品交换实践中生成了现实的抽象，这种现实抽象的本质是交换抽象，商品交换的社会结构与人的思维的逻辑结构之间存在着显著的同一性。② 因此，资本统治权就是蕴含在商品交换过程中的"现实抽象"。索恩-雷特尔的"现实抽象"概念在当代激进哲学话语中引发了普遍的关注，给了齐泽克、普殊同、维尔诺、希拉里奥等人以直接的思想启发。

齐泽克在他的代表作《意识形态的崇高客体》中将索恩-雷特尔现实抽象理论中有关商品形式的分析与拉康的精神分析的"无意识"概念相连接，直接将"现实抽象"等同于作为"真实域"建构环节的"无意识"形式，这样一种"现实抽象"，源自人们的意识结构，正是在人们的无意识认同之中，资本主义的拜物教才会愈演愈烈。由此，齐泽克对马克思的拜物教理论以及政治经济学批判作了精神分析的理论处理。③ 不同于齐泽克对现实抽象概念的理论挪用，真正从抽象社会统治的角度对资本主义社会结构进行分析的是普殊同。对于普殊同来说，"现实抽象"的确发生在"商品形式"的交

---

① 参见 John Holloway, *Crack Capitalism*, Pluto Press, 2010。
② 参见〔德〕阿尔弗雷德·索恩-雷特尔《脑力劳动与体力劳动：西方历史的认识论》，谢永康、侯振武译，南京大学出版社，2015。
③ 参见〔斯洛文〕斯拉沃热·齐泽克《意识形态的崇高客体》，季广茂译，中央编译出版社，2017。

换过程之中，但也进一步发生在资本主义的生产过程之中，因而是一种作为"社会统治"性力量的"劳动抽象"。在《时间、劳动与社会统治——马克思的批判理论再阐释》一书中，普殊同批评传统马克思主义在阐释马克思批判理论时将劳动理解为一个"超历史"的概念，是从劳动的立场出发去批判资本主义。但是在普殊同看来，资本主义劳动本身就建构了一种抽象的、外在于人的社会统治形式。因此，重构马克思的批判理论需要对资本主义劳动本身进行批判。另外一个对"现实抽象"概念作出重要演绎的研究者是意大利学者保罗·维尔诺。他根据马克思在《政治经济学批判大纲》的"机器论片段"中对"一般智力"的分析，揭示了后福特制时代以非物质劳动为基础的资本主义统治的新形式。① 维尔诺指出，作为对生产过程和生活世界的主导，资本统治权在现代社会突出体现为"一般智力"对人的抽象与统治，这种"一般智力"是知识、信息、情感等非物质性要素直接在自身中成为现实抽象的过程。由此，他揭示了现代社会中现实抽象的本质性改变，即社会关系由商品交换的抽象转向特定社会知识的抽象这一事实。沿着这一思路，希拉里奥也认为后福特制的本质特征是"认知资本主义"，在这样的社会形态下，工厂成了传递和承载信息的规训性场所，"现实抽象"是这种控制模式的核心机制，因为此时这种"抽象"已经兼具了物质属性和控制功能。② 因此，从劳动方式转变的角度来看，"一般智力"的概念确实推进了对现实抽象的理解。

3. 以"资本权力"为核心范畴的生命政治学批判

此类研究主要是将资本主义社会看作一个权力体系，进而考察权力的具体运作机制及其所形成的支配关系，由此将资本主义社会的抽象统治原则进一步指向在权力关系作用下所形成的现代社会治理体系。面对新自由主义统治形式的崭新面貌，以福柯、阿甘本为代表，控制性的生命政治话语揭示了现代社会中权力机制对人的控制，其背后所折射出的是资本逻辑对人类社会

① 参见〔意〕保罗·维尔诺《诸众的语法：当代生活方式的分析》，董必成译，商务印书馆，2017。

② 参见 Lorenzo Cillario，"General Intellect"，*Historical Materialism*，No. 3，2007。

的统治。福柯揭示了权力运作方式通过"惩戒肉体"和"调节人口"的治理技术对个人的出生、死亡等生命过程进行的干预和控制。① 阿甘本则通过对"赤裸生命"的指认，进一步确证了在生命政治话语中人在权力机制面前所展现的被控制姿态。② 以哈特、奈格里为代表，反抗性生命政治话语更为关注劳动组织方式从物质性劳动向非物质劳动的转变，以及在这种转变过程中不断生成的共同性，只有建基于这种共同性，作为革命主体的"诸众"才能够逾越资本主义社会的管控和形塑，创生出新的世界。③ 值得注意的是，在这两种生命政治话语之外，韩炳哲则更为创造性地提出了"精神政治学"的概念，实现了生命政治学批判话语的一种新的转向。不同于福柯、阿甘本等人关注的源自"他者"的强力的统治结构，"精神政治学"依据大数据时代的根本社会特征，更多地关注源于主体自身的内在强迫和自我剥削。韩炳哲认为现代社会剥削和异化的主要形式从一种"他者"的外在压制和强迫转变为资本主义话语中所谓的个人自由和自我实现，因此现代社会的主体是一种"功绩主体"，他们在没有他者强迫的情况下基于自我优化、自我完善的幻觉而努力工作，从而奉献出更多的剩余价值给资本。④ 由此，资本文明的抽象统治已经发展为一套外在驯化与自我驯化相结合的现代治理体系。

（二）国内研究现状

国内学界对于资本统治权及其所形成的抽象社会统治问题的研究主要围绕以下几个方面展开：一是针对马克思所指认的"个人现在受抽象统治"这一论断本身，凸显资本统治权的本质性特征；二是以"抽象统治"为视角对《资本论》进行当代解读；三是在政治哲学的视域当中，分析资本何以成为一种权力；四是通过对"资本逻辑""资本形而上学"的分析与阐释，探求破除资本的抽象统治、超越资本文明的可能性方案。

---

① 参见〔法〕米歇尔·福柯《规训与惩罚》，刘北成、杨远婴译，生活·读书·新知三联书店，2012。
② 参见〔意〕吉奥乔·阿甘本《神圣人：至高权力与赤裸生命》，吴冠军译，中央编译出版社，2016。
③ 参见〔美〕哈特、〔意〕奈格里《大同世界》，王行坤译，中国人民大学出版社，2016。
④ 参见〔德〕韩炳哲《精神政治学》，关玉红译，中信出版集团，2019。

1. 针对马克思所指认的"个人现在受抽象统治"这一论断本身进行的理论研究

这种研究最具代表性的成果就是汪行福的《马克思"现实抽象"批判四维度》，在这一文本中作者站在历史唯物主义的高度，对现实抽象概念的产生和发展作了详细的分析，并对现实抽象与资产阶级政治经济学、与货币批判、与社会权力批判以及与人类解放的理论关联进行了系统的阐释，由此推进了对马克思所指认的"抽象统治"问题的理解；① 另外，唐爱军在《马克思对"抽象统治"的揭示与批判》中从抽象统治的发生机制和现实运作方式等角度勾勒和描绘了马克思对于抽象统治问题的理论探索和思想轨迹；② 贺来和白刚在《"抽象对人统治"的破除与马克思的现代性批判》一文中将现代性的本质定义为理性形而上学借助资本逻辑而实现的抽象对人的统治，从理论和现实两个层面分析了马克思视域中"抽象"这一概念的具体理论内涵，进而指出马克思的现代性批判具有在根基处解构以资本逻辑为核心的西方资本文明体系的革命意义；③ 庄忠正以资本主义社会中人的具体生存状况为切入点，阐释了资本的抽象性原则和特征，对由资本逻辑所造成的现实的个人以及社会共同体的抽象进行了分析和批判。④

2. 以"抽象统治"为视角对《资本论》进行当代解读

此类研究主要从两个向度展开。其一，系统阐释《资本论》语境中的"抽象"与"统治"问题。鲁绍臣分别从"所有权""抽象劳动""价值形式"等方面解析了《资本论》中的抽象统治思想，并从主体性抵抗、结构性矛盾等视角揭示了价值形式学派解读《资本论》中抽象统治问题的贡献与不足。⑤ 孙亮对马克思的"抽象"概念与形而上学的纯粹思维抽象作了区

---

① 汪行福：《马克思"现实抽象"批判四维度》，《马克思主义与现实》2018年第2期。
② 唐爱军：《马克思对"抽象统治"的揭示与批判》，《中共南京市委党校学报》2010年第3期。
③ 贺来、白刚：《"抽象对人统治"的破除与马克思的现代性批判》，《马克思主义哲学研究》2009年第0期。
④ 庄忠正：《"个人现在受抽象统治"——马克思对资本主义社会中人的生存状况的批判》，《求索》2016年第7期。
⑤ 鲁绍臣：《〈资本论〉的当代解读：抽象统治的视角与反思》，《党政干部学刊》2015年第11期。

分，阐释了抽象本身不断社会化并与主体发生断裂的社会现实。① 其二，从认识论的角度，分别以"抽象力""资本一般"为核心概念讨论《资本论》中的辩证法问题。白刚在《"抽象力"：〈资本论〉的认识论》一文中指出，马克思正是借助"抽象力"即批判的、革命的辩证法，才能够超越古典经济学的直观抽象和德国古典哲学的思辨抽象，进而深入把握和分析隐藏在商品形式和价值形式背后的资本主义生产方式这一独特的认识对象。② 周嘉昕在《现实抽象与唯物辩证法——重思〈资本论〉写作过程中的辩证叙述方式》一文中认为马克思合理形态辩证法的确立是与他对资本这一现实抽象理解的深化相一致的。正是在从"生产一般"、"劳动一般"到"资本一般"这种概念演进中，马克思重新发现了黑格尔辩证法中的合理性因素，对资本主义社会现实中不断发生的客观抽象及其作用形式有了更为全面的理解。③

3. 在政治哲学的视域当中，分析资本何以成为一种权力，并从"资本权力"的视角出发来批判资本主义社会

这种研究大致也从两个方面展开。一是立足于马克思的经典文本，系统挖掘马克思的资本权力批判理论。翁寒冰认为马克思第一个揭示了现代性的特殊权力结构——物化社会中的"中介性"结构，这是被马克思以政治经济学批判的形式呈现出来的对资本主义社会统治权力的批判。④ 张杰从马克思的文本出发，依据不同阶段马克思哲学批判逻辑的发展，详细梳理了马克思权力批判思想的发展历程。⑤ 王雪以政治哲学中的权力问题为基本视角，通过探究马克思资本权力批判的理论内容，来透析资本权力隐秘而复杂的运作机制。⑥ 二是在新的历史语境中，分析资本权力的表现形态及其现实运作。

---

① 孙亮：《重审〈资本论〉语境中的"抽象"与统治》，《贵州大学学报》（社会科学版）2020年第1期。

② 白刚：《"抽象力"：〈资本论〉的"认识论"》，《哲学研究》2020年第3期。

③ 周嘉昕：《现实抽象与唯物辩证法——重思〈资本论〉写作过程中的辩证叙述方式》，《哲学研究》2019年第2期。

④ 翁寒冰：《马克思权力批判理论的逻辑进路》，《当代国外马克思主义评论》2019年第1期。

⑤ 张杰：《马克思权力批判思想研究》，南京大学博士学位论文，2017。

⑥ 王雪：《破解资本权力之谜——马克思资本批判理论中的一个政治问题》，吉林大学博士学位论文，2020。

王庆丰认为，在现代社会真正对我们施行统治的不是政治统治权，而是资本统治权，这种资本统治权是资本购买力、资本支配力和资本规训力三者的结合。① 董彪认为资本通过市场活动的交换权力、生产过程的规训权力、消费行为的欲望权力，实现了对经济活动和社会生活的宏观统治和微观操控，从而成为现代社会的总体性权力。② 董键铭则从权力的视角出发，对资本主义社会中资本权力的表现形式、实质内容、历史生成及权力机制进行总体性批判，最终指出在根本性革命的条件尚不具备的情况下，我们可以借助制度法律体系的力量来限制、克服、战胜资本权力。③

4. 对破除资本抽象统治、超越资本文明的可能性方案的理论探索

此类研究主要从以下几个方面展开。其一，通过对"资本逻辑""资本形而上学"的分析与阐释，分析资本文明的野蛮扩张本性，因此超越资本文明必然要在根本上扬弃资本主义生产方式，这样才能破除抽象对人的统治，进而彻底地瓦解资本的逻辑。白刚指出，马克思正是运用辩证法来分析和批判资本主义社会"抽象成为统治"的本质，因此辩证法的批判本性所展现的批判方式将彻底突破和摆脱资本逻辑与理性形而上学的"联姻"所造成的幽灵控制，导向一种历史性的"内源性超越"活动。④ 其二，立足于马克思对于资本二重性的讨论，将资本研究的重心由辩证肯定资本文明作用转向对资本文明作用内在限制的揭示及揭示其对中国社会主义市场经济建设的启示上。由此，"驾驭资本""驯服资本""公有资本论"等成为资本文明理论研究的新名词、新热点。王庆丰在《超越"资本的文明"："后改革开放时代"的中国道路》中指出，马克思对资本二重性的揭示决定了我们对资本可以采取一种"驾驭"或者"驯服"的态度，从精神伦理和社会制度两个层面对资本进行规范和制约，以此发挥资本的正面作用，规避资本所带来的

---

① 王庆丰：《资本统治权的诞生》，《国外理论动态》2018 年第 8 期。
② 董彪：《权力视域中的资本——资本权力的概念、机制及其现代效应》，《马克思主义哲学论丛》2017 年第 4 期。
③ 董键铭：《资本权力批判——资本之为权力的哲学研究》，吉林大学博士学位论文，2020。
④ 参见白刚《瓦解资本的逻辑——马克思辩证法的批判本质》，中国社会科学出版社，2009。

负面效应。① 其三，立足于马克思政治经济学批判中的解放逻辑，以劳动方式的改变为着眼点，探讨主体介入破除抽象统治、超越资本文明的可能性。孙亮指出，当今国内学术界过分关注资本逻辑对人的奴役与管控，从而将资本逻辑看作一种独立于人而单独发挥作用的统治结构，这就忽视并削弱了主体本身在反抗资本统治过程中的地位和作用，因此他认为我们要想逃离资本主义社会的抽象统治，不能仅仅从一种客观的抽象力量出发进行思考，还必须从主体的视域出发，重组劳动生产方式，从抽象统治主导的同一性逻辑与现实存在的非同一性逻辑之间的裂缝中寻求超越资本文明的现实路径。②

综上，国内外学界对资本统治权以及抽象社会统治问题的研究虽然有不同的侧重点和切入点，但是都产生了极丰富的理论成果，在新的历史条件下阐明了资本权力的理论形态，赋予了"抽象统治"以新的时代内涵，从而进一步更新了马克思政治经济学批判的理论内容。同时我们也应该看到，国外学界关注价值形式和现实抽象的批判理论，往往导向一种对资本主义社会物化现实的批判，缺少革命的主体维度；而关注权力具体运作的生命政治学批判虽然试图在非物质劳动的视域下重塑阶级逻辑，寻求打破资本管控的革命路径，但在具体革命方案的筹划上又偏离了资本主义生产方式本身，因此不具有现实的可操作性。国内的研究虽然也从不同的层面对资本统治权及其背后所蕴含的抽象社会统治问题有所涉及，但大多将其限制在资本权力的框架内，分析资本何以成为权力以及资本与权力的关系问题，对于资本深入社会结构层面的抽象统治问题则较少涉及。这样，资本统治权及其背后抽象社会统治这一问题本身的重要性逐渐被弱化，难以得到清晰的界定。

### 三 资本统治权问题的当代视野

综上，本书试图在现代性的语境下，揭示出资本统治权的具体内涵及其

---

① 王庆丰：《超越"资本的文明"："后改革开放时代"的中国道路》，《社会科学辑刊》2013 年第 1 期。
② 孙亮：《重审〈资本论〉语境中的"抽象"与统治》，《贵州大学学报》（社会科学版）2020 年第 1 期。

背后的抽象社会统治结构，进而从主体自身出发，寻求驯服资本统治权、破除抽象统治的现实道路，以期从以下几个方面推进既有理论的研究：第一，从资本统治权的角度出发，将现代资本文明的本质性特征定义为在"资本"这一抽象物的座架和催逼之下，资本主义建构的一种特殊的、抽象的、非个人的社会统治形式，并对资本统治权的产生、发展以及具体运作机制进行细致的分析；第二，在新时代的语境下具体分析资本统治权的当代形态及其产生的社会效应，阐明资本统治权在当代社会是政治、经济、文化权力的综合体，它通过拜物教、现代技术以及资本主义治理术的运作机制，使资本的社会统治完成了从规训生产方式向管控生活方式的转变；第三，在文明形态变革的意义上分析驯服资本统治权进而破除抽象统治的现实路径，指出我们必须坚持马克思所开辟的革命道路，从资本主义生产方式本身入手，将驯服资本统治权理解为一个主体在争取自身解放的过程中不断重塑资本观念、重组劳动生产方式的过程。围绕这些问题，本书主要包括以下几个部分。

第一章，资本统治权的诞生：主要在现代性权力关系的几种转向中梳理统治权的理论演变，进而探究资本统治权是如何诞生的。从人类文明史的角度来看，资本的逻辑造成了对人的奴役和压迫，而早在启蒙时代，人们就已经在与奴役和压迫进行斗争了，只不过当时的压迫性力量并不来源于资本，而是来源于政治领域，并以统治权的形式表现出来。因此，在前资本主义社会，资本的权力基本是从属于政治权力的，而主权的承担者主要是民族国家。在工业资本主义社会，马克思通过对资本主义社会工人现实生存状况的分析，将政治上的统治权引向了经济领域，全力批判资本通过夺取剩余价值而造成的经济上的剥削和不平等，由此确认了以资本权力为主体的资本主义经济领域才是压迫产生的中心场域。在现代资本主义社会，资本的权力逐步取代并囊括了其他权力形式上升为整个社会的最高统治权，并逐渐同法律的权力"媾和"，形成了"财治共和国"，进一步结构化了整个人类的社会生活。由此，现代资本主义社会对人的统治，既不是依靠强大的国家机器进行镇压和威慑，也不是直接在生产领域用经济手段使工人从属于资本，而是通过资本统治权的运作，将资本对人的统治扩散到生活世界的每一个角落，实现对人的生活方式的全面控制。

第二章，资本统治权的具体内涵：主要论述资本作为一种统治权是如何实现对人类社会的统治的，并从政治、经济、文化的维度分析其现实表现形式。资本统治权首先是作为一种购买力的经济统治权。在商品形式和市场原则的作用下，交换价值对使用价值的征用，抽象劳动对具体劳动的吸纳，乃至劳动力对劳动者的化约，体现出资本主义社会最为表层的社会统治机制；资本统治权也是作为一种强制力的政治统治权，通过资本的全球化流动，资本的权力逐渐与民族国家的主权合谋，具有了一种在广阔的空间内组织权力的特性，由此它突破了经济权力的界限，上升为一种政治权力，并以自身为中心形成了一个平滑的、永久的帝国统治范式；资本统治权还是作为一种支配力的文化统治权，现代资本主义社会的统治之所以如此稳固，就在于资本不断通过意识形态的建构，影响人的心理，通过虚假需求的塑造和广告媒介的渲染将人们的存在方式确立为占有、消费等，让人不断地按照整个社会的逻辑和标准来塑造自身，并主动接受和再生产着资本的统治关系。最后，资本统治权成为一种普遍性的治理权力，它不断制造出物化的主体意识和社会结构，在医疗、健康、解放的名义之下，将人们日常的身体状况、娱乐活动和身份职业，甚至饮食和运动的诸种细节都纳入权力运行的网络中来。

第三章，资本统治权的现实运作及其社会后果：主要论述资本统治权统治和管控主体的本质性特征及其带来的社会问题。马克思揭示了资本主义社会统治权力的"中介性"特征，即资本主义社会的统治形式不是直接的人对人的统治，而是以物为中介的抽象统治，这种资本作为主体对人的抽象统治构成了资本统治权的核心特征。随着资本主义生产关系的发展、当代资本逻辑与技术理性的精致化，以及生命政治权力的微观治理，资本实现了其管控形式从生产方式领域向生活方式领域的迁移，也使得现代社会的权力关系和统治形式越来越难以辨认，人们被逐步纳入一个极度分散又无限扩张的权力体系当中。可以说，借助资本统治权，资本不仅生产出产品和利润，也不断再生产出资本主义的生产关系、意识形态建构机制和整个社会的抽象统治结构。这种资本统治权向人类生活世界的全面扩散不仅将整个社会变成了以虚假需求为核心的消费社会、以全景敞视主义为特征的规训社会和以一种全球化的权力扩张为原则的"财治共和国"，也使主体在种种自由和解放的幻象中面临价值虚无和身份认同的危机，甚至使社会的"真实"本身不断面临被抽象解构的危机。由此，资本的统治原则上升为一种超越了一切主权形式的全球性秩序，它完全替代了民族国家的主权而变成一种新的主权形式。

第四章，驯服资本统治权的可能性方案：主要通过对反抗统治权传统理论方案的分析和借鉴，从解放视域的转换、资本观念的重塑以及劳动方式的重组的角度阐明驯服资本统治权的现实可能性。从总体上来看，我们可以将对抗资本逻辑或者反抗资本统治的方案归纳为以下几个方面：一是退回到原初没有资本统治权的社会，以此逃避资本对人类的奴役与管控；二是从资本主义生产方式的根基上瓦解资本的逻辑，从而彻底取消统治权；三是基于人民立场，发挥资本的文明作用，规避资本带来的消极后果，从而驯服或者驾驭资本统治权。我们主张采取第三种方案，因为在现代社会，虽然资本的社会统治建构了一个越来越抽象的世界，但是这个抽象的世界并不是外在于人的世界，它只是表现为在人之外统治人的力量。因此，我们既不能退回到前资本主义社会的经济状态中去，也不能取消现代社会经济甚至整个社会发展的原动力，而应该思考如何发挥人的主观能动性，引导统治权与人们的利益相一致。在这个基础上，对资本统治权的驯服在现时代就应该被理解为一个主体在争取自身解放的过程中不断重塑资本观念、重组劳动生产方式的过程。将公共性的维度注入资本的观念之中以及车间民主的实践构成了驯服资本统治权的核心环节。

结语部分指出资本统治权批判的当代价值。资本统治权的产生和发展不仅改变了人的现实存在方式，也从根本上变革了人类的文明形态。对此，本书的总体认识是：对资本统治权的反思，是对当代人类实践活动所构成的人与世界关系的全面反省，解决资本统治权带来的社会问题是对人类文明新形态的寻求。而人类文明形态如何去判定？按照马克思的理解，只有根据生产关系的特征去判断人类文明形态，才抓住了事情的根本。因此，超越"资本的文明"就是要超越资本主义生产关系。在这个意义上，资本统治权批判的理论旨趣就是要揭示资本主义社会统治权力的运作方式，辨明其基本特征与内在结构，从生产方式的根基处寻求反抗资本统治权的可能性方案，从而为实现人类的自由解放奠定理论基础。这不仅能够进一步深化对马克思指出的"抽象成为统治"的理解，也可以指引我们去寻求和建构人类文明的新形态。

# 第一章　资本统治权的诞生

　　资本的产生和发展虽然给人类社会带来了深刻而广泛的影响，但它不是一开始就作为最高的权力形式来发挥作用的。随着生产方式的变革，资本逐渐与技术、法律、治理术融合在一起，继而确立起自己的统治地位。从根本上来看，现代性的权力关系至少发生了三次重大的理论转向：一是在统治权层面发生的转向，即由马克思所揭示的以国家为主体的政治统治权转向以阶级为主体的经济统治权；二是在权力运作方式层面发生的转向，即由福柯揭示的从宏观的"使人死"的专断权力转向微观的"让人活"的生命权力；三是在主权形式层面发生的转向，即由哈特、奈格里所揭示的从超验性的民族国家的主权转向内在性的资本主义主权。在权力关系的这三种转向中，我们不仅可以勾勒出资本统治权的历史性生成过程，也可以看到资本对整个社会的发展进程的影响和对人类现实生存状态的塑造。从根本上来看，马克思在将统治权引向经济领域的过程中揭示了资本增殖逻辑下资本权力对工人阶级的压迫和奴役；福柯则从权力运作的具体方式的角度出发，揭示了资本主义治理技术对主体的规训和形塑。资本权力与治理术之间并不是彼此断裂的，而是蕴含着深刻的关联性：治理术的根源在于资本权力，资本权力的运行需要治理术的保障。正是二者这种相互"拱卫"的关系使得资本超越了民族国家和其他一切形式的主权范式，上升为整个社会的最高统治权。由此，资本统治权的诞生不仅使资本主义的社会统治变得更为隐秘和高效，更建构了一种全球性的"帝国"统治秩序，进而对人实施全方位的规训与管控。

## 第一节　政治统治权：超验权威的暴力统治

在资本逻辑的统摄下，权力及其导致的社会统治问题一直都是人类社会关注的核心问题。在人类文明史的坐标中探寻权力问题的起源以及社会统治的现实表现，我们会发现，虽然资本在现代社会才展现出它全部的形态和统治特征，但是它带来的问题却具有"划时代的意义"。资本的逻辑造成了对人的奴役和压迫，而早在启蒙时代，人们就已经在与奴役和压迫进行斗争，只不过当时的压迫性力量并不来源于资本，而是来源于政治领域，并以统治权的形式表现出来。因此，霍布斯、洛克、卢梭等政治哲学家对个人的自由权给予了充分的关注，他们从自然权利的角度论证了统治权的形成源于人们的自然需要，将人们通过契约缔结而成的国家作为政治权力的主要承担者。但是由于这种统治权实际上是由君主或国家掌握的，因此在具体的实施过程中它并没有使人实现自由，反而导向了对人民的奴役。在这个意义上，近代国家本质上是一个以领土征服和治理臣民为特征的政治共和国，此时主权体现为超验性的民族国家主权。

### 一　出于满足人们自然需要形成的统治权

对人类幸福生活而言，权力是必不可少的，对权力问题的探索伴随人类文明发展的始终。虽然现代社会的本质是以资本为核心的经济型社会，资本对人的奴役与压迫渗透进了人类生活的方方面面，但在启蒙时代，人们所受到的奴役与压迫主要是来自政治领域，因此霍布斯、洛克、卢梭等政治哲学家可谓探求政治权力问题的先驱。他们一方面基于寻求一种更好的生活的立场论证了政治权力对于文明社会发展的重要性，指出统治权的形成源于人们追寻并维持一种令人满意的生活方式的自然需要，人们出于自我保护的原因缔结契约从而建立国家；另一方面又从个人权利的角度出发，确证了财产权的合理地位，并指出国家的权力如果过大，就会威胁公民的个人自由，必须严格限制国家的权力来防范统治权变成专制权的风险。由此，通过对国家的形成、政府的职能等问题的探讨，近代政治哲学理论视域中的统治权是一种致力于满足人们自然需要的政治权力，并且这种政治权力必须以人民的美好生活为目标，对外能够抵御战争和侵略，对内能够保护个人的财产权不受干扰和侵犯。

不同于亚里士多德强调的人天生是政治的动物、国家是自然形成的，霍布斯基于契约主义的立场论证了国家是人们通过立约建立的。霍布斯将人看作政治生活的基础，因此他从对人性的讨论开始论证国家的诞生以及统治权的形成。在《论公民》中，霍布斯提出了两条关于人性的假设："一条是人类贪婪的假设，它使人人都极力要把公共财产据为己有。另一条是自然理性的假设，它使人人都把死于暴力作为自然中的至恶努力予以避免。"[1] 在霍布斯看来，人天生具有追求幸福生活的欲望，人的独特性正在于他全部的生命活动就是欲望从一个层次向另一个层次不断地发展，欲望终止的人正像感觉和记忆停止的人一样无法生活下去。由于人们对权势的自然需要，他们争夺财富、荣誉或其他权势的时候，必然会陷入彼此竞争的战争状态。因此，霍布斯认为在国家诞生之前，人们一直是处于没有权威和法律的自然状态中，在这种无序的自然状态中，人们随时会面临暴死的危险，其生命安全无法得到保证，因此全部人类欲望中最根本的就是"自我保存"的欲望。出于这种自我保存的努力，人们不仅希望追求一种美好和幸福的生活，更希望能够不断维持这种令人满意的生活，而这种追求安逸生活的强烈欲望驱使人们服从一个共同的权力。所以他在《利维坦》中指出："天生爱好自由和统治他人的人类生活在国家之中，使自己受到束缚，他们的终极动机、目的或企图是预想要通过这样的方式保全自己并因此而得到更为满意的生活；也就是说，要使自己脱离战争的悲惨状况。"[2] 所以，人们通过转让自己的自然权利建立起国家，并将这种统一的共同的权力赋予主权者。主权者的统治权是绝对的，它不可分割、不可转让。一旦这种权力分割或者转让，人们就会立即返

---

[1]　〔英〕霍布斯：《论公民》，应星、冯克利译，贵州人民出版社，2003，第5页。
[2]　〔英〕霍布斯：《利维坦》，黎思复、黎廷弼译，商务印书馆，2017，第128页。

回"一切人反对一切人"的战争状态。这也就意味着，国家既拥有能够代表全体公民意志的普遍人格，也是安定与秩序的象征，而统治权则是使这种秩序普遍化的重要条件。由于统治权是基于人们自我保存的自然需要形成的，因此它也负有一定的责任，它必须既能够帮助人们抵御外来侵略，又能够制止国家内部人民相互侵害。霍布斯通过对人性以及国家形成问题的探讨，看到了"统治权"是人们从相互战争的自然状态进入和谐有序的文明状态的重要工具，因此证明了权力对文明社会的积极作用。"强制性的政治权力是人类文明生活所必需，没有强制性权力，就难以有文明的秩序。没有强制性权力的生活不仅是不值得追求的，而且在现实生活中也是行不通的。没有权力与法律，没有秩序，就没有人类文明。权力是建立人类有序而文明生活的内在前提。"[1] 由此，霍布斯超越了中世纪哲学家们从宗教、神权的角度为政治寻求根基的传统，从人性本身出发，阐明了自然状态的本质，为政治秩序奠定了一个人性的基础。

洛克也从自然状态的角度出发，论证了政府的产生以及统治权的形成。在他看来，"政治权力就是为了规定和保护财产而制定法律的权利"[2]。洛克所说的自然状态也是一个没有法律和权威的无政府状态，但是不同于霍布斯将自然状态看作充满暴力与动乱的战争状态，洛克将自然状态看作人人平等的自由状态。在《政府论》中洛克指出，自然状态"是一种完备无缺的自由状态，他们在自然法的范围内，按照他们认为合适的办法，决定他们的行动和处理他们的财产和人身，而无需得到任何人的许可或听命于任何人的意志"[3]。也就是说，自然状态首先是一个自由的状态，其中一切权力都是平等和相互的，人们之间是相互尊重和平等的，并不存在从属关系。但同时，这种自然状态虽然是一个自由的状态，但不是一个放任的状态。由于人是有理性的存在，并受到自然法的教导与支配，因此他就必须尽可能地去尊重他人

---

① 曾水英：《理解政治权力：权力问题的西方政治思想史考察》，中央编译出版社，2013，第63—64页。

② 〔英〕洛克：《政府论》（下），叶启芳、瞿菊农译，商务印书馆，2016，第2页。

③ 〔英〕洛克：《政府论》（下），叶启芳、瞿菊农译，商务印书馆，2016，第3页。

的生命、安全与财产。既然自然状态是和平与平等的，那么为什么人们要联合起来形成国家呢？这就有必要引入洛克的财产权的概念。在洛克看来，人的财产权和生存权一样重要，而劳动者的身体劳作则是其财产合理性的保证。"通过将他们的劳动混入自然世界，人们最早获得了一项财产权，将曾经的共有物转化为劳动者个体的私有财产。"① 也就是说，任何通过劳动被改变的东西，就是人们的合理所得，通过劳动确立的财产权不仅是正当和有效的，更是人类生命、安全和福祉的保证，如果被剥去财产权，人就返归为动物。从保护财产权的角度来看，自然状态虽然是一个相对和平的状态，但也存在许多不便之处。例如当其成员陷入财产纠纷和遭遇人身损害的时候，没有一个能够申诉和处理矛盾的公正的裁判者。于是，"公民政府是针对自然状态的种种不方便情况而设置的正当救济办法"②。由此，洛克认为政府的职能就是充当这一保护人们生命和财产的"公正的裁判者"。人们联合起来赋予政府权力则是出于保护自己财产和安全的需要。政府权威的合理性既不是上帝授予的，也不是继承而来的，而是源自公民的同意与授权。因此，在洛克的视域当中，统治权形成的根本目的是服务于公众福利，从而保护人们的私有财产不受侵犯。洛克论证统治权的独特之处在于他认为权力并非天然是自由的对立面，只有不受限制的绝对的专制权力才会损害和妨碍人们的自由。于是他严厉反对君主专制，主张采取分权理论，将国家的权力分为立法权、行政权和对外权，不同的权力分归不同的机关来掌握，这样国家的绝对性权力就在一定程度上受到制衡或限制，人民的安全和福祉才能得到保障。洛克限制统治权的想法在一定程度上调和了个人权利和国家权力，基于此，国家权威与个人自由之间的绝对性矛盾也得以缓解。

如果说洛克所指的自然状态是一个相对和平但存在诸多不便的状态，那么卢梭所言的自然状态就是一个和谐有序的幸福状态。卢梭从人类历史发展的事实出发，认为自然状态中的人们虽然是离群索居的，但不是彼此争斗

---

① 〔美〕加里·B. 赫伯特：《权利哲学史》，黄涛、王涛译，华东师范大学出版社，2020，第160页。

② 〔英〕洛克：《政府论》（下），叶启芳、瞿菊农译，商务印书馆，2016，第8页。

的，因而是真正完满与幸福的。他指出自然状态下的人们遵循着先于理性存在的两大准则："其中一个原则让我们对自己的幸福和自我保存产生浓厚的兴趣，而另一个原则就是在看到所有感性存在尤其是同类死亡或者痛苦时会产生天然的反感情绪。"① 从第二个原则出发，正是由于这种对同伴的怜悯心，人类不至于为了争夺利益而陷入相互争斗的混乱状态。虽然自然状态下也存在一定的不平等，但这种不平等只是体现在年龄、体力等自然或心理的层面，不具有任何道德意义。但是基于第一条原则，人们还具有自我保存和自我提升的需要，因此人们会慢慢脱离自然状态而进入社会状态。与霍布斯、洛克将从自然状态向社会状态的过渡看作文明进步的标志不同，卢梭认为人们对自然状态的远离不仅是人性的堕落，还造成了深层次的不平等。因为私有制的产生使人们逐渐背离了自然状态下质朴、简单的生活方式。在私心和欲望的驱动下，人们开始为了各自的利益互相争斗。而人类向社会状态的过渡是历史发展的必然，我们不可能重新返回原初的自然状态，那么如何能够保证文明社会中人们的平等与自由呢？卢梭认为只有通过社会契约的方式将孤立的个体联合起来形成国家，才能够"使自然人的平等与人类的不平等在这个国家完美地结合，共同以最接近自然法则和最有利于社会的方式，促进公共秩序的维持和个人幸福的获取"②。因此，卢梭将国家看成人们在"公意"的引导下组成的道德共同体。"公意"与"众意"不同，它不是个人意志力量的总和，而是人们普遍福祉和公共利益的代表。因此要想使社会契约真正具有效力，人们就必须保持对"公意"的服从。虽然国家是人们出于"公意"联合而成的，但驾驭这种联合的力量仍然需要一个合适的代理人，即政府。关于政府的职能，卢梭拒绝将主权者和政府等同，他认为政府不是主权的承担者，而只是主权的代理人。"政府是介于臣民和主权者之间使这两者相互沟通的中间体。它的任务是执行法律和维护自由。"③ 卢梭同样也认为主权者的权力可分割和转让，不同的是，他认为国家最高的权力是立

① 〔法〕卢梭：《论人类不平等的起源和基础》，邓冰艳译，浙江文艺出版社，2015，第22页。
② 〔法〕卢梭：《论人类不平等的起源和基础》，邓冰艳译，浙江文艺出版社，2015，第1—2页。
③ 〔法〕卢梭：《社会契约论》，李平沤译，商务印书馆，2011，第64页。

法权，这种立法权在根本上属于人民，因此它不能从人民手中分割出来转让给任何人。这样，卢梭通过他的社会契约论确立了主权在民的理念，削弱了国家权力的绝对性，为民主制政体的确立奠定了理论根基。

总的来看，尽管近代政治哲学家们对自然状态、社会契约的理解存在细微的差别，但是其都认为统治权的形成源于人们"自我保存"的自然需要，政治权力必须服务于人们的安全、利益与福祉。因此，近代政治哲学理论的进步意义在于他们"既承认国家主权是不可避免的，符合需要的，又试图抵消它潜在的专制权力。自由主义从根本上来说是专制者的死对头"[①]。可以说，他们对权力的根基、国家的起源、政府的职能等问题的探讨，为我们在当代谈论权力的统治与压迫问题提供了丰富的思想资源。

## 二 政治共和国的产生

通过前面的论述我们知道，近代政治哲学家们从对自然状态的论证入手，指出统治权的形成是源于人们寻求良好生活的自然需要。因此，"政治的目的绝不是把人从有理性的动物变成畜生或傀儡，而是使人有保障地发展他们的身心，没有拘束地运用他们的理智；既不表示憎恨、愤怒或欺骗，也不用嫉妒、不公正的眼加以监视。实在说来，政治的真正目的是自由"[②]。但是由于统治权的承担者主要是君主或国家，因此在统治权具体运行的过程中，由于缺乏合理的制度限制，君主或国家并没有真正为人们的自由服务，反而使人们受到奴役与压迫，从而无法充分运用理性。由此，这种统治权并没有导向对人民生命、安全和财产的保障，相反，成为人们在追寻自由的路上的阻碍。本来，人民通过订立契约将自己的权利转让给国家，以此保证自己的安全和财产不受侵犯，但是统治者却逐渐将代表人民普遍利益的统治权变成了确立自己权威的政治强权。他们利用这种权力去不断侵犯别国领土和镇压人民。这样，保障人民利益的统治权演变成了一种征服和统治臣民的强权，这是一种

---

① 〔美〕塞缪尔·鲍尔斯、赫伯特·金蒂斯：《民主与资本主义》，韩水法译，商务印书馆，2013，第21页。

② 〔荷〕斯宾诺莎：《神学政治论》，温锡增译，商务印书馆，1963，第276页。

来自君主或国家的专断权力，福柯将其称为"使人死"的强力。而在这种强力统治下的政体就是一个以强力实现领土占有和塑造臣民的政治共和国。

霍布斯虽然从自然状态入手，将统治权的形成看成文明社会进步的重要标志，但在具体的国家体制的选择上，他却是支持君主制的。霍布斯指出："主权有三种，那就是由一人掌权的君主政体，由全体臣民大会掌权的民主政体，以及由经过指定的或以其他方式使其与旁人有别的某一部分人组成的议会掌权的贵族政体。"[①] 在霍布斯看来，君主政体是最为理想的政体，因为只有当国家的立法、行政和司法权力集合在一个统治的主权者手中的时候，才能够避免权力分部门行使带来的种种不便。由于君主的权力源自人民统一授权，因此他就是人民选中的代表者，他会像保护自己的权益一样去爱惜和维护自己臣民的利益。因此，这样的主权者的权力是绝对的、不可分割的，这就使君主具有了一种不受任何权力制约的绝对统治权。具体来看，这种绝对统治权可以通过两种方式取得。一是通过订立契约，人们将自己的权利让渡给主权者，由主权者代表自己的权益。此时，至高无上的统治权力是人民生命权利的保护者。二是主权者通过战争来威胁和控制对手，通过对其施加暴力，剥夺他们的自然权利从而进一步彰显和巩固自己的权威。此时，这种至高主权成为一种掌握他人生命的强力。在这个意义上，获得主权的契约机制和战争机制彰显了绝对主权的一个矛盾：君主的至高权力既可以成为人民生命权利的代表，也可以成为剥夺人民生命的暴力。这样，统治权并不总是导向和平的生活，它也是君主满足自身欲望、剥夺他人权利的手段。霍布斯的这种主权理论最后极有可能带来一种彻底的专制权力，因此受到了洛克和斯宾诺莎的批评。

在洛克看来，统治权之所以在启蒙时代成为人们获得自由的阻碍，就是因为霍布斯所阐释的那种君主政体之下政府并不具有解决财产权纠纷的功能。君主由于是绝对主权的掌握者，他本身也是私有财产所有者，因而在他与臣民的矛盾中，他无疑有着极大的统治权，这就使得他无法成为一个调节

---

① 〔英〕霍布斯：《利维坦》，黎思复、黎廷弼译，商务印书馆，2017，第147页。

人们之间利益纠纷或冲突的公正的裁判者。因此，"只要有人被认为独揽一切，握有全部立法和执行的权力，那就不存在裁判者；由君主或他的命令所造成的损失或不幸，就无法向公正无私和有权裁判的人提出申诉"①。这样，君主的强力无法真正保障人民的安全和财产，甚至君主对统治权的不正当使用很可能使得人们再次返回到没有秩序的战争状态。因此，洛克不仅提出了分权的理论限制君主的权力，还提出一个合格的政府必须通过制定法律来约束和规范主权者的行为。这样，主权者对统治权的行使必须是经过人民普遍同意的，并且要严格框定在法律允许的范围之内，如果主权者不以人民的意识和法律为准则，而是按照自己的贪欲和野心来行事，他就是在实行暴政。因此，在具体的政体选择上，洛克走向了君主立宪制。在他看来，政府的职能就是保护人们的私有财产，立法权是国家的最高主权。但是与霍布斯不同的是，洛克认为这种立法的最高权力不是由君主掌握，而是由人民选举的议会掌握。这种主张虽然在一定程度上限制了国家权力，但议会仍然是由小部分人控制，因此代表的仍然是特定人群的利益，不能彰显真正意义上的人民主权，还是存在专制的风险。

斯宾诺莎从统治者与人民利益关系的角度出发，分析了统治权成为奴役和压迫人的力量的原因。在斯宾诺莎看来，问题的关键在于随着历史的发展，统治权不再代表人们的普遍利益，而是仅代表了统治者本人的利益。这一过程中的标志性事件是：高级祭司取得了世俗权力，他们同时拥有了神意的解释权与世俗的统治权。从此开始，统治者们便不再需要恪守代表着人们共同利益的神意了，"每个人开始在宗教与世俗的事务上追求他自己名字的光荣，用祭司权解决各种事务，天天发出关于仪式、信仰以及一切别的新的命令。他力求使这些命令和摩西的律法一样地神圣和有权威性。这样宗教就降为退步的迷信，而律法的真正的意义与解释就变得腐化了"②。事实上，这就使神权政体蜕变为了君主政体。从这时开始，制度和法律便不再是源自上

①　〔英〕洛克：《政府论》（下），叶启芳、瞿菊农译，商务印书馆，2016，第55页。
②　〔荷〕斯宾诺莎：《神学政治论》，温锡增译，商务印书馆，1963，第235页。

帝的神圣的统治权，而是源自君主的世俗的统治权了。君主统治与上帝统治的最大区别就在于，上帝所代表的是理想性的生活方式，代表了所有人的共同利益，君主则在大部分时间只能代表其个人利益，这样统治权就不再是人们的普遍力量，而是统治者个人的力量了。因此，斯宾诺莎认为，君主虽然掌握着人民共同赋予他的统治权，但他仍然要将人民的福祉作为最高准则，这样一个良好的政体才能真正形成。

在政治共同体当中，无论国家政体采取怎么样的形式，君主治理臣民的权力都是一种刀刃的权力。福柯将其看作一种能够直接作用于人的生命的"使人死"的权力。因为在"利维坦"似的政治国家当中，权力对身体的作用主要是以暴力和镇压的手段实现的，人们在王权的威严下因承受各色酷刑而遍体鳞伤。从权力运行的角度来看，此时由于君主掌握着臣民的生杀大权，因此权力对身体的控制，是以君主权力对肉体的直接摧残为特征的。福柯将君主对人的惩罚方式分为司法酷刑和公开处决两种，它们的运作有其特定的政治意义。君主通过公开的肉体惩罚来彰显王权的绝对性，从而威慑民众服从君主的统治和法律的规定。"惩罚权属于'罗马法称之为绝对权力的生杀予夺大权，君主凭借这种权力，通过惩治犯罪来监督人们尊重法律'。"① 通常来讲，酷刑就是指那种能够引起人们心灵上的恐惧和身体上痛苦的肉体惩罚，它根据人们过失的不同而划定不同程度的等级，如绞刑、火刑等。这种刑罚主要通过在犯罪者的身体上留下疤痕，给人带来不可磨灭的耻辱记忆，从而告诫人们规范自身的行为来避免犯罪。酷刑的惨烈和直接，使肉体任凭权力的宰割而没有反抗能力，君主通过这种方式来彰显自己权力的绝对性。公开的处决则更像是某种权力实施的仪式，这个过程需要民众的普遍参与，君主统治的目标就是以强力塑造臣民，因此召集民众观看对罪犯的处决过程，不是要引起他们对罪犯的同情，而是让其意识到不服从君主权威可能受到的惩罚，形成一种惩戒的景观，进而恫吓民众，使其意识到反抗统治所招

---

① 〔法〕米歇尔·福柯：《规训与惩罚》，刘北成、杨远婴译，生活·读书·新知三联书店，2012，第51页。

致的恐怖后果，进而甘心服从国家的统治和君主的权威。因此，君主"掌握着的生与死的权力的本质实际上是杀人的权力：只有在君主杀人的时候，他才行使对生命的权力。这本质上是刀刃的权力。……这是使人死或让人活的权力"①。也就是说，君主的权力总是专断的，是刀刃般的强力。

总的来看，在近代政治哲学家的视域当中，国家和共同体的形成是人们通过签订契约和转让权利来实现的。而由于最高的统治权由国家和君主掌握，因此这时的统治权是一种政治权力，此时人们受到的剥削和奴役也大都是以暴力的方式来进行的。正像霍布斯对国家的比喻"利维坦"一样，至高的统治权总是以其强力来恫吓和治理臣民，不管是在君主政体还是立宪制政体中，人民从来没有实际上掌握统治权。人们此时受到的剥削源自政治领域的超验主权。因此，从主权本身的暴力性质来看，近代国家本质上就是以强力征服领土和塑造臣民的政治共和国。

### 三　超验性的民族国家主权

近代政治哲学家们从人类自然需要的角度论证了统治权的形成，确立了近代主权的超验模型。但是他们对于主权的讨论主要是围绕国家的产生以及政府的治理等方面来进行的。不同于近代政治哲学家研究主权关系的思路，哈特、奈格里从现代社会生产方式变革的角度详细分析了现代性主权的特点，并深入探讨了主权与资本的辩证关系。在他们看来，不同时期资本运作方式的转变决定着主权形式的更迭。现在我们正处于全球化的"帝国"统治模式之中，但是这种帝国统治不是凭空出现的，新统治秩序的形成标志着主权范式的根本性变革。因此他们分别从民族主义和殖民主义的视角考察了主权概念的演变，指出后现代的帝国主权范式本质上是建立在现代性的主权范式之上的，而这种现代性的主权与政治共和国的主权一样是单一的超验性力量，它以民族国家为支撑，在世界范围内施行殖民统治。此时资本对整个世界的吸纳体现为形式吸纳，即将资本之外的一切非资本因素纳入其统治范围

---

① 〔法〕福柯：《必须保卫社会》，钱翰译，上海人民出版社，2010，第184页。

之中，因此现代性的民族国家主权不断制造出自我与他者、内在与外在的二元对立，在超验性的层面上规范和统治着人民，防止其对主权的颠覆。

哈特、奈格里通过对欧洲现代性生成过程的考察，为我们辨认出了现代主权形成的三个历史时刻："首先，内在性层面的革命性发现；其次，对内在力量的逆动及权威形式的危机；最后，形成现代国家，从而部分、暂时地解决了危机。国家成为主权的承载者，从而超越并调和了内在力量的层面。"① 现代性是在激进的革命中开启的，在这一进程中，个人的力量得到充分彰显。欧洲在现代性的进程之初，拒绝了传统的神圣权威和超验暴力，开始相信个人的力量，人们坚信共和国及法律的权威并不是来自上帝，而是来自全体公民。这样，过去被上帝垄断的创造力量现在被重新带回尘世间，哈特、奈格里将其称为肯定此岸世界的权力、发现内在性层面的开始。人类对自己力量的充分认识不仅使其具有推翻旧秩序、寻求革命的动力，也掌握了更充分的知识，能够在实践层面不断改造自然和社会。而借助知识的力量，人性自身也不断丰富，人们不论是在肉体上还是精神上都发生了彻底的转变。因此，"这个现代性打破了同过去的联系，并宣布内在性为世界和生活的新范式。它发展出作为科学实验的知识和行动，确立了民主政治的发展趋势，把人类的欲望推到历史的中心"②。现代性的革命力量在社会层面上激起了强烈的对抗，人性的觉醒以及革命力量的出现将现代性带到一个新的危机层面。因此，伴随欧洲现代性的逐渐形成，各种权力机制也不断被生产出来，它开始寻求压制、支配新生运动的力量，以此来应对现代性的危机。

欧洲解决现代性危机的第一种方案就是殖民主义。各国利用民众渴望安定、增强安全感的心理，重新布置超验力量，建立起控制和权威的意识形态。因此，欧洲首先通过塑造一种殖民主义的意识形态，建立起自我同一性的逻辑。殖民主义首先制造出各种统治的异己形象，向民众宣称要么接受其

① 〔美〕哈特、〔意〕奈格里：《帝国——全球化的政治秩序》，杨建国、范一亭译，江苏人民出版社，2003，第75页。
② 〔美〕哈特、〔意〕奈格里：《帝国——全球化的政治秩序》，杨建国、范一亭译，江苏人民出版社，2003，第79页。

他国家的统治，要么接受本国的统治。因此，殖民主义通过一种二元论的排斥逻辑施加影响，被殖民者被隔离在其文化和权力范围之外，并被描绘成一个会深刻威胁本土权力的危险形象。这样，殖民主义的意识形态对内可以威胁民众，镇压反抗力量，对外又可以满足自身掠夺资本和财富的扩张需要。因此，殖民主义是一部制造出同一性和他者性的抽象机器。它不断将社会真实的差异同质化，制造出压倒反抗力量的黑人与白人、东方与西方的对立，最后又消灭这种对立，将其融入自身的同一性秩序之中。

欧洲解决现代性危机的第二套方案是民族主义。可以说，整个欧洲在面对革命性的内在性力量时，它的"基本任务就是既控制住内在性思想，又不产生出中世纪那样绝对二元分立的文化，而其达成的任务的手段就是建造一件超验工具，使它有能力约束由拥有形式自由的主体构成的民众"[1]。这种超验的工具就是民族国家，由民族国家确立起的统治策略和支配方案比殖民主义更为完善。它立足于本土血缘关系的严肃性和语言的共同性，塑造出一种强烈的文化归属感和认同感。与此相应，人民的作用也开始由被动转向主动，似乎民族国家的繁荣取决于民众的努力，这样，民族的概念似乎将主权变成了一种可接近之物。通过民族观念的塑造，国家的命运和个人的努力休戚相关，民众开始主动去保持和维护主权的统一。

但是，民族国家并没有摆脱现代主权特有的征服和统治逻辑从而服务于民主的共同观念。相反，它通过不断制造对立，进一步消除和磨平差异，以此来维护自身的统治。"在自己的内部，民族国家和它的侍从意识形态结构一刻不停地忙碌着，努力创造出，再生产出纯净的人民；在外部，民族国家则是一部制造他者的机器，它创造出种族差异，划定疆界，以支持主权的现代主体，去除统治的限制。"[2] 也就是说，民族国家的主权首先体现为对人民的统治权。哈特、奈格里严格区分了人民的概念和民众的概念，在他们看

---

① 〔美〕哈特、〔意〕奈格里：《帝国——全球化的政治秩序》，杨建国、范一亭译，江苏人民出版社，2003，第83页。

② 〔美〕哈特、〔意〕奈格里：《帝国——全球化的政治秩序》，杨建国、范一亭译，江苏人民出版社，2003，第121页。

来，人民是"一"，他们总是一体的，体现的是一个共同的意志。在人民的内部总是体现出同质性和认同感，因此人民总是统治和管理着政府。民众则是一个复杂的概念，是多种意志的体现，既缺乏同质性，也不具备认同感，是一个开放性的关系群组，是差异和混杂的体现。民众体现为构成性关系，人民则是一个已经定型的综合体，服务于主权的运作。因此，任何一个主权国家都旨在将杂多的民众变成统一意志的人民。

国家将民众变为人民的方式是多种多样的，比如让某一个阶级或种族代表全体的人口，以遮掩其内部的差异。同时，国家主权体现为对领土的征服权。民族国家不断明确自身的边界，维护主权的权威。对国家疆域的确立不仅划定了主权的行使范围，也有一定的文明意味。"'边疆'暗含着这样的观念，即'我们'是文明的，而边疆另一边的人们是野蛮的。"① 这就导致对"他者"观念的塑造，一种文明要想向前发展，必须不停在与"他者"的融合和碰撞中审视自身。但是这种"他者"的观念却随着市场的扩张逐渐扭曲，与"他者"的比较反而强化了其对自身民族文化和文明形态的优越感。这样，一种良性"他者"概念的塑造反而导致了欧洲中心主义的产生，对"他者"的塑造演变成了对"他者"的排斥和征服，"他者"逐渐呈现出一种低劣的样貌，因此，欧洲文明的形态最终导向了殖民主义和种族主义。其不仅在国家内部制造出种族对立和等级差异，也在国家之间制造矛盾冲突，并宣称自己是在反对野蛮、捍卫文明。

总的来看，哈特、奈格里认为现代性的主权范式就是以民族国家为主体的超验性范式。此时权力行使主体总是一元的，要么体现为国家对人民的统治，要么体现为某一阶级对另一阶级的统治，这种统治关系是一种自上而下的垂直关系，而被统治者之间是一种水平的关系。这种看法也与民主主义者的一些观点类似，比如鲍尔斯和金蒂斯在《民主与资本主义》中也认为，自由主义和马克思主义都强调权力统治的垂直关系，这种垂直关系形成了社会的整个结构。"他们特有的统治和被统治的式样，每一种理论都表达了权力乃是

---

① 〔美〕布鲁斯·马兹利什:《文明及其内涵》，汪晖译，商务印书馆，2017，第31页。

一元的权力的观点；在自由主义那里，权力发源于国家，而在马克思那里，权力发源于阶级结构。"[1] 这种国家主权不断将差异性和异质性简化为二元对立，然后把差异融入统一的秩序之中，将所有人的意志凝结成一种普遍意志。因此，现代主权首先是一种国家主权，这种国家主权凌驾于其他权力形式之上，具有普遍的政治效力。不仅如此，哈特、奈格里认为现代主权还有一个更重要的因素，即资本的发展以及市场的确立，欧洲中心主义之所以能快速在世界范围内确立统治秩序，离不开资本权力的支撑。因为如果没有资本的加持，主权形式就无法适存于现代性之中。只不过在现代性的主权范式之中，资本是为主权服务的，资本的力量被用来支撑民族国家的扩张，不断维护其权威。

## 第二节　主权形式从超验性层面向内在性层面的转变

不同于近代政治哲学家们对政治统治权的论述，马克思聚焦工人的现实生存状况，将政治上的统治权引向了经济领域，分析了经济关系中资本权力对人的剥削与奴役。资本权力的微观运作使得资本逐渐突破了民族国家的疆界，向全世界扩张。因此，在资本权力的统摄之下，整个社会成为一个形塑主体的规训社会。这种规训社会的典型特征就是传统民族国家主权形式的衰落，全球性的帝国统治范式逐渐生成。因此，哈特、奈格里基于资本的全球化流动趋势，指出了主权形式从超验性层面向内在性层面的转变，分析了资本统摄下新的政治统治秩序。在他们看来，无论是霍布斯关于国家"利维坦"的隐喻，还是欧洲对殖民主义意识形态的塑造，其都将主权看作单一的超验性的力量，而忽视了权力运行的超越性层面。伴随着世界市场的形成以及资本主义全球化的进程，"资本需求的不是一种超越的权力，而是建立在内在化层面上的控制机制"[2]。也就是说，在现代社会，资本已经与民族国家

---

① 〔美〕塞缪尔·鲍尔斯、赫伯特·金蒂斯：《民主与资本主义》，韩水法译，商务印书馆，2013，第33页。
② 〔美〕哈特、〔意〕奈格里：《帝国——全球化的政治秩序》，杨建国、范一亭译，江苏人民出版社，2003，第311页。

的主权相结合在一个更为内在性的层面上施行其统治。资本的内在性控制将现代社会变成了一个"财治共和国",财治共和国的形成标志着资本统治权的正式诞生,资本开始获得一种超越性的统治力量。"这种超越性力量不是通过主权的命令,甚至也不是通过强力来制造服从,而是通过对社会生活的可能性前提进行结构化来显现。"① 由此,在财治共和国的治理原则下,资本通过与法律、技术和治理术的结合,逐渐囊括并超越了其他的主权形式,成为一种最高统治权,并实现了对人类生活方式的全面控制。

## 一 以维护资产阶级利益为核心的资本权力

近代政治哲学家们从个人权利的角度出发,通过追溯人类原始生存的"自然状态",论证了统治权的形成源于人们的自然需要。马克思也高度关注个人的自由权利,但是比起追溯人类原始生存的"自然状态",马克思更为关注人们当下的生存状况。正像国内研究者指出的那样,"马克思通过对工人阶级现实生存状态的分析和考察,发现资本主义社会的统治权力的根源不在于资产阶级的政治国家和法律中,而在于市民社会的私有制中"②。于是,马克思通过对劳动、价值等概念的分析,不仅揭示了资本对工人劳动力的占有和剥削,更揭示了蕴含在资本主义生产关系中的强制性,详细阐明了资本作为一种抽象如何真实地宰制人的社会生活。由此,马克思通过对资本逻辑的分析和批判将政治上的统治权引向了经济领域,全力考察资本通过夺取剩余价值而造成的经济上的统治和不平等,确认了资本主义经济领域才是权力压迫的中心场域,揭示了现代社会统治权的根本样式,即以维护资产阶级利益为核心的资本权力。

异化劳动是马克思资本批判最为重要的概念,马克思正是通过对工人异化问题的阐释,揭示了资本对工人生命的占有和剥削。劳动作为一种最基本的生命活动,其所展现的是人的自由个性和创造能力。洛克将劳动看作人和

---

① 〔美〕哈特、〔意〕奈格里:《大同世界》,王行坤译,中国人民大学出版社,2016,第4页。
② 翁寒冰:《马克思权力批判理论的逻辑进路》,《当代国外马克思主义评论》2019年第1期。

动物的一个根本差异，认为正是通过劳动，财产权真正得以确立。马克思也十分重视劳动，他认为正是劳动创造了人本身，也只有在具体的劳动过程中，人的本质力量才得以彰显和呈现。但是随着资本主义私有制的产生，人的劳动却产生了异化。马克思通过对异化劳动的分析，将对政治上的社会统治的分析转向了经济领域，揭示了工人的现实生活状况，指出在私有制的条件下，"工人生产的财富越多，他的生产的影响和规模越大，他就越贫穷"①。这一事实证明劳动者的劳动产品在异化劳动下作为一种不受他自己支配的东西与他相对立。在异化劳动中，工人将他全部的生命力和创造力都融合进他的劳动产品之中，但他却没有得到任何回报。因为他所有的劳动产品都是别人的财产，他既不能使用也不能控制。"工人把自己的生命投入对象；但现在这个生命已不再属于他而属于对象了。"② 由此我们可以发现，洛克通过劳动确立了人的财产权，这种财产权神圣不可侵犯。而到了马克思这里，人的财产却被占有和剥夺，工人付出劳动却一无所获。在资本主义私有制的条件下，拥有财富就意味着拥有了对劳动力的占有权和支配权。但是现实却是：工人通过劳动创造出越多的社会财富，他自身就越被排除和隔离在自己创造的财产之外，工人的财产被资本家占有，他的劳动力以及生命也归资本家支配。这样，工人沦为没有自己的生命形式的、动物一般的存在，而原本无生命的对象即资本现在则成了一个活的具有生命的有机体。由此，在资本主义商品关系和交换关系的推动下，"资本"取代了国家的地位，成为资本主义社会中统治人们全部生活的最高原则和普遍标准。马克思政治经济学批判的核心内容就是要分析和揭示资本对人的奴役与剥削，进而寻求人类解放的现实道路。

通过对资本主义社会经济事实和工人现实生存状况的分析，马克思分别从"物"和"关系"两个维度揭示了资本的特征和形态。从"物"的角度来看，马克思揭示了资本主义社会统治权力独特的"中介性"结构。在前资本主义社会，人与人之间的关系是直接的、无中介的，但是随着商品形式在

① 《马克思恩格斯文集》第1卷，人民出版社，2009，第156页。
② 《马克思恩格斯文集》第1卷，人民出版社，2009，第157页。

资本主义社会的全面扩张，物与物之间的交换关系逐渐遮蔽了人们之间真实的交往关系，资本作为一种特殊的物，它本身就是内在于资本主义生产关系中的一种特殊权力形式。在物的层面上，资本的权力首先体现为对工人劳动力及其产品的支配权。

马克思认为，资本主义发展的内在动力就是资本无限制的增殖欲望。"资本是死劳动，它像吸血鬼一样，只有吮吸活劳动才有生命，吮吸的活劳动越多，它的生命就越旺盛。"① 资本作为一种抽象的"物"，其本身是没有生命的，它的生命必须建立在对活劳动的吮吸之上。资本的增殖建立在对工人劳动的剥削和对剩余价值的榨取的基础之上。工人身体中所蕴含的劳动力在这一过程中无疑是不可或缺的因素。所以，资本势必要打破一切循环和积累过程中的障碍，将工人的身体作为实现资本积累的工具和策略来加以利用。这样，工人的身体就沦为了生产工具，异化为一种纯粹的劳动力而成为生产体制的一部分。因此，资本主义"生产不仅把人当做商品、当做商品人、当做具有商品的规定的人生产出来；它依照这个规定把人当做既在精神上又在肉体上非人化的存在物生产出来"②。资本在生产领域完成了对剩余价值的榨取和积累，但还需要通过消费才能将产品销售出去，从而实现自身的增殖。这样，资本不再将工人只当作劳动奴隶，还将其建构为消费者，工人身体的欲望就成为资本存续的关键因素。所以，为了引诱和促进工人消费，资本家公然遮蔽工人本真的身体需要，绞尽脑汁通过各种途径不断刺激工人产生新的身体需要。也就是说，本来，人的身体是具有创造性的存在，人的需要也是多方面的，但是在资本主义私有制条件下，资本家获得了对工人劳动力的支配权，仅仅把工人看成劳动的身体，工人的所有非劳动需要都被排斥了，并不断受到资本的管制与约束。由此，资本的增殖属性倾向于将一切都转化为可供交换的商品，劳动力也不例外。

资本不仅是一种物，更是"一种以物为中介的人和人之间的社会关系"③。

---

① 《马克思恩格斯文集》第 5 卷，人民出版社，2009，第 269 页。
② 《马克思恩格斯文集》第 1 卷，人民出版社，2009，第 171 页。
③ 《马克思恩格斯文集》第 5 卷，人民出版社，2009，第 877—878 页。

从关系的维度来看，资本不仅通过对剩余价值的占有和剥削，实现了自身的增殖，还塑造了一种"同一性"的统治力量，不断再生产出对整个社会的权力支配关系。在启蒙时代，理性形而上学对人的统治处于显著地位，黑格尔就此认为人们主要受到作为一种抽象理性的绝对精神的统治。但是马克思发现了绝对精神的自我演进与资本的自我增殖的同构性。因此，马克思认为在资本主义社会人们受到的是"资本"这一抽象对人的统治。资本不仅从宏观上统摄着资本主义的生产、消费、交换和分配过程，也从深层上主导着人与人之间的交往关系和社会关系。可以说，资本逻辑的扩张使整个社会笼罩在商品形式和价值形式的控制之中，资本的权力超越了其他一切权力形式成为整个社会的总体性权力。马克思曾指出："资本是资产阶级社会的支配一切的经济权力。"[1] 随着资本主义社会的发展，资本的权力已经从最初支配生产关系的经济权力拓展为支配一切社会关系的"资本权力"。"资本权力"实际上是在资本主义生产关系之上形成的资本与权力相媾和的双螺旋结构：资本通过对劳动力的压榨实现自身的不断增殖并以此为权力的管控力量奠定基础，而权力的管控力量进一步规训与形塑劳动者，从而促进资本的增殖。因此，资本的增殖逻辑与权力的扩张逻辑是同步进行的。"资本的增殖逻辑把生产发展和财富增殖作为中心，展示的是'物'的逻辑；资本的权力逻辑则把'物'视为制造支配关系的中介性手段，深刻突出了社会关系的不平等性和不对称性。"[2] 资本向社会关系的全面渗透塑造了一种"总体性""同一性"的社会力量，它随着生产方式的发展不断更新自己的统治形态，最终成为维护资产阶级统治的意识形态。因此，马克思对权力的理解是基于特定的社会现实的。在马克思的视域当中，随着资本逻辑的全面扩张，权力不是国家统治力的象征，而是"标志着一个社会阶级实现其特殊的客观利益的能力"，它是阶级社会中维护特定统治阶级利益的特殊力量。所以马克思的资本批判就是要揭示资本对整个社会的统治，以及资产阶级对无产阶级的剥

---

① 《马克思恩格斯全集》第 30 卷，人民出版社，1995，第 49 页。

② 董彪:《马克思的资本批判：从增殖逻辑到权力逻辑》,《哲学研究》2021 年第 9 期。

削，从而为人类解放寻求可能性的道路。在这个意义上，马克思"全神贯注
于凭借不平等的财产权——在经济生活中依赖特权获取生产资料——的统
治"①。因此他反对的不是某种抽象的权力，而是具有针对性的阶级特权。由
此，马克思对资本权力的揭示将统治权从政治领域引向了经济领域，奠定了
现代社会根本性的统治关系和权力范式。

马克思基于资本主义的社会现实，指出了资本权力对工人的统治与剥
削，但是他主要揭示了由资本权力所导致的资本对劳动身体的占有与控制这
一现实后果，对于权力作为一种资本积累的策略如何穿透人的身体则没有进
行具体的说明。而以福柯为代表人物的生命政治学理论就是要分析权力是如
何通过各种手段具体穿透到主体的身体中，以及穿透到生命的诸形式中。因
此，它关注的核心问题不在于谁掌握了权力，而在于这种权力的具体运作机
制是什么。正像福柯所说的："施加于肉体的权力不应被看作是一种所有权，
而应被视为一种战略；它的支配效应不应被归因于'占有'，而应归因于调
度、计谋、策略、技术、运作。"② 因此，福柯聚焦权力的具体运作机制，揭
示了现代社会中权力的主导形式及其运作方式所发生的深刻变化。在福柯看
来，在生命政治的形成过程中产生了两种新的权力技术，分别是"惩戒肉
体"的身体的解剖政治学和"调节生命"的人口的生物政治学，他在此基
础上指认了资本主义治理技术对人的矫治与规训。

根据传统意义上的理解，权力是一种统治和管控人们的强制力量，它要
么以国家为主体，要么以阶级为主体来对人实施统治。但是在福柯的视域当
中，权力是一整套关于惩罚和规训的技术和关系策略。因此，他关注的核心
问题不是谁在实施权力，而是权力的具体运作机制到底是什么。而权力不管
以何种方式运作，它作用的对象都离不开人的肉体。因此，权力的控制策略
总是涉及肉体的可利用性和可驯服性，以及对它们的安排和征服。在这个意

① 〔美〕塞缪尔·鲍尔斯、赫伯特·金蒂斯：《民主与资本主义》，韩水法译，商务印书馆，
2013，第21页。
② 〔法〕米歇尔·福柯：《规训与惩罚》，刘北成、杨远婴译，生活·读书·新知三联书店，
2012，第28页。

义上，生命政治就是权力以身体为中介而实现的主体性规训。所以，规训权力的主要功能是塑造和训练出有用且驯顺的主体，原本直接施刑的刽子手被监狱看守、医生、精神病专家、心理学家等取代了，通过对这种惩罚方式转变的考察，福柯指出："我们关注的是'身体政治'，把它看作是一组物质因素和技术，它们作为武器、中继器、传达路径和支持手段为权力和知识关系服务，而那种权力和知识关系则通过把人的肉体变成认识对象来干预和征服人的肉体。"① 在这个意义上，福柯的生命政治学就是关于身体的政治学。当规训权力产生以后，权力换了一副温和的面孔对身体继续进行掌控，不再以炫耀自己掌控一切的能力为目的，它所实施的手段也变为层级监视、规范化裁决和检查。

权力的作用点不仅指向具体个人，还指向群体性的人口。在支配群体过程中，生命权力不像规训权力那样把人群分成个体来控制、监视和惩罚，而是将人群作为一个整体来看，从而使这种权力成为大众化的，而非个人化的。它注重这个整体的生命过程，如出生率、死亡率、疾病率、人口的繁殖、再生产比率、寿命等，这时候的权力不再是古典时期对身体的赤裸裸地直接控制，而是对人的生命彻头彻尾的控制。生命权力正是以人口为目标，通过"健康管理学"对个体的生育、疾病、死亡等生命过程进行干预，从而达到形塑主体的目的。一方面，它以治疗疾病和维持健康的名义对人的身体进行医疗干预，将整个人口生命历程纳入权力规训的网络中来，将其作为权力统摄和宰制的客体化对象，实现社会规训；另一方面，它通过发布权威的健康和道德标准，让人们在遵循标准的过程中不断进行自我优化和自我形塑，建构"自身"的主体性身份，完成自我规训。这样，在生命权力不断社会化的过程中，个人的主体化和客体化过程双向并行，身体规训、生命政治与医学的"健康管理"巧妙地结合起来，自我规训与社会规训达成了高度统一。

---

① 〔法〕米歇尔·福柯：《规训与惩罚》，刘北成、杨远婴译，生活·读书·新知三联书店，2012，第30页。

总的来看，马克思将统治权从政治领域引向了经济领域，确立了资本权力这一核心的权力范式，而福柯聚焦权力运作方式的变化，揭示出资本主义治理术对人的控制与规训。在现代性的视域当中，资本权力与治理术不是两个毫不相关的领域，从根本上来看，资本权力之所以能够持续发挥作用、人的异化的状态之所以能够不断的维持，背后离不开资本主义治理术的支撑，正是资本主义治理术的加持使得资本权力对人的管控更为便捷和高效，资本权力开始向整个社会不断扩张和布展。

## 二 财治共和国的形成

资本权力的布展使得整个社会的主权形式逐渐从"超验性"层面向"内在性"层面转变。在《帝国——全球化的政治秩序》中，哈特、奈格里详细分析了这种转变的过程，并指出了帝国作为全球统治秩序的生成机制。在《大同世界》中，他们则把这种帝国统治的模型具象化为"财治共和国"。在他们看来，"当代主导的主权形式，完全内嵌于法律系统和治理机构中，并因此而得到维持，是一种既是法治也是财治的共和形式"①。也就是说，今天真正支配着我们的主导权力形式是体现在财富和资本中的权力，这种权力内嵌于法律之中并且依赖法律得以存续。如今的共和国实际上是一个资本与财产相勾连的财治共和国。财治共和国的诞生不仅实现了从规训社会向控制社会的转型，也标志着作为最高主导权力的资本统治权的正式形成。霍布斯曾将人们通过契约形成的政治国家比喻为强大的"利维坦"，随着资本的统治权覆盖整个社会，这种财治共和国也成为现代社会的"新利维坦"，有着其独特的治理原则和统治策略。

哈特、奈格里首先通过对英国、美国、法国资产阶级革命的分析揭示了财治共和国形成的历史和特征。财治共和国在历史上是以主导性的概念出现的，在三场伟大的资产阶级革命中，宪政和法制的确立都有助于私有产权的合法化。由马克思所指认的私有财产对人的奴役不仅一刻也没有消失，甚至

---

① 〔美〕哈特、〔意〕奈格里：《大同世界》，王行坤译，中国人民大学出版社，2016，第3页。

越来越被强化。因此，财治与共和国并不是两个毫不相关的概念，财产的神圣不可侵犯原则一直镌刻在共和主义的精神中，而财治也一直是资产阶级共和国的根本原则。在美国的资产阶级革命中，财产一直是宪法制定的基础，在每种形式的宪法背后都隐藏着一种实质宪法，即财产权的干预，其中最极端的案例就是财产权对美国持枪权意义的改变。本来持枪权的制定是为了让人们去充分保卫自由，但是随后却变成了防范那些可能威胁人们财产权的人。这样，维护个人财产成为个人自由的核心命题，自由也从一种民主愿望变成了资本主义文明的辩护词。在法国大革命中，不仅宪法的思想不断被财产绑架，甚至连平等权本身也开始变得形式化，它不再被定义为是关于每个个体的权力，而是逐渐演变为保护私有财产的法律秩序，并不断强化个体对他人的剥夺和占有性的权力。可以说，财产的概念以及对财产的保护构成了现代政治结构的基础。因此，"现代共和主义的具体定义脱颖而出：这种共和主义是奠基于财治和私有财产权神圣不可侵犯原则之上，这就排除或者支配了那些没有财产的人"①。这种没有财产的穷人就是以杂多和混杂为特征的"诸众"，他们的身体中蕴藏着无限的反抗性力量，这是一种能够破坏财产及其统治的力量。这样，广泛存在于社会中的杂多主体"诸众"就不再是霍布斯视域中作为国家支柱并维护其统治的人民，而是能够推翻财治共和国的颠覆性力量。但是"诸众"主体性的不断生成也促使资本管控机制不断升级和强化。资本开始"作为客观的支配形式来施行自己的律法，这种经济性的律法会结构化社会生活，并且让等级制和从属关系看起来自然而然且不可或缺"②。也就是说，为了应对"诸众"对财治共和国的挑战，在实际的统治中，资本总会采取分化穷人、剥夺其共同行动和表达方式等手段，去驯化、破坏直至消解"诸众"的反抗力量。除了政治共和国的硬性控制权力之外，财治共和国对人的控制还伴随着意识形态的软性教化，这是资本主义统治方式的进一步升级。

---

① 〔美〕哈特、〔意〕奈格里：《大同世界》，王行坤译，中国人民大学出版社，2016，第5页。
② 〔美〕哈特、〔意〕奈格里：《大同世界》，王行坤译，中国人民大学出版社，2016，第4页。

　　资本对主体管控机制的升级和强化在根本上涉及的是财治共和国治理原则的问题。由于资本对人的统治权力是一种世俗的、平凡化的权力，它是以一种悄无声息的方式来运作的，因此财治共和国对整个社会的治理也显示出了新的特征。财治共和国治理的第一个原则就是治理的工具性。传统社会治理的目标在于征服领土和人民，进而实现国家的统一。但是帝国体制中的治理概念不再是征服性的，而是工具性的，并力图使政治目标和官僚手段相结合，进而达到管控主体的目的。差异性程序对统一性程序的替代构成财治共和国治理的第二个原则。现代社会治理的目标在于对整个生活世界的掌控，并通过各种规训程序来安慰、动员主体并控制主体的反抗力量。这样，它不再像国家主权那样通过实行统一性的社会机制来镇压主体，而是分散化和具有针对性的，对不同的人群有不同的控制程序，这使得它能够以一种更加民主的方式渗透进主体性的生产过程之中。此时，"规训并不像霍布斯所想的那样是一个从高处控制我们的活动、凌驾于我们之上的一个外在的声音，却更像一种内心的动力，和我们的意志难以区分，内在于我们的主体性自身之中且不可分离"①。因此，这种治理模式非但不排斥差异反而会不断强调差异，对差异强调的越充分，治理就会越有效。但是对差异的强调并不意味着个性的实现，人的个性反而会在细分的权力策略中被逐渐抹平。财治共和国对社会的治理并没有对社会的整合做出贡献，反而起到不断分散和分化主体的作用。同时，财治共和国的治理还是非战略性的，它总是借助各种间接性的逻辑得以合法化。相比于国家主权的显性治理模式，帝国的治理逐渐变得无迹可循，因为它已经内化为一种扁平化网络。并且在资本的作用下，帝国开始借助军事逻辑、经济逻辑以及意识形态的逻辑使自己的统治变得隐匿化和合法化。最后，财治共和国虽然突破了民族国家的界限，但它并没有完全抛弃本土化的治理传统，而是将其权力部署与本土的治理模式有效地结合在一起。由于文化差异以及人口的大规模流动，全球性的治理必然要以区域性

---

① 〔美〕哈特、〔意〕奈格里：《帝国——全球化的政治秩序》，杨建国、范一亭译，江苏人民出版社，2003，第313页。

的治理为基础，因此，本土化的治理原则并不与帝国的治理目标相冲突，相反，它不断增强和扩展帝国的全球化治理。此时帝国权力的部署更具弹性和灵活性，"治理权力的分布系统已经开始和军事、金融和思想权力的一系列具体部署以及本土治理的有效性牢牢地结合在一起"①。

财治共和国独特的治理原则使得其对社会和主体的监控不再需要一个处于自身之外的至上权力，因为它的控制已不再通过一种主权国家的规训模式得以实施，而是通过一种生态政治的方式进行。"当权力已彻底生态政治化时，整个社会机体都由权力机器所构成，并已发展为虚拟状态。这种关系变得开放、量化、情感化。权力已伸展到社会结构的每一个神经末梢，伸展到社会的发展过程之中。社会已完全被纳入这种权力之中，如一个单一体般对权力发生反应。权力已表现为一种控制，它伸展到民众的意识和肉体的最深处，同时也跨越社会关系的全部。"② 在揭示帝国统治原则的同时，哈特、奈格里还用了三个隐喻性的说法来分析和揭示财治共和国的具体控制手段。

帝国专制手段的第一个隐喻是"炸弹"，这是一种处在帝国体系顶端的暴力，它代表的是一种对生命的绝对摧毁力量。在民族国家的统治形式中，国家是武装物质力量的垄断者，但是随着核技术在帝国范围内的集结，国家对物质力量的垄断也被打破，帝国可以随时颠覆甚至毁灭生命本身的力量。"金钱"是帝国控制手段的第二个隐喻，它是帝国统治的仲裁者，代表的是资本对社会的操控力量。不断兴起的世界市场、金融结构和货币政策，使得资本能够超越时空的限制，直接干预生产的过程、制定整个社会的价值标准以及确立具体的财富分配方式。"无线电"则是帝国控制的第三个隐喻，它是帝国控制的基本媒介，代表的是帝国统治的扩张力量。随着信息技术的不断发展，通讯已成为确立生产关系的中心要素，它不仅引导着资本主义的发展，也促使生产关系不断发生变革。"无线电"是一个全球化的扩散网络，

---

① 〔美〕哈特、〔意〕奈格里：《帝国——全球化的政治秩序》，杨建国、范一亭译，江苏人民出版社，2003，第324页。

② 〔美〕哈特、〔意〕奈格里：《帝国——全球化的政治秩序》，杨建国、范一亭译，江苏人民出版社，2003，第25页。

能够快速消解区域性的垄断，也能够使各种主权关系快速解体。同时，通信系统还不断向全世界输送资本统治的文化传统和意识形态，促使资本的统治以毛细血管的形式快速地传播和扩散。由此，在通信的作用下，资本主义的"控制机制变得越来越'民主'，越来越内在于社会领域之中，这种机制通过公民的大脑和身体传播，统治的社会融合和排斥行为因此也越来越内在于主体自身。现在，行使权力的机器直接组织人的大脑和人的身体，把人们驱入与生命感受和创造欲望无意识的间离之中"①。帝国统治的三种隐喻向我们揭示出了其权力金字塔的三个层次：炸弹是一种君主权，金钱是贵族权，无线电则是民主权。也就是说，帝国的统治具备了所有权力和统治的特征，它不断地向人类生活世界渗透，将人们纳入一个没有边界、无限扩张的统治秩序之中。

## 三　内在性的资本主权

现代性和资本主义统治关系在其发展过程中已经彻底改变了世界的模样。伴随着殖民统治的结束和民族国家主权的衰落，一种后现代的主权关系和统治范式应运而生。而在现代性向后现代转型过程中，资本增殖和吸纳的模式发生了一系列的自我变革，它不再借助超验性的权威来施行自己的统治，而是逐渐在内在性的层面上来实现其控制。因此，哈特、奈格里聚焦劳动方式和资本构成的转变，分析了"超验性"的民族国家主权向"内在性"的资本主义主权的转变，并在此基础上论述了资本与主权的辩证关系。在他们看来，后现代的主权范式体现为以"帝国"为中心的全球性统治，此时国家主权让位于资本控制，主权不再是单一的超验性力量，权力对主体的垂直统治关系被打破，权力关系开始具备多元化和异质性的特征。此时资本已经完成了从形式吸纳到实际吸纳的转变，它逐渐超越了自我与他者的二元对立，在资本主义范围内部进行吸纳。资本的实质吸纳并不排斥差异，相反它总是不断凸显差异，并力图使主权变得虚拟化。但是主权的隐退不代表统治

---

① 〔美〕哈特、〔意〕奈格里：《帝国——全球化的政治秩序》，杨建国、范一亭译，江苏人民出版社，2003，第24页。

的减弱，资本主义的主权本质上是一种无主权的主权，存在于规训社会的统治原则在资本主义主权的运作下以一种更为隐秘的方式进一步扩张，进而实现对整个人类生活世界的全面控制。

哈特、奈格里首先考察了资本主义社会劳动方式的改变，他们认为对劳动新形式的考察可以帮助我们充分认识当下资本主义剥削和管控的形式。在马克思政治经济学批判的视域中，生产主要是物质性的，劳动体现为雇佣劳动。但是随着资本主义的进一步发展和扩张，如今非物质性生产已经取代物质性生产获得了主导性的地位，知识、语言、符码、信息、感受等产品的生产逐渐取代了物质性产品的生产，而以服务性和情感性为核心特征的认知劳动也不断挑战着雇佣劳动的主体性位置。由此，资本主义生产开始变为生命政治的生产，它不仅要进行实体商品的生产，还进行着社会关系和生命形式的生产。"生命政治生产将经济的重心从物质商品的生产转移到了社会关系的生产，而生产与再生产也日益混同。"①

生产和劳动方式的转变进一步导致了资本有机构成的转变。哈特、奈格里认为资本的有机构成指的是不变资本和可变资本之间的比例关系，也就是死劳动与活劳动之间的关系。在马克思那里，资本与劳动力之间的关系之所以是有机的，是因为资本虽然不断地占有和奴役劳动力，但是仍然为其提供原材料和协作。但在生命政治生产中，资本并不决定协作的组织，甚至还不断地剥夺协作。因为生命政治语境下的协作模式是一种智识性和情感性的协作模式，它是人们在交互性的网络中通过生产性的相遇创造出来的。这种日益强化的协作模式越来越具有自主性，因此它必然会不断挑战资本的管控与奴役。由此，生命政治的劳动力不再是资本构成的器官，而是越来越具有自主性。劳动这种不断增强的自主性造成了资本构成有机关系的断裂，资本日益处于生产过程和财富的生成之外。但这并不意味着资本统治的危机和崩溃，而是指向资本主义统治新秩序的生成。

随着劳动自主性的增强，当下的资本积累也更多地在劳动过程之外实

---

① 〔美〕哈特、〔意〕奈格里：《大同世界》，王行坤译，中国人民大学出版社，2016，第101页。

现，这种资本的积累模式也体现了一种新的剥削形式，即对共同性的占有和剥削。"今天的资本主义积累越来越表现为剥夺性积累，越来越具有掠夺性，主要措施就是将公共财富和社会共同占有的财富转化为私有财产。"① 这种共同性的概念具有双重内涵：一个是静态的自然资源如土地、植物等的共同性，自然意义上的共同性遵从的是一种稀缺性的逻辑；另一个则是动态的、涉及劳动产品和生产工具的共同性，如我们创造的语言、我们的社会关系和交往模式等具有共同性，这种共同性是人造的共同性，是当下资本主要剥夺的对象。在生命政治的语境下，通过对共同性的占有和剥夺，"资本不仅吸纳了劳动，而且吸纳了作为整体的社会，或者说是社会生命本身，因为生命既是生命政治生产过程中的要素，也是其产品"②。

　　资本之所以能够实现对共同性的剥夺，原因在于它逐步超越并吸纳民族国家的主权，在更为内在化的层面上确立了其控制机制。因此，哈特、奈格里通过分析资本在现代社会的运作方式，揭示了资本与主权之间的辩证关系。从本质上来看，资本与主权一直都是一个矛盾的联合体。在资本的原始积累过程中，民族国家的主权通过其超验的政治力量和军事力量将资本的原则带到了世界的各个角落。此时，民族国家的主权是支撑资本积累与扩张的重要手段。戴维·哈维在考察资本的地理扩张时就指出："国家在初始或原始积累的过程中发挥着关键作用，它不仅运用它的权力强制人们接受资本主义的制度安排，还掠夺并使资产私有化以奠定资本积累的初始基础。"③ 但是民族国家的主权总是通过对社会领域的划分在固定的疆界内运作，此时权力的运行遵循的是一种领土逻辑，资本的增殖和积累总是集中在"区域性"的生产模式中。随着世界市场的形成以及资本的全球性扩张欲望的增强，民族国家的超越性主权开始与资本的内在化运作发生冲突。因为在现代社会，"资本通过各种统治关系的中转系统和网络在'内在化'的层面上运作，不依靠一个超越的权力中心。它历史性地倾向于破坏传统的社会疆界，跨区域

---

① 〔美〕哈特、〔意〕奈格里：《大同世界》，王行坤译，中国人民大学出版社，2016，第102页。
② 〔美〕哈特、〔意〕奈格里：《大同世界》，王行坤译，中国人民大学出版社，2016，第105页。
③ 〔美〕戴维·哈维：《新帝国主义》，付克新译，中国人民大学出版社，2019，第54页。

扩张，并且总是将新的人群囊括入其进程之中"①。

　　传统民族国家主权不仅是绝对的且不可量化，它还总是自上而下指导和规范着人们的现实行为。但是后现代社会资本通过价值形式的作用，不仅将一切身份、地位、名誉、特权都纳入市场的机制之中，也将各种不同的差异都整合到一个可量化的交易平面。相对于民族国家主权的同一性和整体性，内在性的资本主权总是杂多和混杂的，且具有可量化的特征。这样，资本运作就不再依赖凌驾于其自身之上从外部指导它的超验规则，而是依靠内在于其自身的控制性原则，这种超越性的力量体现在剩余价值的占有、现代主体性的塑造等方面。在这个意义上，资本在一定时期内确实需要国家强制性政治权力的支持，但在全球化的现代社会，它获得了更大的自主性，并不断蚕食和吞噬着民族国家的主权。因此，权力的领土逻辑和资本主义逻辑总是不可避免地纠缠在一起，资本的统治权正逐渐超越并囊括其他一切的权力形式，成为整个社会的最高统治权。而"当主权和资本彻底结合，权力的超验性也彻底转变为权威运用的超验性时，主权就变成了一架统治全社会的机器。这部机器每分每秒把民众转变成秩序井然的总体的一部分"②。

　　随着资本与主权的深度糅合，一个后现代的帝国统治秩序应运而生。帝国统治下的资本主义主权不再具有主客体的二元性，它不再制造和面对他者，也不再具有内外分明的界线，因此它创造了一种后现代的控制体系，这种控制体系使得资本完全可以在生产性的平行网络中完成自我吸纳、自我增殖。这样，"帝国不建立权力的中心，不依赖固定的疆界和界限。它是一个无中心、无疆界的统治机器。在其开放的、扩展的边界当中，这一统治机器不断加强对整个全球领域的统合"③。而在这种帝国统治之下，资本对人的剥

---

①　〔美〕哈特、〔意〕奈格里：《帝国——全球化的政治秩序》，杨建国、范一亭译，江苏人民出版社，2003，第310页。

②　〔美〕哈特、〔意〕奈格里：《帝国——全球化的政治秩序》，杨建国、范一亭译，江苏人民出版社，2003，第91页。

③　〔美〕哈特、〔意〕奈格里：《帝国——全球化的政治秩序》，杨建国、范一亭译，江苏人民出版社，2003，第2页。

削和控制，不再是依靠强大国家机器的暴力镇压和威慑，也不是直接在生产领域用经济手段使工人从属于资本，而是将其统治原则渗透至社会关系当中，进而实现对人的生活方式的控制。"帝国不仅管理着疆域和人口，而且也创造了它安置自身的世界；它不仅统治着人类的相互交往，而且直接寻求统治人性。它统治的对象是完全的社会生活，因此，帝国代表着生命力量的典型范式。"① 也就是说，在资本统治权的作用下，生活本身的生产和再生产成为权力试图征服和管控的领域。通过细致地指导、管理生活，人们在社会中开始更为积极和主动地接受资本统治权的管理原则和运行机制。

值得注意的是，传统的民族国家主权往往诉诸一种整体性和统一性的权力关系，因此它尽可能将差异同质化。但是资本主义的主权并不拒斥差异，相反，它总是尊重并彰显差异，并在主体性的生产中将主权的统治变得隐秘化和虚拟化。帝国统治下的主体性与主权一样，是杂多和混同的，它不固定在某一具体的身份之上，因此它看起来更具灵活性和丰富性。但是主体性的混合也方便了资本的统治，此时资本无须将杂多的个体集合成整体来进行规训，而是可以让主体在个性化和差异性的体验中逐步认同资本的统治原则。因此，帝国对主体性的生产是与资本统治原则相适应的，它只不过反映了资本与主权之间更为彻底的互容性。

## 第三节　资本统治权：资本权力成为一种社会统治权

通过前面的论述我们知道，马克思通过对无产阶级生存状况的考察，揭示了统治权从政治向经济领域的转变，确认了资本权力对人的奴役与控制。哈特、奈格里通过对资本主义社会的考察，揭示了主权形式从超验性层面向内在性层面的转变。而在现代社会，随着科学技术的加速扩张以及生命政治治理技术的出现，资本权力逐渐与技术、法律和治理术融合在一起，摆脱了

---

① 〔美〕哈特、〔意〕奈格里：《帝国——全球化的政治秩序》，杨建国、范一亭译，江苏人民出版社，2003，第4页。

原本加之于它的种种限制，上升为整个社会的最高主权。因此，它已经不是只在某个领域发挥作用，而是在社会的层面上形成了一种普遍的规训力，对人进行身体规训、欲望操控和精神控制。"在清教徒诗人约翰·弥尔顿笔下，规训是历史的'轮轴'，所有民间的社会兴衰，人类互动的所有片刻和转折都以它为核心。"① 在当代资本主义社会，资本统治权所形成的规训力是一系列权力策略和统治技术的集合。

首先，资本与技术联合形成一种"同质化"的抽象同一性力量，这种同一性力量不仅改变了人类的现实生存状态，也对文明形态的变革产生了巨大影响，它不仅将人的"自然生命"变为"技术生命"，也将"自然的人类文明"变成"技术的类人文明"；其次，资本还与法律的权力媾和，以工厂为典型场所，并借助立法的作用将其统治原则变得更加普遍化和合法化；最后，资本通过与现代管理学的融合，采取更加细致的手段对劳动人口的比例进行调节，进而塑造出"有用"且"驯顺"的劳动主体。通过对企业科学管理内容的吸纳，资本主义建构了一种外在驯化与自我驯化相结合的现代治理体系，使主体在无意识之中进行自我压榨和自我剥削。由此，劳动主体被塑造成丧失了批判精神和反抗意识、仅仅服务于资本增殖的特殊存在，资本统治权彻底实现对生活世界的入侵和对生活方式的全面统治。

## 一　资本与技术相结合的同一性支配

"资本"与"技术"是现代社会发展的两大"支柱"。资本文明的本质就在于它不仅依赖资本的无限扩张本性，还借助技术的同一性力量实现对人类的统治。技术与资本的互动既是人类文明进步的推动力量，又是现代性的根源所在。"在本质上，现代史乃是资本之物质力量与形而上学之理性力量的汇流，正是这两股激荡的全球化力量，造就了真正意义上的世界历史。"② 资本与理性形而上学的联姻在现代社会更为直接地体现为资本与技术的相互

---

① 〔美〕菲利普·S. 戈尔斯基：《规训革命——加尔文主义与近代早期欧洲国家的兴起》，李钧鹏、李腾译，北京师范大学出版社，2021，第50—51页。
② 王善平：《现代性：资本与理性形而上学的联姻》，《哲学研究》2006年第1期。

渗透。一方面，资本和技术的融合突破了人类生产和交往的种种限制，创造出巨大的生产力，不断推动人类文明向前发展和演进；另一方面，技术与资本的合谋也加深了人类生存经验的异化。在资本逻辑的统摄下，现代技术深刻影响乃至决定了人的生命状态和生活样貌，人类生活越来越多地被技术理性扭曲、操控。资本对人的统治在现代社会最为直接地体现为技术统治，借助技术，资本的意识形态逐渐渗透和拓展到整个社会秩序之中，实现对人类生活世界的殖民。由此，技术成为资本治理的主要手段，并为资本增殖服务。在技术的"座架"之下，人的生命从"自然生命"转变为"技术生命"，人类的文明形态从"自然的人类文明"逐渐变成"技术的类人文明"。

海德格尔清楚地认识到了现代技术异化的严重情况及其后果，他对现代性的批判和诊断，就是从重新审视技术入手的。在海德格尔看来，现代技术的本质是"座架"（GeStell）。其中德语前缀"Ge"有同属性事物的聚合之义，词根"Stell"有摆置、放置的意思，二者合并意指框架、骨架、底座。海德格尔从"掌控"的角度来阐释"座架"作为技术之本质的含义。他指出："座架（GeStell）意味着那种摆置（Stellen）的聚集者，这种摆置摆弄着人，也即促逼着人，使人以订置的方式把现实当作持存物来解蔽。"[①] 这也就意味着，"座架"至少应该具有以下三重内涵：摆置、聚集和订置。首先，"座架"是一种具有普遍强制力的"摆置"。在海德格尔看来，无论是现代技术还是古代技术，其根本上都是对一切存在者的"摆置"，通过此一摆置，存在者便以某种状态显现出来，即处于某种"无蔽状态"之中。其次，"座架"还是一种聚集。这种聚集就是将所有摆置的方式集合起来。现代技术对存在者的强制性摆置是"普遍的""无一例外的"，即它将一切存在者都聚集到如此这般的摆置中，没有什么可以幸免，人也不例外。在这种聚集之下，现代技术不断将存在者对象化为有待摆置之物，以一种咄咄逼人的姿态在一切存在者身上打下技术的烙印。最后，由于"座架"具有普遍强制力，

---

① 〔德〕海德格尔：《海德格尔文集·演讲与论文集》，孙周兴、王庆节主编，商务印书馆，2018，第22页。

现代技术就凸显出一种"订置"的权力。这种权力体现在对自然、人造物和人的任意摆置上。"订置"是技术的统治方式，正是通过"订置"，技术才能不断将存在者建构为持存物。在现代技术中，自然被技术任意订造，人造物变成了无对象性的持存物。同样，人本身也被现代技术所促逼和订造，成为现代技术"座架"的附属物。这样，"座架"作为一种普遍的权力订造着自然、人造物和人，并迅速渗透到人类社会的诸多领域，它将人和自然限制和框定在技术的视野中，人们的思想和行为都受到技术的支配和控制。所以从本质上来说，现代技术作为"座架"呈现出来的就是一种对一切存在者的促逼和强求，在技术的"座架"之下，自然和人丧失了原本的丰富性而成为技术的某个环节。"座架"作为一种权力发生的装置，展现了技术对于人类和自然的强大征服欲和控制力。

技术对于自然界和人类的强大的控制欲望恰巧迎合了资本的增殖欲望和扩张本性。正如马克思所言："科学和技术使执行职能的资本具有一种不以它的一定量为转移的扩张能力。"① 资本作为理解现代社会的一把钥匙，其唯一的本性就在于无限制的增殖。资本的这种本性决定了它必须突破一切限制，把一切能够带来利润的东西都纳入它自身的运动体系之中。而现代技术注重抽象化、形式化和量化统治，这种本性使其恰巧可以转化为支撑资本统治的生产力和意识形态力量。技术作为文明的测量器、指示器，是评价文明发展的重要指标。马克思曾指出："各种经济时代的区别，不在于生产什么，而在于怎样生产，用什么劳动资料生产。"② 生产力和生产关系的变革必然会带来人类文明形态的改变。在这个意义上，资本之所以能够构成一种文明，从生产力的角度来看就是因为技术的加持使其突破了自身的诸种界限，将自己的意志作为决定生产关系的唯一力量。借助技术，资本获得了巨大的能量，实现了对人类生活世界的殖民。"作为资本的权杖，科技空前强化了资本盘剥大自然和劳动者的能力，它以空前激化人与大自然的矛盾为代价，为

---

① 马克思：《资本论》第 1 卷，人民出版社，1975，第 664 页。
② 马克思：《资本论》第 1 卷，人民出版社，1975，第 204 页。

资本赢得了极大的阶级空间和利益空间。"①

　　资本文明统治和支配人类的特殊之处就在于资本与技术联合而形成"同质化"的抽象的同一性力量，这种抽象的力量是以资本增殖为核心的市场交换价值体系具体体现出来的。在对资本增殖的盲目追求中，生产从追求具体的特定的使用价值变成了追求一种抽象的交换价值，现代技术也由特定的技艺转变为单纯的操作技术，并采取了统一化、标准化的形式，以一种强制性的姿态，消解了人生命的特殊性和差异性。由此，资本与技术的逻辑共契在现代社会就具体体现为：一方面，资本借助技术实现自己的增殖和扩张，将一切主体存在转化为客体资源，并进一步将人的生命力同质化为生产力；另一方面，一切现代技术服从和服务于资本生产，技术为资本增殖服务，技术支配是资本主义治理的主要手段。在资本逻辑的统摄下，技术成为无所不在的支配性和控制性力量。在这个意义上，"当代世界的基本面是由技术决定的。我们的日常生活、我们的心思和身体、我们的社会组织和治理方式，眼下都被技术控制了，都被技术化了"②。

　　马克思已经为我们揭示了资产阶级社会中资本对人的统治和束缚是以具体的物如商品、货币对人的奴役体现出来的。而在现代社会，技术的发展已经将这种功能性的物拓展为一种具有高科技特性的自动化"技术物"，它给人类具体的生命样态和文明形态带来了重要的影响和改变。维利里奥和斯蒂格勒都把技术物视作"义肢"，"义肢不是人体的一个简单延伸，它构成'人类'的身体，它不是人的一种'手段'或'方法'，而是人的目的"③。现代技术构造了一个以技术物为主的非自然的生活世界，它将人的自然生命变成被加工和改造过的技术生命。由此，技术统治压倒了政治统治，而自然的人类文明正在过渡为技术的"类人文明"。"'类人文明'这个表述主要指向人类身心的双重非自然化或技术化，即目前主要由生物技术（基因工程）

---

①　王善平：《现代性：资本与理性形而上学的联姻》，《哲学研究》2006 年第 1 期。
②　孙周兴：《人类世的哲学》，商务印书馆，2020，第 62—63 页。
③　〔法〕斯蒂格勒：《技术与时间》第 1 卷，裴程译，译林出版社，2000，第 179 页。

来实施的人类自然身体的技术化，以及由智能技术（算法和机器人技术）来完成的人类智力和精神的技术化。"① 我们说传统的政治管控是一种统治，技术支配则从根本上指向一种治理。现代技术对人的支配就是通过技术物，并借助各种信息化、智能化手段来实现对人身体的精准治理和精神的绝对控制。而无论是商品、货币还是技术物，都是一种异己的存在物，它不断向人发号施令，将其纳入资本循环的逻辑当中。由此，现代技术已经成为人类制度构造和社会治理的主要手段。"如果说传统以本质主义为主导的哲学主流和制度形式构成对个体的宰制，那么，在今天我们遭受了，而且正在遭受加速进展的现代技术对个体的强力剥夺。制度性宰制和技术性剥夺相互叠加，个体在此已经被数码化和均质化了。"② 在现代技术的"座架"之下，人的身体机能和感觉经验不断消减，并不断受到智能物全方位的监视和看管。特别是随着生物技术和基因技术的发展，人的生命甚至可以被机器复制和虚拟，长此以往，现代人就成为生活在技术的容器和设备当中、生活在机器和技术装置中的"工具人"，也即被技术同质化的"类人"。"类人"的产生将人类文明从传统的自然文明推向了技术的类人文明。这种类人文明是资本文明发展的极端形式，是资本逻辑带来的必然后果。我们总说文明是与野蛮对立的概念，就暴力程度而言，现代社会的技术统治确实要比以往社会奴隶主对奴隶的统治温和得多，所以它并不是完全野蛮的，体现了人类社会的进步。但如果从个人的解放程度来说，现代人所遭受的剥削程度无疑提高了，因此技术的进步很可能导致文明的重新野蛮化。正因如此，鲍德里亚才说技术对人类生活世界的支配和控制是一种"致命策略"。在一个由资本和技术架构的世界中，一切物与人都已经失去了其存在的意义，被简化和压缩为失去自身丰富性、全面性的单向度存在，这是当今技术时代人类不得不面对的命运。

## 二　资本与法律相媾和的合法化统治

哈特、奈格里在分析资本主义管控形式时认为，以往我们总是过于关注

---

①　孙周兴：《人类世的哲学》，商务印书馆，2020，第73页。
②　孙周兴：《人类世的哲学》，商务印书馆，2020，第38页。

超验性层面的权威与暴力，而忽略了两个当前社会统治的根本要素：资本和法律。在现代社会，权力和统治并不以极权主义和暴政为主要表现形式。相反，那些隐藏在法律过程和日常生活中的资本操控才是最为主要的。国家和政治层面的超验权威并不难识别，但存在于经济与法律中的强制结构则难以辨认。在这个意义上，"当代主导的主权形式——如果我们坚持如此称呼的话——完全内嵌于法律系统和治理机构中，并因此而得到维持，是一种既是法治也是财治的共和形式。换句话说，政治不是一个自主性的领域，而是完全浸没在经济和法律的结构中"①。因此，当资本成为一种普遍的社会统治权的时候，它不断与法律相结合来将自己的统治变得普遍化和合法化：一方面，资本通过与法律结合，可以在国家的中介之下以司法和立法的形式帮助自己实现扩张和积累，并借助法律的力量进一步缓解和调节其遭遇的种种危机；另一方面，资本与法律的结合还产生了一种客观化的支配形式，这种支配形式会进一步结构化人们的社会生活，并以立法的形式将资本对工人的支配以及工人对资本的从属关系固定下来。

我们分析现代社会的权力关系和统治策略，必须厘清资本与法律之间的纠缠关系。在前资本主义社会当中，资本剥削人的方式是直接性的，剥削者在某种程度上就是国家的代理人，他们主要采取暴力手段促使人们服从其统治。但是资本主义社会的剥削有其特殊性，因为它不再直接剥夺工人的劳动产品而是剥夺其创造的剩余价值。在这个意义上，资本主义生产关系的扩张、社会结构及其统治方式的维持，并不直接依赖国家的军事权力等暴力手段，而是依赖遵循着交换原则的市场。资本主义社会对市场具有高度的依赖性，在市场中，资本家凭借自己的资产购买劳动力，工人与资本家签订劳动契约以获取工资。因此，在资本主义的劳动契约中，雇主与工人之间完全是一种相互依赖的经济关系。在这个意义上，"契约自由，既是资产阶级所奋力争取的有关人类自由这一更加广泛的意识形态主张中的一部分，又是资产阶级希望在其经济组织得到进一步落实的一种现实，它意味着暴力制裁被驱

① 〔美〕哈特、〔意〕奈格里：《大同世界》，王行坤译，中国人民大学出版社，2016，第3页。

逐出新型的、不断扩张的劳动力市场"①。契约精神的出现是人类从野蛮状态走向文明的重要标志，而资本主义的产生则促进了契约类型的重大转变。在政治哲学的视域中，人们通过转让自己的自然权利相互之间订立契约而形成国家。此时，契约是人们基于和平的愿望自愿签订的。但是在履行契约的过程当中，为了避免人们仅仅按照自己的激情和欲望行事，还需要一个权威的公共权力来加以保障。正像霍布斯所说的："没有武力，信约便只是一纸空文，完全没有力量使人们的安全得到保障。"② 因此国家就是一个人们按照契约建立的"大写人格"，此时契约的主要形式是政治性的。

但随着资本主义的产生，市场将其交换原则扩展到一切可渗透的领域。劳动者在市场上与雇主签订的劳动契约不再具有政治上的目的，而仅仅是经济性的，是使交换关系变得合法化的依据。因此，不仅政治上的契约需要国家主权保障，现代的经济契约同样需要立法的支持。在现代社会，国家依然在调节劳资关系和保障市场平稳发展方面发挥着不可或缺的作用，但国家的这种保障主要是依靠法律手段来进行的。可以说，"正是国家通过司法和立法帮助形成了财产所有权的市场依赖性。同样从一开始，国家干预不仅是创立和维护所有制的需要，同时也是创立和维护无产制的需要。当然，国家一直是支持剥夺过程并保护资本家财产垄断性所必需的"③。英国《济贫法》的出台很好地说明了国家是怎样在具体的立法过程中既确保了资本对市场的依赖，也确保了劳动者对资本家的依赖。在资本主义发展初期，为了解决"圈地运动"带来的一系列社会问题，英国出台《济贫法》，实施一系列社会福利措施，采取一种院外救济制度，比如穷人可以向教会寻求帮助，也可以在救济院进行工作以缓解经济压力。但这种政策的实施促使大部分穷人选择向他们所属的教会区寻求帮助，不能大范围进行流动，因此不能满足资本对劳动力的大规模需求。于是，政府开始施行《济贫法改革案》，原本的院

---

① 〔英〕吉登斯：《历史唯物主义的当代批判：权力、财产与国家》，郭忠华译，上海译文出版社，2010，第185页。
② 〔英〕霍布斯：《利维坦》，黎思复、黎廷弼译，商务印书馆，2017，第128页。
③ 〔加〕埃伦·伍德：《资本的帝国》，王恒杰、宋兴无译，上海译文出版社，2006，第7—8页。

外救济制度被废除，贫困救助仅允许在劳作救济院进行。劳作救济院的工作比工厂中的工作还要繁重，因此人们不得不继续回到工厂工作。这样，国家通过法律的作用，既确保了资本的积累，也将劳动力输送到资本最需要的地方去。因此，法律的制定非但没有解放劳动力，缓解其劳动压力，反而确认了劳动力对资本家的人身依附关系。

资本利用法律实施其统治的另一个典型案例就是《工厂法》的实施。"通过劳动合同法以及劳工法，资本的规训力使资本家对工人的监管、支配和规训变得公开化、规范化和合法化；通过选举权和立法权，资本的规训力使现代社会中的所有一切都处在资本的规训之下。"① 资本家在《工厂法》中制定了严格的纪律来对工人进行管控。其中，工人的劳动行为、生活方式都成为资本规训的对象，资本则不断通过立法的形式将这种管控和支配合法化。因此，工厂成为压迫、监视、剥削劳动者的权力装置，它使得劳动由自由自主的活劳动变成了机械性的死劳动。"在工场手工业中，工人是一个活机构的肢体。在工厂中，死机构独立于工人而存在，工人被当做活的附属物并入死机构。"② 人应该通过自由自觉的劳动充分占有自己的身体，实现自己的本质，但是在工厂中却作为死劳动成为资本主义生产体系的附庸。因此，在《工厂法》的作用下，不仅资本家对工人的剥削变得更加普遍化和合理化，就连劳动本身也成为一种规训人的手段。《工厂法》的确立导致工人在资本主义社会中完全成为一种矛盾的存在：工人的身体作为劳动的主要承载者一方面促进了资本的积累，另一方面又被资本挤压变形。而资产阶级为了实现资本利益的最大化，仅仅将工人的身体视为单纯的生产工具，自由自觉的身体本质被剥夺，劳动沦为工人纯粹维持肉体生存的手段，工人的身体在资本的支配下呈现为一个普遍贫困的肉体，完全丧失了自身的丰富性和创造性，沦为替资本家赚钱的工具。在这个意义上，"资本在工厂法典中却通过私人立法独断地确立了对工人的专制。这种法典只是对劳动过程实行社会调

① 王庆丰：《资本统治权的诞生》，《国外理论动态》2018年第8期。
② 《马克思恩格斯文集》第5卷，人民出版社，2009，第486页。

节，即对大规模协作和使用共同的劳动资料，特别是使用机器所必需的社会调节的一幅资本主义讽刺画"①。在当今社会，由《工厂法》所确立的管控和支配形式不断向现代企业制度中延伸。表面上看，现代人们的工作不再像血汗工厂制度下那样繁重和压抑，而是更加人性化和更具自主性，人们不仅享受着更为舒适的工作环境，也能得到良好的工资待遇，但实际上，现代企业制度中蕴含着更为深刻的管控和剥削，它通过现代技术手段的运用，无时无刻不在对员工进行监视和支配。因为从踏进公司的那一刻开始，每个员工都会拿到作为工厂制度汇编的《员工手册》，里面详细规定了入职后所应该遵守的规范，它逐渐内化到人们意识之中，促使人们接受资本制定的规则。因此这种《员工手册》更像是为每个人量身制定的"工厂法"。

不仅如此，现代企业的办公布局也非常接近福柯所阐释的全景敞视结构。办公场所被划分为一个个的格子间，尽头是管理者的办公室，老板和经理只要稍一抬头，就可以看到员工的具体活动。这让我们不禁联想到马克思所说的劳动监工，他在现代企业中只不过是以一个经理人的身份重新出现。因此，现代企业成了资本权力管控的核心机构，在这样的规训机构中，"工人没有工作的自主权，一切任务都由管理方规定，并且依赖于机器实现，同时工作过程受到严密的监控，而且这种控制系统和监视系统的效率都远远地超过了奴隶社会与封建社会，真可谓'科学控制'与'科学监视'"②。基于现代企业中雇主与员工之间的不平等关系，关系平等主义哲学安德森将这种已经成为有着等级制体系的统治机构的现代企业称为"私人政府"，它不断对劳动工人进行统治和规训，并借助法律的实施为资本对工人的支配披上了一件合法的外衣。

## 三　资本与治理术相糅合的精细化治理

马克思揭示了资本主义社会资本对人的奴役和剥削，但是对资本权力具体是如何作用于人的身体以及权力具体的运行机制没有给出明确的说明。以

---

① 《马克思恩格斯文集》第5卷，人民出版社，2009，第488页。
② 王庆丰：《工厂的生命政治学分析——以〈资本论〉为核心文本的考察》，《吉林大学社会科学学报》2020年第3期。

福柯为代表人物的生命政治学理论则详细揭示了权力的具体运作机制，它研究的就是权力如何干预和穿透人的身体继而对人实现规训和管控。所以整体来看，生命政治学的治理目标是塑造出有用且驯顺的社会主体。正像阿甘本所说的，"福柯早已证明，在一个规训社会，装置如何旨在通过一系列实践、话语和知识体系来创造温顺而自由的躯体，作为去主体化过程中的主体"①。表面上看，资本通过与技术法律相结合对工人实施的规训和管控，逐渐突破了自身的界限，获得了旺盛的生命力。但资本生命限度的扩宽却是以工人身体机能的衰退为代价的。所以，为了应对工人身体机能的退化，保证劳动力供应的质量，资本不仅要将工人当作"生产工具"来进行规训，促进资本的积累，同时还与生命政治学的治理技术联手对劳动身体进行形塑，不断为资本主义社会生产出有用且驯顺的劳动主体，从而保证资本的存续：从有用的角度来看，资本采取一种"排斥性吸纳"机制对劳动人口的比例进行调节。在分工和机器的作用下，资本不断将工人塑造成局部工人、片面器官和畸形物，进而满足资本生产对鲜活劳动力的需要；而从驯顺的角度来看，通过实施各种福利政策和制造自由的假象，资本建构了一种外在驯化与自我驯化相结合的现代治理体系，使主体在无意识之中进行自我压榨和自我剥削。由此，劳动主体被塑造成丧失了批判精神和反抗意识，仅仅服务于资本增殖的特殊存在。

资本主义生产必然要对劳动主体进行形塑，因为"如果不把肉体有控制地纳入生产机器之中，如果不对经济过程中的人口现象进行调整，那么资本主义的发展就得不到保证"②。基于资本主义生产的需要，为了提高生产效率，资本家通过分工要求工人高强度地重复某些简单的操作，不断突破工人劳动的纯粹肉体极限。分工不仅将工人固定在某个单一的操作领域从而"加固"了工人对资本和纪律的服从，还不断将工人塑造为分散的"肢体"，加剧其内部的等级划分和劳动竞争。"工场手工业发展了一种劳动力的等级制度，与此相适应的是一种工资的等级制度。"③ 也就是说，通过分工，劳动力

① 〔意〕吉奥乔·阿甘本：《论友爱》，刘耀辉、尉光吉译，北京大学出版社，2017，第23页。
② 〔法〕福柯：《性经验史》，余碧平译，上海人民出版社，2005，第91页。
③ 《马克思恩格斯文集》第5卷，人民出版社，2009，第405页。

的集体身体被分解成有关技巧、权威、智力和体力等许多等级。与这样的等级阶梯相并列，工人整体上又被划分为熟练和非熟练两种。为了消解身体的反抗意识，资本主义不断分化工人的劳动身体，制造出受雇佣的"现役劳动军"和待业的"产业后备军"之间的对立。在资本的"座架"和催逼之下，分工导致工人内部之间为了生存而不得不进行尤为激烈的竞争。那些因为疾病而不能劳动的人由于不能再继续承担可变资本的角色，要么落入产业后备军的阵营，要么坠入被公认是社会最底层的流氓无产阶级的地狱。由此，原本的工人与资本家的矛盾被转移成工人内部的矛盾，这样，工人被绑定在反复同一操作的流水线上，长期固定地从事某种局部的生产。长此以往，其身体和劳动的完整性也不断遭到破坏。分工带来的效果比较接近福柯通过全景敞视监狱论述的权力对主体的监控效果。全景敞视主义是一种"能够解析空间分配、间隔、差距、序列、组合的机制。这些机制的使用是能够揭示、记录、区分和比较的手段。这是一种关于复杂的权力关系的物理学"[1]。在全景敞视的作用机制下，关于主体的诸种运动细节都可以被纳入权力的管控范围之内。而由于分工将生产区分为不同的步骤，将工厂划分和隔离成不同的车间，资本家也可以更为快速和便捷地提取到工人劳作的每一个片段，从而更为精准地对其进行剥削和管控。

在分工之外，机器的应用进一步加深了工人身体的异化。它不仅把工人的身体塑造成高效且驯顺的"机器肉体"，使其进行着重复、单调的简单操作；而且把工人塑造成机器的"有意识的附件"，抹杀身体的创造潜能、加剧工人之间的竞争，从而消解其联合意识和阶级意识。机器本来是作为一种劳动工具来弥补工人身体机能的消耗，因此它是一种辅助性的存在，是人的躯体延长的肢体。但是技术的加持使它成为与人相对立的存在并转而操纵和控制人的身体。在机器化大生产中，不是工人使用机器，而是机器使用工人，工人反而从属于和服务于机器。机器的应用并不是为了缓解工人的劳动

---

① 〔法〕米歇尔·福柯：《规训与惩罚》，刘北成、杨远婴译，生活·读书·新知三联书店，2012，第224页。

压力而对其进行补偿，相反，它是通过将工人的劳动变得毫无内容而对其实施极端可怕的鞭挞。在这个意义上，机器的每一次改进都只不过是提高了资本吮吸身体的劳动力的能力。它的应用只不过是为了进一步"管理、治理、控制和引导（以一种所谓有用的方式）人类的行为、姿态和思维"①。因此，由异化劳动导致的主客颠倒的结构随着机器的采用获得了更为明显的现实性。由于机器能够在短时间内完成工人无法完成的操作，所以它对工人有一定的排挤作用。那些因分工而变得畸形的身体，在机器的排挤之下变得更不值钱了，甚至可能直接被机器淘汰重新被抛入更低级的劳动力市场，从而增加了可供资本自由剥削和支配的劳动力数量。这样，工人与资本家之间的根本性矛盾又进一步转化为工人与机器之间的矛盾。"机器不仅是一个极强大的竞争者，随时可以使雇佣工人'过剩'。它还被资本公开地有意识地宣布为一种和雇佣工人敌对的力量并加以利用。"② 当机器这样一种生产资料过于强大时，工人便失去了他作为劳动生产力在生产过程中的核心地位，变成了一种丧失了自我意识的机器附件。这样，在异化劳动中，分工和机器不断转化劳动与资本对立的矛盾，加剧工人内部以及工人与机器之间的竞争，从而保证劳动力的供应效率，实现对劳动工人的重塑。

在分工和机器的作用下，资本能够不断实现对劳动人口的调节，在严密监视和管控劳动者的基础上实现对其的"排斥性吸纳"，这使得资本主义在短时间内快速提高了生产效率。但由于其采取的是一种强制性的社会监控和管制机制，这非常容易激起劳动者的反抗情绪。于是，为了消磨劳动者的反抗意志、消解其颠覆性的革命力量，资本开始与生命政治的治理技术联合，实行更加人性化的后福特制，为资本对劳动者的剥削与管控披上了"科学管理"的外衣。韩炳哲通过对现代社会治理特征的分析指出："福柯的规训社会由医院、疯人院、监狱营房和工厂构成，已经不再适用于描述当今的社会。取而代之的另一种社会形态，即由健身房、办公楼、银行、机场、购物

---

① 〔法〕吉奥乔·阿甘本：《论友爱》，刘耀辉、尉光吉译，北京大学出版社，2017，第15页。
② 《马克思恩格斯文集》第5卷，人民出版社，2009，第501页。

中心和基因实验室建构的社会。21 世纪的社会不再是一个规训社会，而是功绩社会。其中的成员不再是驯化的主体，而是功绩主体。"① 如今的功绩社会是一个肯定性的社会，它大规模地消除了规训社会下的种种限制和禁令，充满了自由观念和去管制化。在福柯那里代表着绝对规训力的外在统治机构已经被拥有人性化设计的商场、写字楼所取代。在现代企业当中，资本家承认劳动者的创造性工作，并给予劳动者很大的自主选择权。人们可以选择任何自己喜欢的工作，并通过自己的努力获得升职加薪的机会。于是，人们在社会中的身份、地位以及生活质量的高低，不再取决于一个外在的他者，而仅仅取决于自身的努力程度。在这个意义上，"后福特制主张给予劳动者一定的自主性，它使劳动者觉得自己不再是一颗悲惨的螺丝钉。后福特制通过给予工人高福利、终身雇佣等策略，磨灭劳动者的反抗精神；通过所谓的扁平化管理和小团队化管理，提升基层的活跃度，激发劳动者的工作主动性"②。

正是因为后福特制的人性化管理特征，很多人将其看成"新共产主义"的来临。因为马克思提出的共产主义社会中那些自由解放的因素，在后福特制下已经得到了一定程度上的彰显。相比之前，人们不仅在工作、家庭、身份等方面拥有了更大的自主选择权，人的创造才能和自由个性也得到了充分的发挥。但值得警惕的是，后福特制给人们提供的仍然是种种自由和解放的"幻象"，意大利学者保罗·维尔诺形象地将后福特制比喻为"资本的共产主义"，之所以这么说是因为后福特制的出现只不过是在资本所能容纳和消化的范围内，允许资本主义社会存在一定的共产主义成分。"但是，无论什么形状或形式的共产主义都需要平等，而这，资本不会提供。因此，后福特制只能满足一个虚拟的共产主义的要求。"③ 外在强制的减弱并不意味着整个社会剥削和强制的结构已经被取消，暴力不仅源于否定性以及外在的他者，

① 〔德〕韩炳哲：《倦怠社会》，王一力译，中信出版集团，2019，第 15 页。
② 王庆丰：《工厂的生命政治学分析——以〈资本论〉为核心文本的考察》，《吉林大学社会科学学报》2020 年第 3 期。
③ 〔意〕保罗·维尔诺：《诸众的语法：当代生活方式的分析》，董必成译，商务印书馆，2017，第 17 页。

还存在于肯定性以及自我当中。只不过曾经来自他者的约束现在转变为一种自我约束，而后者却伪装成自由。"如今，自由和束缚融为一体。功绩主体投身于一种自由的约束之中，即追求效率最大化。他进行自我剥削。剥削者同时是受剥削者，也是施暴者和受害者、主人和奴隶。为了提供效率，资本主义制度把他者剥削转化为自我剥削。"① 现代社会剥削和异化的主要形式从马克思时代的一种他者的压制和强迫转变为资本主义话语中所谓的个人自由和自我实现，"功绩主体"在没有他者强迫的情况下基于自我优化、自我完善的幻觉而努力工作，从而"奉献"出更多的剩余价值给资本。由此，资本对主体的剥削逻辑开始被一种优化逻辑所粉饰，资本统治劳动力的艺术将他者和外在的强迫与劳动者的自我提升结合起来，外在驯化与自我驯化实现了彻底的融合。

霍布斯曾经将拥有主权的强大国家比喻为"利维坦"，利维坦是一种凶悍的怪兽。这种"怪兽"的隐喻意味着，虽然国家这头"怪兽"的统治力量非常强大，但是至少怪兽也是有生命的存在物，人们可以采取各种措施将其战胜或者杀死，这就意味着存在反抗的可能性。但是在资本统治权的作用之下，财治共和国对人的支配和治理使其成为升级和加强版的"利维坦"，它更像是一个没有生命力的"机械怪物"，可以随时变换其统治原则和权力策略，难以被战胜和打败。从根源上看，财治共和国之所以如此强大，是因为资本已经超越了其他权力形式成为整个社会的统治权。因此我们如果想要寻找一种新的革命方式来对抗财治共和国的管控，就必须在新时代的语境下阐明资本统治权的具体内涵进而对资本和财产的结构本身进行分析和批判。

---

① 〔德〕韩炳哲：《倦怠社会》，王一力译，中信出版集团，2019，第85页。

# 第二章　资本统治权的具体内涵

　　近代西方政治哲学家们从自然权利的角度出发确认了人们通过劳动对物的合理占有的权利（right），马克思则从私有制的角度出发，确认了资本对劳动的占有权力（power）。在马克思的视域当中，资本不仅是一种物，更是一种以物为中介的社会关系，正是物的逻辑掩盖了资本文明奴役和统治人的真相。因此资本不仅遵循着物的增殖逻辑，也不断生成权力的统治逻辑。资本主义社会最大的特征就在于它将劳动对物的所有权转变成了资本对劳动的支配权。而随着生产力的飞速发展，这种资本的支配权在资本主义治理术的加持下已经上升为整个社会的最高主权。这样，资本就不再是一种普通的权力，而是成为"统治权"，这种统治权"不是一种个人力量，而是一种社会力量",① 它影响和决定着其他一切社会关系。这也就意味着，在现代社会中，真正对我们施加统治的，不是作为暴力而存在的政治统治权，而是作为抽象对人进行宰制的资本统治权。资本统治权首先体现为经济上的购买力，通过价值形式的作用，这种购买力不断吞噬劳动者，将其变成为资本增殖服务的工具；资本统治权也是一种政治上的强制力，资本与主权的合谋使得资本本身所具有的经济性律法逐步转化为政治律法，权利与权力获得了完全的同构性；资本统治权还是一种文化上的支配力，借助符号、媒介、数字等工具，对人实施意识形态的控制。由此，资本统治权在当代社会是政治、经济、文化权力的复合体，它不断向人类生活世界入侵，将一切都纳入其统治范围之内。

---

① 《马克思恩格斯文集》第 2 卷，人民出版社，2009，第 46 页。

## 第一节　作为一种购买力的经济统治权

"资本主义社会中的权力不是一个独立于财富关系的领域，而是深深地嵌入在货币占有和交换之中的支配形式。"① 在这个意义上，资本最直接的表现形态就是货币，而货币在资本主义社会最明显的作用就是其强大的购买力。这种购买力不仅意味着资本家对工人劳动产品的占有，在深层次上也指向资本对劳动力的剥削。在这个意义上，马克思明确指出："资本是对劳动及其产品的支配权力。资本家拥有这种权力并不是由于他的个人的特性或人的特性，而只是由于他是资本的所有者。他的权力就是他的资本的那种不可抗拒的购买的权力。"② 资本力图将一切都变成商品，任何事物的意义都需要在价值的尺度上来加以衡量。最终，价值形式的普遍作用将劳动力本身也当作商品来看待。而劳动力成为商品导致的后果就是异化成为工人普遍的生存状态，在资本购买力的驱动下，人们逐渐放弃了对使用价值的信仰，而一味追求商品的交换价值，劳动不再具有质的规定性，而只有量的规定性。这样，资本家不仅通过抽象劳动的作用将工人具有创造性的生命降格为被剥削和被物化的生命，剥夺和占有工人创造的剩余价值，还进一步采取一种驯化和惩戒机制，在剩余价值生产过程中通过严格的"纪律监督"和全方位的"时空管制"手段将具有差异性的劳动者化约为一般意义上的"劳动力"。由此，劳动者生命存在的丰富性以及身体本身的完整性被不断剥夺，最终作为资本积累的一部分被卷入整个资本循环的过程当中。

### 一　交换价值对使用价值的征用

在马克思看来，资本主义社会最为本质的特征就是"抽象成为统治"，而抽象并不仅仅是一种观念上的形式抽象，它总是建立在特定的物质内容，

---

① 汪行福：《马克思"现实抽象"批判四维度》，《马克思主义与现实》2018 年第 2 期。
② 《马克思恩格斯文集》第 1 卷，人民出版社，2009，第 130 页。

如价值、货币和劳动等社会现实的基础之上的。在这一框架的指引下，资本购买力是在交换领域得以充分实现的，而交换这一行为能够完成的前提是蕴含在物中的"价值形式"建构了一种抽象的等价原则。因此，在马克思看来，价值形式是资本主义文明的秘密所在，正是价值形式建构的平等的交换关系掩盖了资本主义社会的剥削和奴役关系。所以马克思说："劳动产品的价值形式是资产阶级生产方式的最抽象的，但也是最一般的形式，这就使资产阶级生产方式成为一种特殊的社会生产类型，因而同时具有历史的特征。"[①] 这就意味着，资本主义的特殊之处就在于，以价值形式为主导的资本主义生产方式塑造了一种同一性的度量原则，在这种衡量尺度中，人的一切个性差别都转变为物在价值量上的差别。正是基于此，马克思将古典政治经济学家对价值量的研究延伸到对价值形式的研究中，从而揭示出资本主义文明中"物"的关系背后所蕴含的剥削关系。

马克思指出："在考察等价形式时看见的第一个特点，就是使用价值成为它的对立面即价值的表现形式。"[②] 在资本主义生产时代，社会以庞大的商品堆积为主要特征，马克思将商品视为资本主义社会的细胞，其具有使用价值和价值双重属性。本来，商品是经由其使用价值来满足人们的需要的。因此，使用价值就是蕴含在商品中的满足人类特定需要的"具体有用性"，它是人类具体劳动对象化的结果。而交换价值表现的是两个商品间进行交换的比例，源自人们具体劳动时间的耗费。随着资本主义社会里商品交换的充分发展，商品的交换价值从商品的使用价值中独立出来。这种独立，使人们在利益的驱动下不断追求商品的交换价值，并导致价值形式成为整个社会的真正统治形式，人的关系表现为生产关系和交换关系的纯粹产物。这导致的结果是资本主义中的支配性社会财富形式是非物质的，尽管它必须表现在商品这一物化的"承担者"中。财富的支配形式并不取决于商品使用价值的维度（也即物品的量与质），而取决于商品交换价值的维度。索恩–雷特尔也确认

---

① 《马克思恩格斯文集》第5卷，人民出版社，2009，第99页。
② 《马克思恩格斯文集》第5卷，人民出版社，2009，第71页。

了价值的这种抽象支配形式，他将交换领域看作真正抽象发生的地方，交换领域中商品和价值的抽象一直笼罩在人们的周围。"商品的交换价值自身是与商品的使用价值相对立的抽象价值。交换价值只能是量上的区别，并且，这里呈现出的量化，反过来又是与使用价值的数量规定相对照的抽象本质。"① 这也就意味着，商品的谜一般的性质并不来自作为它的自然属性的使用价值，而是来自作为它的交换价值的社会属性。因此，价值形式本身蕴含了一个抽象化的社会过程，它在物的层面上将一切具有特殊性的对象抽象为价值量上的可通约性。于是，"价值变成了一个目标，劳动中实现的每件事物都是为了它；它变成了一种'积极形式'、一种具体的普遍规律，统治着每一个个体事物的命运"②。这样，资本主义社会中的商品形式和价值形式构成了最为真实的抽象，它最为直接地体现了资本主义的统治关系和权力支配形式。在商品和价值形式的支配下，不仅个体本身的生命和活动失去了其原本的独特性，变成市场中原子式的孤立存在，就连人与人之间的关系也失去了其独特的交往特征，不断受到交换规则的支配。

马克思对价值形式的分析触及资本抽象统治原则的根基，为人们阐释其价值形式的支配提供了广阔的理论空间。普殊同就立足于马克思在《政治经济学批判大纲》中对价值关系的论述，再次确认了价值形式的同一性支配作用。他认为价值不应该被理解为一个交换领域的分配形式，价值是资本主义生产本身的一个范畴。因此，它绝非一种关于市场均衡机制的理论，而是包含着一种历史动力，与资本主义的生产形式密切相关。"价值的范畴一方面表达了资本主义生产的基本关系，这些关系是资本主义作为一种社会生活模式的特定性质；另一方面也说明，资本主义中的生产是建立在价值基础上的。换句话说，在马克思的分析中，价值建构了'资产阶级生产的基础'。"③ 在此基础上，普殊同指出，理解马克思的价值形式，必须将价值和一般的物质财富进行区分。物质财富的尺度是依据被创造出来的产品的质与量来衡量的，作为一种支配性的财富形式，它与一种公开的社会中介方式相关联，因此它并不社会地中介其自身。而价值作为一种特殊的财富形式源于抽象劳动时间的耗费，它并不由一种公开的社会关系所中介，相反它自身就是一种中介。因此，"价值的独特之处在于，尽管它是一种财富形式，它却没有直接表达人与自然的关系，而是表达了由劳动所中介的人与人之间的关系……作为一种社会中介，价值是由抽象劳动独自建构的：它是资本主义劳动作为一种社会中介活动所具有的历史特殊社会维度的对象化形式，是异化关系的'实质'"①。于是，价值"铸造"了资本主义生产方式的本质特征，在价值形式和资本主义劳动的作用下，资本主义社会建构了一种非人的、抽象的社会统治形式。不管生产力如何发展，价值形式始终是资本主义财富生产和社会关系的核心规定形式，因此它必然处于这种抽象统治结构的核心。传统马克思主义一直认为马克思价值形式分析的目的是要揭示出劳动本身遭受的压榨和剥削，普殊同则认为正是资本主义的价值形式和劳动形式本身建构了统治人们的社会结构。"由商品与价值这些范畴所表达的准客观的、非个人的社会形式，不是简单地掩盖了'真实的'资本主义社会关系（即阶级关系）；相反，这些范畴所表达的抽象结构正是'真实的'社会关系。"② 因此，对资本主义的批判不是简单地批判私人占有，即私有制，还必须对价值形式和劳动本身进行批判。这样，生产资料的私有制以及在此基础上形成的阶级关系，沦为"抽象"统治的一种表现形式，它不再是资本主义社会中最本质的对立。

如果说普殊同是从资本主义生产的角度指出了由价值形式建构的抽象统治结构，那么鲍德里亚则从消费的角度将交换价值进一步扩展为一种"符号/价值"，他立足于资本主义消费控制的新形式，揭示了隐藏在需求体系之

---

① 〔加〕普殊同：《时间、劳动与社会统治——马克思的批判理论再阐释》，康凌译，北京大学出版社，2019，第227—228页。

② 〔加〕普殊同：《时间、劳动与社会统治——马克思的批判理论再阐释》，康凌译，北京大学出版社，2019，第72页。

下的"符号/价值"对人的奴役和操控。通过对艺术品拍卖这一特殊案例的分析，鲍德里亚发现在拍卖行为中，人们既不是要追求蕴藏在具体物中的使用价值，也不是为了遵循市场交换的一般原则，拍卖行为本身仅仅是一个财富的显现和耗费过程，人们在拍卖中追求的是一种能够凸显其身份和地位的特殊价值。正是这种财富耗费的过程赋予了物一种差异性的"符号/价值"。"在此，并不像在拥有等价物的经济逻辑中所认为的那样是货币的数量说明价值，而是货币依据某种差异性或者挑战性的逻辑被花费、被牺牲、被吞噬的过程说明价值。由此每一个购买行为都既是一种经济行为，也是差异性符号/价值得以产生的经济转换行为。"① 在"符号/价值"的作用下，货币的购买力已经和消费力融合在一起，货币能购买到的已经不仅仅是某些具体的物品，还包括隐藏在这些物品背后的、能够彰显其身份和地位的社会关系。购买能力的大小不仅决定人们可以购买什么商品，也直接决定了人们在社会中处于什么等级。因此，在消费的名义下，这种"符号/价值"隐秘地建构了一种新的资本主义的等级秩序，它不仅将经济的交换价值（货币）转化为符号的交换价值（声望等），也将商品交换的等价关系转变成人们在社会中的身份认同关系。而为了掩盖其具体的控制逻辑，资本主义社会仍然通过媒介、广告的作用来宣扬物的具体有用性，以使用价值为借口建构其社会控制机制。于是，就连使用价值本身现在也被纳入一个差异性的控制性程序之中。"正如交换价值并非产品的实体性方面，而是一种表达某种社会关系的形式一样，使用价值也不再被视为物的固有功能，而被看作一种（主体的、客体的和它们的相互关系的）社会规定。"② 因此，在符号的抽象过程中，价值形式彻底完成了对使用价值的吸纳和征用，并不断建构出压抑和统治人的社会关系。

## 二 抽象劳动对具体劳动的吸纳

在资本购买力的驱动下，价值形式的同一性原则成为资本主义社会统治

---

① 〔法〕鲍德里亚：《符号政治经济学批判》，夏莹译，南京大学出版社，2015，第138—139页。
② 〔法〕鲍德里亚：《符号政治经济学批判》，夏莹译，南京大学出版社，2015，第177—178页。

的表层机制。但是从根本上来看，价值是客观化的抽象劳动的表现形式，商品二重性的区分直接导致了劳动二重性的确立。因此马克思说："等价形式的第二个特点，就是具体劳动成为它的对立面即抽象人类劳动的表现形式。"①抽象劳动对具体劳动的吸纳不仅仅是一个单纯的经济交换过程，还是一个异化社会结构不断形成的过程，这种异化社会结构不断制造出工人与生产资料的分离以及与其肉体的分裂。而资本是一种将他人生命纳入自身支配结构之中的权力形式，资本生命的延续离不开对劳动者生命的占有和支配。在这个意义上，劳动者与自己的劳动产品和社会关系相分离的过程，既是资本占有其劳动成果、获得生命力的过程，也是劳动者的生命基质被剥夺、沦为赤裸生命的过程。因此，抽象劳动作为一种特殊的社会中介形式，建构了一种强制性的社会统治关系，它通过不断驱使工人进行生产和交换，将工人具有创造性的生命降格为被剥削和被物化的生命。

马克思区分了具体的、有用的劳动与抽象的人类劳动，前者生产使用价值，后者构成价值。普殊同认为这种抽象劳动不仅是对各种具体劳动的思想上的概括，还现实地表现了某种真实的事物，因此它是一个与特定社会生产方式相关联的社会现象。而抽象劳动真实表达的东西就是劳动建构的异化结构及其背后隐藏的资本主义的强制性社会统治形式。"异化根源于商品性劳动的二重性，由此，它内在于这一劳动本身的特性之中。它作为一种社会中介活动的作用被外化为一个独立的、抽象的社会领域，对建构了它的人们施以非个人的强制形式。资本主义劳动导致了一种支配这一劳动的社会结构。这一自我产生的自反性统治形式就是异化。"②在马克思的视域当中，劳动作为一种最基本的生命活动，其所展现的是人的自由个性和创造能力。但是随着抽象劳动的普遍扩展，劳动本身发生了异化，劳动者的劳动产品在异化劳动的条件下作为一种不受他自己支配的东西与他相对立。在异化劳动中，工人将他全部的生命力和创造力都融合进他的劳动产品之中，但他却没有获得

---

① 《马克思恩格斯文集》第5卷，人民出版社，2009，第74页。
② 〔加〕普殊同：《时间、劳动与社会统治——马克思的批判理论再阐释》，康凌译，北京大学出版社，2019，第186页。

任何回报。因为他所有的劳动产品都是别人的财产，他既不能使用也不能控制。"工人把自己的生命投入对象；但现在这个生命已不再属于他而属于对象了。"① 劳动者与劳动产品的分离不仅导致了活劳动生命存在形式的赤裸化，也使劳动从展现人的本质力量的自主活动降格为维持肉体生存的手段。通过无限度地驱使工人进行劳动，异化劳动不仅使工人的身体被最大限度地扭曲和遮蔽，等同于动物的躯体，也将人对自然界的关系抽象为单纯的动物式的拥有和占有关系，人以一种异化的、动物的方式面对自然，因而人的类本质并没有对象化到自然中去，人在自然中是自我丧失而不是自我实现。因此，"由抽象劳动所建构的这一体系象征着一种新的社会统治形式。它带来了一种社会强制形式，其非个人的、抽象的、客观的性质在历史上都是新的。这一抽象社会强制的首要规定在于，个人为了生存而被迫去生产与交换商品"②。

在劳动者与其劳动产品相分离的基础上，异化劳动也使劳动者的身体本身发生了分裂，并将一切社会关系抽象为一种赤裸裸的利益关系，工人只能从自己作为生产机器的尺度去理解自己与他人以及与世界的关系。身体作为劳动的一般载体本来是一种具有自主性和创造性的存在，但是异化劳动却仅仅将其作为一种具有劳作功能而丢弃了自主意识的肉体来看待。这样，在异化劳动的体制中，工人的身体被分裂为两个部分，即作为具有自主意识的身体和作为劳动力的毫无内容的"肉体"。所以，劳动不是工人自由自觉的活动，而是对他自身创造性的奴役和破坏。异化劳动给身体带来的只有无尽的不幸、痛苦和折磨，肉体的保存不再是为了实现自己的本质，而只是为了机械性地劳作。在这个意义上，异化劳动消解了工人生命的创造性和丰富性，并将其抽象为一种毫无个性和差异的、动物般的存在。工人在异化劳动中所扮演的角色仅仅是能够创造剩余价值的生产工具。"资本的存在是他的存在、他的生活，资本的存在以一种对他来说无所谓的方式规定他的生活的内容。"③ 这样，工

① 《马克思恩格斯文集》第 1 卷，人民出版社，2009，第 157 页。
② 〔加〕普殊同：《时间、劳动与社会统治——马克思的批判理论再阐释》，康凌译，北京大学出版社，2019，第 185 页。
③ 《马克思恩格斯文集》第 1 卷，人民出版社，2009，第 171 页。

人本身沦为一种没有自己的生命形式的、动物一般的存在，而原本无生命的对象资本现在则成了一个活的具有生命的有机体，并反过来占有和剥削工人的生命。资本为了增殖，还不断将工人的生命抽象为一种在价值上可以衡量的商品，催促其进行生产和交换。商品作为资本增殖的基本元素最根本的属性就是它自身所具有的价值。正如资本为了获利并不在意商品满足人们需要的使用价值，而强调其交换价值一样，资本关注工人的生命，仅仅因为后者能够为其创造剩余价值，因而这种生命与其他形式的物没有什么两样。这样，工人一切质的差别都转化为量的差别，以感性身体存在的、活生生的、具体的人被抽象为单纯的"物"，工人的生命彻底沦为和商品或物同质的存在。因此，在资本主义社会中，工人富有创造力的生命逐渐在异化劳动的操控下降格为被剥削和物化的生命，它仅仅服务于资本主义的生产。在这个意义上，"资本不仅吸纳了劳动，而且吸纳了作为整体的社会，或者说是社会生命本身，因为生命既是生命政治生产过程中的要素，也是其产品"①。

通过对工人生命基质的剥夺，异化劳动还不断制造出工人与资本家的对立，从根本上塑造了两种不同的生命样态。阿甘本区分了生物学意义上的生命（zoē）和政治学意义上的生命（bios）。"zoē"指的是一种生物学意义上仅仅如动物般生息繁衍的生命，"bios"指的则是一种具有特殊质量的，能够确立自己生活形式的政治生命。被剥夺了政治生活的主体就是一个"赤裸生命"，主权者可以任意操纵和控制他却不必承担任何责任。因此阿甘本说："在现代生命政治中，主权者是这样一个人：他决断生命的价值与无价值。"② 在资本主义私有制的条件下，资本家成为新的主权者，他直接决定工人的生命是否有价值。在资本主义生产关系中，拥有财富就意味着拥有了对劳动力的占有权和支配权。工人通过劳动创造出越多的社会财富，他自身就越被排除和隔离在自己创造出的财产之外，工人的财产被资本家占有，他的劳动力以及生命也归资本家支配。所以马克思说："对于通过劳动而占有自

---

① 〔美〕哈特、〔意〕奈格里：《大同世界》，王行坤译，中国人民大学出版社，2016，第105页。
② 〔意〕吉奥乔·阿甘本：《神圣人：至高权力与赤裸生命》，吴冠军译，中央编译出版社，2016，第192页。

然界的工人来说，占有表现为异化，自主活动表现为替他人活动和表现为他人的活动，生命的活跃表现为生命的牺牲，对象的生产表现为对象的丧失，即对象转归异己力量、异己的人所有。"① 这也就意味着，在私有财产的统治下，工人为了获得基本的工资，维持基本的生活，唯一的办法就是牺牲自己的肉体和精神，向资本家出卖自己的劳动力。

资本家成为新的主权权力的承担者导致的后果是，工人作为自己身体的主人，却不能自由地支配自己的身体，占有自己的劳动产品，而只能将自己身体的支配权交给资本家，任由资本家对其身体的持续占有和剥削。劳动者用自己的生命点亮了资本的生命，但其生命有没有价值却是由资本家说了算。由此，在异化劳动中存在着两种根本不同的生命状态，即作为"赤裸生命"被奴役和操控的工人和作为"主权者"来占有和剥夺工人劳动的资本家。而与生产资料强制分离的工人在劳动力市场上完全面临着一种矛盾性的生存状况：一方面，他们可以自由地出卖自己的劳动力，以此获得工资；另一方面，他们对自己的身体和劳动产品却没有支配权，只能为了生存不断被资本家奴役和管控。工人与资本家的对立以及工人之间为了生存而不得不进行竞争，使得劳动力市场上的工人成为一种孤零零的、原子式的存在，成为一种任由资本权力操控的、孤立的生命主体。在这个意义上，"异化的人是一个抽象物，因为他失去了与人的所有特征的联系。他被简化为在被剥夺了多样性和同情的人们之间，对人类的无差别的目标执行无差别的工作"②。如果说阿甘本指认的那种政治权力对赤裸生命的作用是显而易见的，那么在马克思这里，经济关系对工人生命的操控却是一种无声的强制。在资本主义条件下，私有财产是确立人们社会存在的主要手段，而在市场上被剥夺了财产而贫困生存的劳动者注定是一种存在的"无"，他只能为了生存而不断地辛苦劳作。因此，异化劳动被马克思明确描述为"痛苦"、"自我牺牲"和"自我折磨"的劳动，它不仅使工人失去对自己劳动和财产的处置权，还使

---

① 《马克思恩格斯文集》第 1 卷，人民出版社，2009，第 168 页。
② 〔美〕伯特尔·奥尔曼：《马克思的异化理论》，王贵贤译，北京师范大学出版社，2018，第 179—180 页。

工人持续生产出占有和支配他的社会关系，工人成为在财产上被排除和抛弃的人，他仅仅为资本增殖而活着，彻底沦为资产阶级社会中的"赤裸生命"。

### 三　劳动力对劳动者的化约

活劳动是点燃资本生命的活火，是推动价值增殖的活的酵母。资本主义剩余价值的生产离不开对活劳动的吮吸。由此，为了尽可能地占有和剥削工人身体中所蕴含的活劳动，工人的生产效率、身体状况甚至精神状态都被纳入资本的管理范围之内。因此，资本不仅通过异化劳动实现劳动对象的异己化，将工人的自然生命塑造为"赤裸生命"，也通过一种惩戒驯化机制干预和控制人的身体，并最为直接地对其进行宰制和规训。它一方面通过对工人肉体多方面感官的剥夺，塑造出愚笨且驯顺的工人主体。在严格的纪律管控下，工人被长期绑定和封闭在工厂的体系中，全面失去自己作为人的类本质，沦落为生产财富的社会动物。另一方面通过一种全方位的"时空管制"手段，不断开发身体的劳动潜能，突破身体的劳动极限，最大限度地占有和剥夺身体健全成长所需要的时间和空间。由此，资本彻底实现了对劳动者身体的不间断的、持续的强制，并将具有差异性的劳动者化约为一般意义上的"劳动力"。

福柯发现西方文明对人的身体治理的新颖之处就在于，"它们不是把人体当作似乎不可分割的整体来对待，而是'零敲碎打'地分别处理，对它施加微妙的强制"[1]。那么，"资本主义的劳动在每个人都能观察到的层次上对工人做了些什么呢？马克思的答案是，它使工人'肉体受折磨，精神受摧残'"[2]。异化劳动正是通过对人的肉体与精神感官的剥夺，对其实施最为直接的肉体强制。劳动作为人的生命活动，主要是帮助人们以一种对象化的方式去全面占有和实现自己的本质，而对于人是以何种方式在自己的存在中

---

① 〔法〕米歇尔·福柯：《规训与惩罚》，刘北成、杨远婴译，生活·读书·新知三联书店，2012，第155页。

② 〔美〕伯特尔·奥尔曼：《马克思的异化理论》，王贵贤译，北京师范大学出版社，2018，第185页。

去确认和表现自己的本质，马克思指出："人不仅通过思维，而且以全部感觉在对象世界中肯定自己。"① 感觉是一种独特的类的力量，是标识人存在的独特的身体特征。如果说自然界能够为人们提供延续其生命存在的基本框架，那么人的这种感觉的类力量则可以标识出自己与其他存在物在这个框架中的区别。但是在异化劳动的条件下，资本主义社会并没有带来人的本质力量的极大丰富，而是使人们失去了自己独特的感觉和需要，将对资本和货币的需要变成了资本主义社会生产的唯一的真实的需要，对财产的所有权也逐渐替代人的感觉成了唯一能够表现人的本质力量的形式。由此，人们丰富的感觉开始变得狭隘与片面，人与对象之间的关系被简化为一种单纯的占有和使用。"一切肉体的和精神的感觉都被这一切感觉的单纯异化即拥有的感觉所代替。"② 通过对工人感觉的剥夺，异化劳动不是发展人固有的本质力量，而是无穷无尽地去消耗这些力量，这个过程不仅造成了工人的普遍贫困，也使他作为人的本质属性逐渐减少。这样，异化劳动开始将人变得越来越愚钝和麻木，他的身体和精神的完整性，都在这种片面的劳动中被摧毁了。而与人身体机能的不断退化相对应的，却是资本这一无生命的对象对人管控能力的增强。

在资本增殖的逻辑中，劳动以异化的形式建构了一种抽象的社会统治形式，它不仅将身体独一无二的创造力抽象为一种纯粹的创造剩余价值的能力，也将工人的身体作为实现资本积累的工具和策略来加以利用。这样，工人的身体就沦为了生产工具，异化为一种纯粹的劳动力而成为生产体制中的一部分。异化劳动规训工人身体的典型场所就是工厂，马克思将工厂称为苦难窟。"'苦难窟'是典型的生命政治学术语，我们很容易将之同阿甘本所分析的'集中营'进行类比。工厂之所以成为苦难窟是因为骇人听闻的最疯狂的资本主义剥削在那里为所欲为。"③ 资本家在工厂中确立了严格的纪律，

---

① 《马克思恩格斯文集》第 1 卷，人民出版社，2009，第 191 页。
② 《马克思恩格斯文集》第 1 卷，人民出版社，2009，第 190 页。
③ 王庆丰：《工厂的生命政治学分析——以〈资本论〉为核心文本的考察》，《吉林大学社会科学学报》2020 年第 3 期。

全面监控工人的工作和生活，由此将对工人的支配和管控变得更加有序化和合法化。同前资本主义社会相比，纪律的优越性就体现在它虽然不需要像奴隶制那样标明人身占有关系，却能够取得与奴隶制相同的效果。资本家正是通过占有生产资料驱使工人将自身能动的活劳动变成了机械性的死劳动，塑造出有用且驯顺的工人主体。正如福柯在论述纪律产生的背景时指出的："纪律的目标不是增加人体的机能，也不是强化对人体的征服，而是要建立一种关系，要通过这种机制本身来使人体在变得更加有用时也变得更顺从，或者因更顺从而变得更有用。"[①] 人应该通过自由自觉的劳动充分占有自己的身体，实现自己的本质，但是在工厂中却作为死劳动成为资本主义生产体系的附庸。严苛的工厂纪律、完整的工厂制度以及标准的军事化管理，使得工人全面丧失了自己的本质，沦为生产财富的社会动物。

在严格的纪律监督之外，异化劳动还通过一种全方位的"时空管制"模式，将工人封闭在特定的、受管制的时空节奏中，对其身体进行持久而合法的规训。正像福柯所说的："它是根据尽可能严格地划分时间、空间和活动的编码来进行的。这些方法使得人们有可能对人体的运作加以精心的控制。"[②] 从时间管制的角度来看，工人从事劳动的时间就是他创造剩余价值的时间，也是资本家消耗和占有工人劳动力的时间。因此，资本家对劳动身体规训的主要方法是尽可能地增加或延长工人的劳动时间。由于生产方式的限制，早期资本主义主要依靠强制和硬性的手段去粗暴地延长劳动时间。比如马克思在《资本论》工作日一章中谈论的换班制度，为了规避工人身体上的障碍，日夜不停地榨取劳动力，资本家不仅通过强制手段要求工人在天未亮时就起来工作，还想出了让白天耗尽体力的工人与晚上耗尽体力的工人交替上岗、换班工作的办法，并且在日常的生产过程中还零敲碎打地占用和窃取工人一切休息、吃饭等恢复体力的时间。在这种高强度时间规范的限定下，

---

① 〔法〕米歇尔·福柯：《规训与惩罚》，刘北成、杨远婴译，生活·读书·新知三联书店，2012，第 148 页。

② 〔法〕米歇尔·福柯：《规训与惩罚》，刘北成、杨远婴译，生活·读书·新知三联书店，2012，第 147 页。

劳动身体被使用到了极限："他们四肢瘦弱，身躯萎缩，神态呆痴，麻木得像石头人一样"。① 可以说，通过最大限度地延长工作日，资本剥夺了工人身体健全发育和个性自由发展的条件，使其遭受着精神和肉体上的双重摧残而不断处于异化状态。因此，通过管控工人的劳动时间，异化劳动加强了工人在工作场所中对等级制的适应以及对权力结构的服从，把工人规训成为一架为资本家"生产财富的机器"。在这个意义上，由福柯揭示的那种存在于监狱以及收容所当中的制度规范，马克思早已经在对工人阶级劳动异化现象的分析中明确表达过了。

异化劳动创造了一种抽象的统治人的社会关系，它对身体的占有和支配不仅存在于时间领域，还延伸到身体栖居的具体空间当中。从空间管制的角度来看，资本家主要通过监视和干预工人生产的劳动空间和生活的居住空间来对其进行训诫和改造。通常来讲，工人的劳动空间都是封闭性的，并限制和规定着他们的人身自由。在资本主义条件下，劳动空间不仅是某个地域和场所的标识，更承载着特定的管理模式和权力机制。工人一旦进入某种劳动空间，就意味着其身体被投入特定的纪律链条中。为了防止工人反抗，保证身体的顺从，资本家不断采取各种手段对劳动空间进行全面的监视。在工场手工业当中，这种监视主要依靠人力来进行。在每一个专门化的、被分割开的劳动空间中都有劳动监工。"观察者在工场手工业分工的场合一眼就可以在空间上看到各种各样局部劳动"，② 工人有任何反抗或懈怠的行为都会第一时间被发现，随之而来的就是严格的纪律惩罚。而劳动身体在这种强权监视下，其自省意识必然逐渐衰退，取而代之的是为避免惩罚而不得不机械性地劳作。长此以往，工人将其狭小的工作情境中的意义投射为整个生活的意义，用他作为劳动身体的眼光去看待自身与他人和世界的关系。不仅如此，甚至连工人的居住空间也是充满监视和规训的。马克思将工人居住的空间比喻为"洞穴"，工人居住在这样的空间中也是朝不保夕，当他付不起房租的

---

① 《马克思恩格斯文集》第 5 卷，人民出版社，2009，第 282 页。
② 《马克思恩格斯文集》第 5 卷，人民出版社，2009，第 410 页。

时候，随时都会被赶走；只有当他把自己的血汗献给房东时才能继续居住。因此，他试图恢复自己的体力和精力的生活空间也不属于他自己，而是属于随时能监控和支配他的"他者"。这样，工人在劳动空间和生活空间的双重规训和惩戒下，异化为遵从指令和从事生产的机器，他的身体每况愈下，个人逐渐变得驯顺与被动，可以随时被资本使用、转换和改造。

## 第二节　作为一种强制力的政治统治权

通过将劳动力本身变成商品，资本成为一种既能够占有"物"（生产资料）也能够支配"人"（劳动者）的经济统治权。资本经济法则的不断积累和扩张使其逐渐摆脱了来自国家权力的种种束缚，经济强制逐渐成为资本主义社会统治的核心原则。特别是随着资本的全球化扩张，资本主义建构了不同于殖民帝国和商业帝国的全新帝国统治模式。因此，"使得阶级控制或帝国主义更具资本主义特征的是经济控制，它不同于直接的'超经济'强制，诸如政治的，军事的，或法律的强制。然而这并不意味着资本帝国主义与超经济力量毫无瓜葛"[1]。实际上，经济强制与超经济强制不是两个彼此脱离的领域：一方面，资本经济法则的扩张离不开各种"超经济"力量对其的培植与维护；另一方面，"超经济"的国家权力本身不断受到资本的蚕食。这也就意味着，在现代社会，资本权力的积累需要政治力量的扶持，而资本权力的扩张又不断绑架政治，以政治的名义将其统治原则变得合法化。资本通过与民族国家主权合谋，不仅可以干预法律的实施、军事的部署以及国家政策的制定，甚至可以以国家的名义侵占公共资源，强制推行其统治原则。而资本的统治原则一旦借助国家层面的政治力量得以实施，其在经济层面的购买力就转变成了一种政治层面的强制力，经济权力彻底与政治权力媾和而对人们实施普遍的社会统治。

---

① 〔加〕埃伦·伍德：《资本的帝国》，王恒杰、宋兴无译，上海译文出版社，2006，第3页。

## 一 资本的经济性律法向政治性律法的转变

资本统治权在最为直接的意义上是一种以私有财产为核心，以资本家对劳动者的支配为主要特征的经济权力。但是这种经济权力既不是凭空产生的，也不能脱离整个社会的发展而孤立运作。在马克思看来，资本主义发展的不同阶段对应不同的权力主导形式和社会统治原则。资本不仅依靠经济力量，也依靠"超经济"的力量来实现自身的扩张，对劳动者进行规训和支配。资本统治权的多面性要求我们必须正确认识资本主义的本质特征以及资本主义制度下经济力量与超经济力量之间的根本性关联。马克思在分析地租时就曾把资本对劳动的占有方式区分为经济强制和超经济强制两种。而"经济强制和超经济强制可分别对应两种不同的权力形式，即经济权力和超经济权力。前者以所有权关系和契约关系为基础，通过随时收回'物'的使用权、撤销规律性报酬等'合法'的经济手段实现自身的经济利益和权力意志，有利于促进物质生产的发展；后者则凭借某种自然的、神秘的特质或者人身暴力等非经济手段实现对劳动和产品的支配，其目的往往具有非生产性"[①]。资本主义的特殊性就在于资本能够在其增殖过程中不断吞噬一切其他力量，将自身所具有的经济性律法转变为政治性律法，而这种转变过程大体上可以划分为以下三个阶段。

第一个阶段是政治权力统摄经济权力的阶段。近代政治哲学家们通过追溯人类原初的自然状态论证了政治权力对财产权的保障作用。他们对人类通过劳动取得的财产权给予了充分的肯定，并将这种财产权看成人们自由权利的基础。比如洛克就将劳动看作人和动物的一个根本差异，认为正是通过劳动，财产权真正得以确立。任何通过劳动被改变的东西，就是人们合理的劳动所得，因此劳动者的身体劳作是其财产合理性的保证。"每个人对他自己的人身享有一种所有权，除他以外任何人都没有这种权利。他的身体所从事

---

[①] 董彪：《马克思的资本批判：从增殖逻辑到权力逻辑》，《哲学研究》2021 年第 9 期。

的劳动和他的双手所进行的工作，我们可以说，是正当地属于他的。"[1] 在洛克看来，人们通过劳动确立的财产权不仅是正当和有效的，更是人类生命、安全和福祉的保证，如果被剥去财产权的话，人就会返归为动物。但是如果没有一个公共的权力对这种权力进行保障，人们的安全和财产就随时面临被侵害的风险，因此国家政治权力的建立是对这种财产权的保障。马克思则从资本家剥削农民的角度论证了政治权力对人们财产的掠夺。在前资本主义社会，土地是人们掌握财富和权力的根本要素。此时农民并不像在资本主义制度中那样是"无产的"，他们作为地主或佃户尚且拥有一定的生产资料。在这种情况下，统治阶级的经济统治力量依赖政治力量的强制。马克思在分析地租的时候就曾指出，地主要想从拥有土地的农民身上榨取剩余劳动，只能通过超经济力量的强制作用，此时"资本家完全依靠国家强制来支撑他们的经济权力，加强对财产的控制，确保社会秩序与环境有利于资本的积累"[2]。政治力量的强制作用不仅造就了人与人之间直接性的人身依附关系，也导致了殖民行为的产生。埃伦·伍德在分析帝国的不同形式时将资本主义之前的帝国分为殖民帝国和商业帝国两种，前者依仗其政治强制力量，如军事力量及特权等，直接动用武力实现对领土的占有和财富的抢夺，后者则利用地理优势或先进的海军技术来控制主要的贸易通道，进而聚敛资源，夺取国际贸易的控制权。罗马帝国是典型的殖民帝国，它将对财产的控制作为政权的着眼点，一方面借助政府的强制权来向农民征收赋税，进而聚敛财富扩大其占有规模，另一方面建立起强大的军队进行殖民行动，完成其领土扩张计划。荷兰帝国则是商业帝国的典型代表，它实现殖民扩张的首要目的不是进行殖民，而是控制贸易航道。它依靠的也是超经济的强制力量，如利用航运与军事技术方面的优势不断占领和控制主要的贸易通道，进而聚敛资源满足自身的需要，保证其对市场的控制。总的来看，在前资本主义社会，无论是发挥保障人们财产的作用，还是发挥剥削劳动者、进行殖民扩张的作用，政治权

---

① 〔英〕洛克：《政府论》（下），叶启芳、瞿菊农译，商务印书馆，2016，第18页。
② 〔加〕埃伦·伍德：《资本的帝国》，王恒杰、宋兴无译，上海译文出版社，2006，第2页。

力都一直处于主导地位，统摄和约束着经济权力。

第二个阶段是经济权力与政治权力相分离的阶段。资本最基本的属性就是其增殖属性，而资本的增殖是建立在对工人劳动力的占有和榨取的基础之上的。与前资本主义社会不同的是，在资本主义社会中，资本家对工人的剥削并不像封建领主对佃户的剥削一样需要直接的军事控制和来自国家的政治强制力量。因为资本主义制度下的工人是无产的，并不直接掌握生产资料，他们为了生存，只能不断出卖自己的劳动力以换取工资。因此，"我们所谓的资本主义或资本主义制度，或者我们所乐于称道的资本主义文明，意思是指工业制度和法律制度发展的一个特殊阶段，在这个阶段里，广大的工人群众被彻底剥夺了生产工具和所有权，以致沦于工资劳动者的地位，他们的生存、安全和自由，好像都取决于在国内占相当小的比例的一部分人的意志"[1]。资本家与劳动者之间这种独特的剥削关系是经由"市场"建立起来的。一方面，工人依赖市场将其劳动力作为商品出售；另一方面，资本家依赖市场购买生产工具和劳动力。所以，资本主义社会的强制不仅是通过强势力量人为地、直接地实施，而且也通过市场的手段间接地、非人为地实现。资本对市场的这种依赖性"使得资本主义可以而且必须持续不断地以不同于其他任何社会形式的方式和程度进行扩张，它可以持续不断地积累财富，持续不断地寻找新兴市场，持续不断地向新领地、新生活领域以及所有的人类和自然环境施加迫切性"[2]。市场原则的普遍化以及由市场规则所决定的各种社会关系不仅造成了人们生活的日益商品化，也塑造了一种纯经济的剥削模式。由此，资本的权力逐渐脱离政治力量的束缚，开始具有独立性和自主性。而这种经济力量从直接强制中脱离出来的后果就是资本的经济霸权可以扩展到远远超越直接政治控制的程度。资本主义之所以有别于其他社会形态，原因就在于它有能力以纯经济的手段扩大自己的势力范围。在这个意义

---

① 〔英〕锡德尼·维伯、比阿特里斯·维伯：《资本主义文明的衰亡》，秋水译，上海人民出版社，2018，第 2 页。

② 〔加〕埃伦·伍德：《资本主义的起源——学术史视域下的长篇综述》，夏璐译，中国人民大学出版社，2016，第 72 页。

上，"传统的殖民帝国通过超经济的强制手段，通过军事征服和经常的直接统治来控制其领土及属国。而资本帝国主义则能够通过经济手段来实施其统治，如操纵市场力量，包括以债务为武器"[1]。总的来看，资本主义制度下经济权力正逐步从政治权力中独立出来，人们受到的不是来自军事、国家等方面的政治力量的强制，而是受到来自市场的竞争、交换等经济原则的控制。

第三个阶段是经济权力统摄政治权力的阶段。资本形态并非一成不变，而是随着生产力的发展而不断演变，资本形态的变化促使其权力形式和统治策略也在不断升级。前资本主义社会中资本的形态是农业资本，资本主义早期的资本形态是工业资本，这两种资本形态相对来说是实体性的。而进入现代社会，资本主义的飞速发展使得资本的形态发生了根本性的变化，金融资本和数字资本等虚拟资本形态相继产生，这使得资本权力对人的控制更加精细化，同时也使资本权力突破了一切限制在整个社会中取得了绝对性的支配地位。由此，资本的权力在生产和交往的过程中获得了独立性的力量，并进一步囊括和统摄政治权力，将其变成服务于自身增殖的工具。"资本权力不满足于仅仅在经济领域活动，它和世俗帝国的国王、一神教的教主一样，拥有称霸全世界的野心，并试图在整个世俗社会之上建立起自己的统治，以拜物教的形式把整个社会对它的认同生产出来。资本权力既无所不在、又无微不至，并由此形成一种包罗万象的自组织、自运行的系统和总体性力量。"[2]当资本权力成为总体性的社会力量时，资本主义的社会统治开始由"实"入"虚"，现代资本主义对人的统治不再局限在政治或经济等某个单一的领域，而是全方位的。值得注意的是，借助政治权力的强制力量，资本权力可以通过制定法律、操控贸易等形式实现自身的快速扩张，而资本在全球范围内的流动也意味着资本的经济力量与政治力量实现了真正的融合。戴维·哈维将全球化的资本主义看作一种全新的帝国主义统治模式。这种帝国主义在现代社会中的含义就是国家内部的财产关系和资本积累在全球范围内实现权力流

---

① 〔加〕埃伦·伍德：《资本的帝国》，王恒杰、宋兴无译，上海译文出版社，2006，第3—4页。
② 董彪：《马克思的资本批判：从增殖逻辑到权力逻辑》，《哲学研究》2021年第9期。

动。而与其他帝国统治形式根本不同的是，这种新的帝国统治模式既拥有权力的领土逻辑（区域性民族国家的作用），也拥有权力的资本主义逻辑（经济的支配权）。这两种逻辑交互发生作用，共同建构了强大的"资本帝国"。当资本帝国这种统治机器形成的时候，资本本身所具有的经济性律法就彻底转变为政治性律法，对人实施强制性的社会统治。

## 二　资本与国家主权的合谋

在经济原则的普遍作用下，资本作为一种总体性的社会权力逐渐超越了民族国家的界限，实现了全球性的扩张。但是资本主义经济全球化模式的出现，并不意味着民族国家的主权成为一种无足轻重的东西。实际上，资本全球化形成的更为严密精细的控制模式更加依赖国家强制力量的支持，民族国家在维护财产关系和社会秩序方面仍然发挥着不可替代的作用。但同时资本无限的扩张欲望和抽象的统治模式也不断侵蚀着国家权力，这使得资本能够与主权合谋来实现全球控制。因此，我们必须辩证看待资本与国家主权之间的关系。一方面，资本的统治力量和权力关系仍然需要民族国家的支持。与其他时期的资本主义相比，全球资本主义更强调社会的稳定性和可预知性。而"民族国家通过提供一整套详细的以强制力量为后盾的法律与组织框架保证了这种可稳定性和可预知性，来维持资本主义所有制关系，及其错综复杂的契约机构和金融交易"①。另一方面，国家的政治权力不断受到资本逻辑的操控。通过与国家主权合谋，资本能够绑架政治，使国家权力丧失公共性，沦为服务其增殖和扩张的工具，进而实现剥夺性积累，并进一步干预人们的政治生活。

戴维·哈维在分析全球化时代的资本积累时，将国家和帝国的政治秩序以及在空间和时间中发生的资本的分子化积累看作两个最为核心的领域。随着科学技术的加速发展以及资本形态的不断演变，资本主义在全球化范围内推广其统治秩序，而资本积累也不断突破时间和空间的限制，以分子化的模式向全世界扩散。在现代性视域内，资本确实在一定程度上创造了不同于以

---

① 〔加〕埃伦·伍德：《资本的帝国》，王恒杰、宋兴无译，上海译文出版社，2006，第7页。

往的统治原则和政治秩序。"资本积累的分子化过程能够也的确以多种方式创造了它们自己的网络和跨区域的运作框架,通过利用亲属关系、移民社区、宗教和种族的纽带以及语言去创造独立于国家权力机构的资本主义活动的复杂空间网络。"①尽管如此,国家并没有从资本扩张的秩序中衰落。相反,民族国家仍然掌握或控制着资本积累和扩张所急需的司法、行政和军事力量。在这个意义上,资本积累仍然依赖民族国家主权提供的稳定、和谐的社会环境。实际上,早在资本的原始积累阶段,国家就利用其强制权力迫使人们接受资本主义的制度安排,同时还通过掠夺财富使资产私有化进而为资本的积累和扩张奠定基础。即使在全球化的资本主义社会,国家也仍然是促进资本动态发展的主要代理人。与原始积累阶段民族国家的强制作用不同的是,在资本全球化时代,国家主权"不是通过直接干预资本家与劳动力、帝国与属国的关系发挥其作用的,而是更为间接地通过维护经济强制制度、财产(和无产)制度以及市场运作而发挥作用的"②。在现代社会,资本想要实现良好和稳健的发展,需要一个确立了严格的法律、契约且拥有安全货币的制度结构。而这种制度结构只有那种掌握司法权和暴力机关垄断权的强大国家才能够提供。国家既能够为资本主义的市场制度和契约法则提供法律上的保障,也能够通过各层监管机构遏制阶级冲突,在货币的供应、外贸和各种国际事务方面提供有益于资本发展的政策支持。因此,只有国家才能最好地统筹制度化安排并操作资本积累的分子化力量,将资本积累的进程合理控制在其建立的多样化政治秩序之中。在这个意义上,"新帝国主义与较老的殖民帝国形式相比,较任何时候都更加依赖一种多元的或不同程度上拥有主权的民族国家的体制。全球化把资本的纯经济力量扩大到了任何一个单一民族国家之外,这一事实本身就意味着全球资本要求许多民族国家来行使管理和强制职能,以维持其财产制度,并提供可衔接的规则、信誉环境及法律秩序,没有任何一种可信的全球性统治形式可以提供资本所要求的这种日常秩

① 〔美〕戴维·哈维:《新帝国主义》,付克新译,中国人民大学出版社,2019,第54页。
② 〔加〕埃伦·伍德:《资本的帝国》,王恒杰、宋兴无译,上海译文出版社,2006,第3—4页。

序或积累条件"①。毫无疑问，国家在创造和维持资本积累方面仍起着极为重要的作用，没有任何一个其他组织、没有任何跨国机构能够取代民族国家并承担起对社会秩序、财产关系、社会稳定、合同信度及任何其他的资本日常运营所要求的基本条件的管理和强制保障功能。

通过以上的论证我们可以看出，一方面，政治权力构成了资本统治原则扩张的"调节器"和"导流器"，正是借助民族国家的力量，资本的经济原则才能逐渐转变为政治原则，进而在全球范围内快速扩张。另一方面，政治权力也不断受到资本的干预和操控。在现代社会，资本积累已经不再是一个纯粹的经济过程，它还不断与民族国家的主权合谋进行剥夺性积累，进而在全球范围内施行霸权统治。由此，"在国家权力和金融资本的掠夺性方面之间形成的罪恶联盟，构成了'秃鹫资本主义'的利刃，无论在实行灭绝人性的行动或对其他国家实行贬值方面，还是在致力于取得和谐的全球发展方面，这种'秃鹫资本主义'都是无所不用其极的"②。戴维·哈维指出，卢森堡曾把资本主义危机看成由消费不足引发的，因为资本主义产出的增长缺乏有效需求来吸收。而能够弥合供给与需求之间的缺口的则是不断将非资本主义社会形态的贸易纳入资本主义的体系之中。但是随着资本全球化的出现，现在资本主义的危机已经不再是消费不足，而是过度积累。"过度积累指的是劳动力剩余（不断上升的失业率）和资本剩余（表现为市场上的商品供过于求，无法按原有价格处理掉，表现为闲置的生产能力/或表现为货币资本的剩余缺乏生产性和盈利性投资的出路）的状况。"③ 过度积累理论将缺乏盈利性投资的机会看成首要的问题。因此，不仅要将非资本主义纳入资本主义的秩序当中，还要迫使它们允许资本使用更为廉价的劳动力、原材料进行营利性投资。而这只有国家主权能够做到，因此资本过度积累的危机，是借助国家主权的力量来解决的。有两个明显的例子可以证明国家权力

---

① 〔加〕埃伦·伍德：《资本的帝国》，王恒杰、宋兴无译，上海译文出版社，2006，第106页。
② 〔美〕戴维·哈维：《新帝国主义》，付克新译，中国人民大学出版社，2019，第78页。
③ 〔美〕戴维·哈维：《新帝国主义》，付克新译，中国人民大学出版社，2019，第63页。

已经沦为服务于资本增殖的工具。一个是全球化时代新的殖民行为。在现代社会，资本主义经常假借政治之名实现其经济目的。例如美国在伊拉克的驻军，无论其打着什么样的旗号，其真实目的都是要控制中东地区的石油阀门进而控制全球经济。另一个是房地产中著名的"炒房"行为，房地产商人低价购入的房产经过简单的施工之后，可以在国家按揭政策的帮助下，以高价卖给低收入家庭。由此，不得不承认的事实是，国家的政治权力遭到资本腐蚀，并且经常被用来强制推动资本的积累和扩张。由于资本主义把同类相残、掠夺成性和欺骗不公等行为内化成了自己的固有属性，国家的政治权力也日益丧失公共性，甚至经常与公众的意见相对。

总的来看，在现代社会，"资本主义剥削仍然需要超经济强制的支持，而与之并行的国家则需要提供管理秩序和资本所需要却又恰恰缺少的最终强制力量。虽然统治阶级显然不具备直接强制的能力，但资本主义比其他任何社会形态都更加依赖法律与政治秩序，以保证资本在其日常交易中所需要的规范性和可预知性。资本也需要依靠超经济行动和建立超经济机构以弥补其自身不断衰败的趋势、其市场的没落以及资本主义势力所依存的多数人口的无产化"①。资本与民族国家主权的合谋在一定程度上促进了资本的剥夺性积累，这导致资本不断腐蚀和操控国家主权，绑架政府来为其经济扩张保驾护航。在这个意义上，马克思揭示的资本原始积累的殖民性和野蛮性在某种程度上延续到了现代社会。资本与主权的合谋不仅在民主与自由的口号下创造了一种新的殖民方式，将原本由国家掌握的公共资源抛入市场的交易范围内，同时也将国家权力变成促使资本积累合法化，对资本主义危机进行精心安排、操纵和控制的工具。

## 三　权利与权力的同构性

通过对资本主义制度下经济力量与政治力量之间关系的探讨，我们发现，在现代社会，资本主义经济关系与政治关系并不是两个孤立发生作用的

---

① 〔加〕埃伦·伍德：《资本的帝国》，王恒杰、宋兴无译，上海译文出版社，2006，第12—13页。

领域，而是比以前更加紧密地结合在一起。吉登斯认为经济与政治的这种结合导致了在资本作用下整个社会支配性结构的不断再生产。他将"进入支配性结构的资源区分为两种主要类型：人类支配物质世界所涉及的各种资源（配置性资源）；人类支配社会世界自身所涉及的各种资源（权威性资源）"①。配置性资源是国家进行扩张活动的基础，权威性资源则是国家治理行为的基础。在现代性视域内资本与国家主权的结合将原本作为配置性资源的私有财产转换成了权威性资源。在这个意义上，经济与政治的同构性不仅表现在经济影响了政治，而且意味着经济本身也成为一种政治，它能够对国家治理产生影响。而经济与政治的这种同构性直接导致了权力与权利的同构性，由政治哲学家们所论证的财产的权利在经济生活中获得了更大的自主性，并成为一种绝对性的统治权，这种统治权进一步干预和操控政治，在全球范围内施行其霸权统治。在国家主权的扶植下，资本的经济力量不仅可以操纵选举、干预法律，还可以进一步借助政治的名义侵占公共资源，加快其私有化进程。

资本主义社会的高度发展使得经济领域中的资本权力不断向政治领域渗透，这种渗透导致的后果就是使政治领域中的权利（right）与经济领域中的权力（power）获得了完全的同构性，二者结合成一种更为普遍意义上的资本统治权。在现代性的语境下讨论权力与权利的这种同构性，必须从财产权入手。近代政治哲学家们从自然权利的角度出发，论证了人们的普遍自由权，并将人身权和财产权看成是自由权的核心。总体来看，"近代哲学在实践领域确立起来的核心原则就是权利原则，对权利原则的论证构成了近代哲学在实践领域里的一个核心工作。不过，这个论证工作经历了两个历史阶段，一个是从自然状态与自然法出发论证人类成员个体的普遍自由权，一个是从自然法，也即从基于自由意志的道德法出发论证这种普遍自由权"②。前者首先假定一个原初的自然状态，在这种状态中人们受到自然法的普遍支

---

① 〔英〕吉登斯：《历史唯物主义的当代批判：权力、财产与国家》，郭忠华译，上海译文出版社，2010，第5页。

② 黄裕生：《权利的形而上学》，商务印书馆，2019，第2页。

配，每个人都有权按照自己的意志支配和处理自己的人身和财产；后者则从人类本身的自由意志出发，推演出绝对的道德法则，进而推导出权利产生的空间。虽然论证思路不同，但二者都将自由权看作人的基本权利，人身权和财产权则是这种自由权的核心。在近代政治哲学家的视域中，人们对自身天然享有所有权，而通过劳动又能够确立对物的所有权。因此，自由就意味着一个人对自己人身和财产的所有权。

　　然而随着资本主义私有制的产生，这种所有权关系发生了重要的变化。埃伦·伍德指出："导致资本主义与其他所有形式'商业社会'之间发生分野的关键因素是某种特有社会产权关系的形成，这种产权关系催生了市场迫切性与资本主义'运动规律'，后者又进而将生产纳入其影响之下。"[1] 而劳动方式的改变是资本主义社会所有权关系变化的根本原因。马克思通过对资本主义社会工人异化状态的分析，指出了资本主义条件下劳动和所有权关系的分离。"在简单商品生产条件下，生产者对自己的劳动产品拥有所有权，而在资本主义生产条件下，所有权对资本家来说表现为占有他人无酬劳动的权力。"[2] 这也就意味着，资本主义条件下的劳动是以异化的形式出现的，这种异化劳动不仅不断让工人与自身的生产资料相分离，甚至将工人身体中所蕴含的劳动力本身也变成了被资本家占有和剥削的对象。正是在这个意义上，麦克弗森将资本主义社会看作一个"占有性的市场社会"，这种社会的典型特征就是"人的劳动力是一种商品，意即一个人的精力和技术是他自己的，但不是被看作他人格不可分的部分，而是被看作他的占有物；他能自由地以某个价格，将对自己精力和技术的使用权和处分权转让给其他人"[3]。占有性的市场社会的概念提示我们，现代社会的本质性特征就是市场关系的至高无上性，以及劳动力本身成为可转让的占有物。在近代政治哲学家的视域

---

① 〔加〕埃伦·伍德：《资本主义的起源：学术史视域下的长篇综述》，夏璐译，中国人民大学出版社，2016，第57页。

② 《马克思恩格斯文集》第5卷，人民出版社，2009，第4页。

③ 〔加〕麦克弗森：《占有性个人主义的政治理论》，张传玺译，浙江大学出版社，2018，第50页。

内，劳动确立所有关系，国家权力是对财产权的保障，如今则是劳动本身已经成为资本占有和支配的对象，资本的权力不断侵入和腐蚀国家的政治权力。在这个意义上，由近代政治哲学家确认的劳动对物的所有权转变成了资本对劳动力的占有权，这种转变使得资本不仅具有对物（财产）的所有权，还拥有对人（劳动力）的支配权。因此，在资本主义社会当中，所有权与占有权是合一的，并在国家主权的作用下以一种总体性的统治权的社会面貌出现，至此，权力与权利在资本统治权的意义上获得了完全的同构性。

权力与权利的同构性不仅将劳动力本身当成占有的对象，也使市场的经济原则能够不断向政治领域扩张。而资本权力向政治领域的渗透不仅建立起了绝对的经济统治，还不断侵蚀国家的政治权力，将政治权力变成服务于资本增殖的工具。"由于资本逻辑的扩张及公共领域的政治制度限制资本的能力的下降，资本主义的政治进一步资本化。因为受到资本逻辑的控制，资本主义的政治正在丧失公共性，民众的政治参与遭到压制与漠视，国家权力也逐渐向纯粹为资本服务的工具性特征蜕化，从而呈现出一种阶级区隔的封闭性政治的特征。"① 概括来说，资本对政治权力的干预主要体现在以下几个方面。首先，资本可以操控政治选举。选举是人民参与政治的重要途径，它是国家公共权力和民众意志表达之间的桥梁。但是随着资本逻辑向政治领域的扩张，资本逐渐开始利用民主的规则将人们在经济上的特权和优势转变成政治领域的优势。以韩国的财阀集团为例，谁掌握了更多的财富，谁就拥有更多政治参与的话语权，并往往在国家政策制定和选举方面起着决定性作用，而这在一定程度上会削弱甚至剥夺普通民众的政治选举权。同时，资本还可以利用技术优势分析选民的政治倾向，进而操控和引导公民选举。在信息化社会，大数据可以通过人们在网络上的搜索、点赞，继而分析公民的政治偏好，有针对性地进行宣讲，博取民众的信任。这样，虽然人们被赋予了选举的权利，但真正主宰选举结果的却是其背后资本的隐性力量，长此以往，民

① 邹雷：《资本逻辑如何导致政治衰败——对当前资本主义政治危机的分析》，《岭南学刊》2020 年第 4 期。

众对国家和政府的信任度降低，国家的公共权力也不断遭到侵蚀。其次，资本可以干预国家法律的制定，并不断借助法律将自己的统治原则合法化。在这个方面最为明显的例子就是《工厂法》的制定。资本家通过《工厂法》详细规定工人的劳动内容、工作时间以及相应的奖惩机制。表面上看，资本家严格遵循市场的交换原则和法定的工作时间，并及时支付工资，实际上只不过是以一种更为法规化的形式继续实施对工人的管控，只不过原本赤裸裸的剥削现在披上了更加人性化和合法化的外衣。而随着资本原则的进一步扩张，资本通过操控大众媒介制造舆论，来为自己的目的服务，因此它甚至已经凌驾于法律和国家的权力之上，强制推行自己的统治原则。值得注意的是，资本还可以借助国家的名义侵占公共资源，加速其私有化进程。在英国早期的"圈地运动"中，地主就通过将平民驱逐出公有的土地，将国家公共性的土地转变为排他性的私有财产。在现代西方社会，这种行为非但没有消失，反而愈演愈烈。在如今的资本主义社会中，人们所赖以生存的一切资源，甚至语言、文化等都被纳入资本的私有化过程当中了。因此，齐泽克将现代资本主义的这种私有化称为"资本主义的新圈地运动"，这是资本对人们的公有物的全方位占领，它在不断腐蚀国家政治权力的同时也不断挤压着人们的生存空间。

## 第三节　作为一种支配力的文化统治权

资本统治权不仅具有物质层面的购买力和强制力，还具有观念层面的支配力。在物质匮乏的时代，资本关注的是如何占有和同化劳动者，所以剥削直接体现为一种他者的外在强制。此时工人的贫困是绝对贫困，他只能不停地劳作从而满足其自然需要来维持基本的生存。而资本文明的诞生促进了生产力的飞速发展，现时代是一个过剩的时代，资本关注的核心问题是如何更合理地对劳动者进行形塑与管控，因此物质层面的"硬性"控制逐渐内化为意识形态层面的"软性"调节。由此，在现代社会，资本权力进一步与技术性工具相结合，通过符号系统、数字媒介、信息技术对人的身体进行着更为精细和隐秘的治理：符号编码体系以身体的直觉、感知、情感等为中心，将身体拉入时尚的旋涡中加以改造和投资，并进一步操纵和管控人的身体需要，使身体逐渐丧失原有的个性而沦落为与物、符号同质的存在；数字媒介一方面通过"数字化全景敞视监狱"将身体塑造为一种无条件被凝视和监控的他者，另一方面又通过"数字化筛选监视机制"对身体进行"分类"和"赋值"，从而加剧身体的分化和萎缩，实现对身体的精准刻画，让人们在无意识之中认同资本主义社会的统治结构；现代信息传播的控制体系则通过单向传输和即时参与的模式强制，塑造出加速主义的竞争逻辑，对人们的情感和精神进行操控，让人们在自我优化的名义下进行自我剥削。

## 一　虚假需求的制造：消费行为中的体系强制

鲍德里亚认为，现在我们已经进入了消费社会，在消费社会中运行的正是一种普遍的智能控制与严密的数字管理相结合的精准治理，它所依托的平台就是符号编码体系。现代社会的符号编码体系以身体的直觉、感知、想象、情感等为中心，建构起消费控制的新形式：它一方面通过时尚的概念不断生产出彰显身份和存在的结构性意义和符号价值，让人通过消费来重新关注和投资自己的身体，以此来获得仪式感、娱乐感、幸福感等全新的身体美学体验；另一方面借助广告和媒介的渲染，进一步操纵和控制人的消费欲望，在使身体基本需要精致化的同时还尽可能地扩大和挖掘身体的潜在需要，制造虚假需求。这样，身体就被符号所穿透，逐渐丧失原有的个性而沦落为与物、符号同质的存在，消费也成为建构资本主义统治关系和秩序的意识形态工具。

现代文明总是给人一种理性而非暴力的感觉。如果说在生产社会里人的身体是被资本所操纵和奴役、承受着绝对否定性的管控，并最终隐没的，那么进入控制社会以后，身体则在消费和解放的名义下重新受到关注，成为一种公共性的呈现。数字资本主义通过信息、符号、数据等元素赋予了身体一种展示的形象。按照鲍德里亚的说法，身体的展示形象是在时尚的概念中被形形色色的广告塑造出来的。在繁冗的信息和广告轰炸中，时尚借助明星、模特的身体范本以及医疗、健康等科学话语为身体提供了一套客观标准，引导人们意识到自己身体的"不完美"，从而重新关注和美化这一有待救赎的身体。这样，身体成为时尚的承载物和展现物，它"在一种全面折磨之中，变成了必须根据某些'美学'目标来进行监护、简约、禁欲的危险物品"①。资本通过被符号抽象化了的时尚、消费等概念建构起一种意识形态，并不断将身体作为其要展示和加工的对象。通过尽可能地将身体敞露在公共环境之中，资本"将身体当做一座有待开发的矿藏一样进行'温柔地'开发以使它在时尚市场上表现出幸福、健康、美丽、得意的可见符号"。② 由此，身体完成了从极度的"隐"向极度的"敞"的转变。但是身体的这种敞开绝不意味着身体的解放，对身体的彻底照亮实际上意味着极尽的剥削。表面上看，丰盛的物围绕着身体，并不断装扮、修饰和展现着身体。实际上"这样'被重新占有'了的身体从一开始就唯'资本主义的'目的马首是瞻：换句话说，假如它得到了投入，为的就是使它能够结出果实。身体之所以被重新占有，依据的并不是主体的自主目标，而是一种娱乐及享乐主义效益的标准化原则、一种直接与一个生产及指导性消费的社会编码规则及标准相联系的工具约束"③。也就是说，身体一直受到符号工具化编码规则的约束，这本质上仍然是资本的操控形式。

　　资本为了创造新的价值、获取新的利润，进一步开发人的需求，必须不断通过符号建构出身体解放的幻象和神话。"身体必须'被解放、获得自由'以便它能够因为生产性目的而被合理地开发……必须使个体把自己当成物品，当成最珍贵的交换材料，以便使一种效益经济程式得以在与被解构了的身体、被解构了的性欲相适应的基础上建立起来。"④ 可以说，社会的符号化创造了一套身体展示的逻辑，它直接导致人的身体不再是本真意义上的存在，而是一种丧失了主体性的，功能性和符号化的存在。隐藏在身体展示逻辑背后的，实际上是一种社会区分的逻辑。身体的时尚标签象征着人在社会中的身份和地位，人们按照时尚设计的标准，不断把自己的身体当成物品来进行投资，就是为了获得被"修饰过的身体"中蕴含的身份、地位等符号象征价

①　〔法〕鲍德里亚：《消费社会》，刘成富、全志钢译，南京大学出版社，2014，第136页。
②　〔法〕鲍德里亚：《消费社会》，刘成富、全志钢译，南京大学出版社，2014，第123页。
③　〔法〕鲍德里亚：《消费社会》，刘成富、全志钢译，南京大学出版社，2014，第123—124页。
④　〔法〕鲍德里亚：《消费社会》，刘成富、全志钢译，南京大学出版社，2014，第127—128页。

值。从本质上来看，"这是一种受到诱导的自恋，是为了符号的增值与交换而对美的功能性颂赞。这种自我诱惑从表面看没有动机，但事实上，它的全部细节都通过身体的最佳管理标准以符号市场为目的"①。人们对自己身体的管理和塑造迎合的并不是自己的需求，而是市场的需求。由此，资本在身体的美化逻辑中引入了竞争逻辑，将身体塑造为一套标识社会等级和身份地位的符码。身体在"解放"的氛围中，被纳入了一个控制过程，这个过程的运作和策略正是政治经济学的运作和策略本身。在这个意义上，"福柯关注的历史，是身体遭受惩罚的历史，是身体被纳入到生产计划和生产目的中的历史，是权力将身体作为一个驯服的生产工具进行改造的历史；那是个生产主义的历史。而今天的历史，是身体处在消费主义中的历史，是身体被纳入到消费计划和消费目的中的历史，是权力让身体成为消费对象的历史，是身体受到赞美、欣赏和把玩的历史"②。在消费主义的符号操控中，身体和物品构成了一个同质的符号网，作为符号的身体与作为符号的物品成为同质化的存在。

消费社会通过符号系统对身体的控制不仅体现在将身体拉入时尚的旋涡中改造和投资，还进一步扩大和操纵人的需要，使身体变成自己欲望的奴隶。这无疑是一种更为内在的控制，是真正意义上"自我施加的异化"。资本在生产领域完成了对剩余价值的榨取和积累，但还需要通过消费才能将产品销售出去，从而实现自身的增殖。早期资本主义只要求工人进行生产，工人消费得越少，剩余价值也就越多。但这种生产模式蕴含着内在的断裂，也就是当生产过剩的时候，资本主义面临着破产的危险。为了防范这一点，资本不再将工人只当作劳动奴隶，还将其建构为消费者。这样，工人身体的欲望就成为资本存续的关键因素。所以，为了引诱和促进工人消费，晚期资本主义公然遮蔽工人本真的身体需要，绞尽脑汁通过各种途径不断刺激工人产生新的身体需要。它一方面通过健康和时尚等概念将身体的基本需要精致化，促进工人消费形形色色的商品，另一方面通过媒介和信息的渲染进一步

---

① 〔法〕波德里亚：《象征交换与死亡》，车槿山译，译林出版社，2006，第169页。
② 汪民安：《身体、空间与后现代性》，江苏人民出版社，2006，第21—22页。

扩大和挖掘身体的潜在需要，实现产品倾销。于是，人们对身体的时尚追求按照资本预期的目的自动转化为对美化、装饰身体的商品的追求。"资本作为孜孜不倦地追求财富的一般形式的欲望，驱使劳动超过自己自然需要的界限……一种历史地形成的需要代替了自然的需要。"① 在资本的驱动下，人们身体"自然的需要"不断被"历史地形成的需要"所代替。这种"历史地形成的需要"在消费的语境中主要体现为由资本建构出来的非人的、非自然的"虚假需要"。隐藏在身体中的对商品的需求或欲望背后的是资本对剩余价值的欲望。正如在生产过程中身体作为劳动力被建构起来一样，现在人的身体中也隐藏着巨大的消费力。"资本早已经发现了个体作为消费者的秘密。个体不再仅仅是拥有劳动力的奴隶，它确实也进行生产。挖掘出这一点，资本也发现了一种新形式的农奴：作为某种消费力量的个体。"② 这实际上是将人的身体变为了新型的劳动力，所以看似以时尚、健康、消费的名义进行的身体解放实际上仍然是符号化的结果，是资本借身体解放之名进一步钳制身体以获得更多的剩余价值。

更为重要的是，在符号对身体的操控策略中，资本通过治理身体来实现社会一体化控制。由于资本增殖的欲望是无限的，它必然要不断压制身体的个性存在，排斥人的发展需求，尽可能放大和开拓肉体的需求或欲望。这样，不仅劳动，人的消费也处在资本异化的状态下，"在绝对必要的限度内，只是把资本用来交换劳动力的生活资料再转化为可供资本重新剥削的劳动力。这种消费是资本家最不可少的生产资料即工人本身的生产和再生产"③。当消费性变成生产性的结构要素、当消费者变成生产力的所指时，消费已不再是传统理解中的那种生产需要和满足的过程了，它不仅在结构的意义上被界定为一种穿透身体的符号体系，同时在策略的意义上被界定为一种资本主义的权力运作机制。"现在，消费问题并不能在需要的概念中得到说明，同样，需要在性质上的转变，或者需要在数量上的增长也都不能阐明消费问

---

① 《马克思恩格斯文集》第 8 卷，人民出版社，2009，第 69—70 页。
② 〔法〕鲍德里亚：《符号政治经济学批判》，夏莹译，南京大学出版社，2015，第 93 页。
③ 《马克思恩格斯文集》第 5 卷，人民出版社，2009，第 660 页。

题：因为所有这些现象不过是在个人层面上，在生产主义的语境中，将个人仅仅视为一种生产的力量。"① 这也就意味着，消费最终仍然是促进资本再生产的一种手段，而当以符号操控为主要手段的消费主义实现对生活世界的全面入侵时，身体的每一个消费选择都是仓促的和碎片化的，其后果是商品的丰裕与人性的匮乏并行存在。由此，身体的每一种实践，每一个日常生活时刻，都被大量的符码分配到特定的时空。"在实践中，在历史上，这一切都意味着用那种通过预测、仿真、不确定的突变达到并通过代码管理的社会控制，取代一种通过目的达到的社会控制。"② 这样，数字资本主义的意识形态以符号操控的方式，对消费者产生无意识的影响。通过符号的编码作用，身体被无限膨胀的欲望所遮蔽而处于异化状态，它抛弃了自在生命之本真，彻底地沦落为一种消费机器，而这作为资本实现社会控制的一种手段紧密地渗透在人们日常生活的每一个时刻。

## 二 大众传媒的渲染：媒介传播中的结构认同

资本不仅通过符号和数字对身体进行干预和控制，还从根本上建构了一种信息调节的意识形态，赋予身体一种信息裁决的强加意义。正如德勒兹所指认的，"我们正在进入控制社会，这样的社会已不再通过禁锢运作，而是通过持续的控制和即时的信息传播来运作"③。在这个意义上，控制社会也就是信息传播社会。在数字资本主义中，现代信息传播的控制体系对身体的治理主要体现在以下两个方面。一是阻断身体与世界之间的直接关联，通过智能物将各种信息意义传递给身体，为身体安上"假肢"，将其解构为片面的、碎片化的躯体。在技术物的包围中，身体表面上越来越灵敏和智能，实际上却越来越"去感知化"和"去技能化"。二是消解身体本身的物质实在性，通过信息传播的中介，建构出一种数字化虚体，这种虚体具体表现为人们在网络空间中的数字身份，它不断"中介"并支配着人的现实身体，促使其进

---

① 〔法〕鲍德里亚：《符号政治经济学批判》，夏莹译，南京大学出版社，2015，第93—94页。
② 〔法〕波德里亚：《象征交换与死亡》，车槿山译，译林出版社，2006，第84页。
③ 〔法〕德勒兹：《哲学与权力的谈判：德勒兹访谈录》，刘汉全译，商务印书馆，2000，第199页。

行大量无意识的数字化劳动，从而加剧身体在现代社会中的异化。

信息传播对身体的干预和调节首先体现为信息单向传输的模式强制。这种单向控制是通过智能物的辅助来实现的。从身体机能的角度来看，在生产本位的资本主义社会，异化劳动造成了身体的分裂和萎缩，导致身体能力的退化，资本为了实现自身的快速增值，必须提高生产工具的水平来弥补人的身体由于异化而产生的机能缺失。所以，资本通过技术变革，逐步将机器作为无生命的"假肢"嫁接到人的身体之上。作为劳动工具的机器本来是身体的辅助性存在，但是技术的加持使它开始成为与人相对立的存在转而操纵和控制人的身体。由此，机器成为身体的"假肢"，它以一种可见的方式反映着工人身体中不可见的残缺。随着数字资本主义的来临，机器进一步扩展为一种普遍性的技术物或智能物，它侵入了人们的整个生活世界。身体在现代社会就是一个装置了很多技术性"义肢"的存在，特别是随着人工智能的发展，这种"义肢"已经不仅仅是对身体机能的简单扩展和辅助，还从根本上成为身体的有机器官，它不断向身体传送来自各方面的信息，从而干预和影响身体对真实世界的感知与判断。人们以为自己只是在使用技术产品，然而后者恰恰在改变着人的身体存在。人本来是具有创造力的存在，但在物的面前却总是进行最单一的操作，与机器的智能相对应的是身体的迟缓。在智能物面前我们可能动动手指就完成了生产，劳动过程被简化为单一的机械操作，生产的过程越来越缺少人本身的实践参与，劳动逐渐片段化和碎片化。当人们只能依靠技术性的"义肢"来处理各种工作和生活事务时，身体本身的机能就会快速萎缩，这也就是马克思所说的物的世界的增值同人的世界的贬值成正比。在这个意义上，"先进的技术让无产阶级工作更加'去技能化'，让他们丧失了与资方议价的能力；无论在工厂流水线上，还是在白领办公室中，劳动者的工作整体性在退化，工厂和企业需要的只是不用思考与反思、不停重复执行去技能化任务的'身体'而已"①。

---

① 　王庆丰：《工厂的生命政治学分析——以〈资本论〉为核心文本的考察》，《吉林大学社会科学学报》2020 年第 3 期。

从身体感知的角度来看，技术的"义肢"逐渐消灭了身体经验的丰富性和多样性，使人的感知碎片化和去现实化，人的生存失去此时此地的真实，而变成一种"远程的在场"。身体以其可感的、行动的方式栖居于世界当中，不仅人之存在要通过身体的感觉获得自我确证，人的对象、整个外部世界的存在，也唯有通过身体才能被感受、被把握到。人的感觉本来是一种持续性的体验，是多维度和多层次的。但是，"数字媒体剥夺了这种感触的和身体感知的交流。由于数字交流的高效和便利，我们越来越多地避免与真实的人直接接触，甚至避免与一切真实的东西接触"①。各式各样的电子设备、铺天盖地的广告和纷繁冗杂的信息不断刺激着人的感官，人们不得不通过数据和媒介来认识自我和认识世界，身体本身越来越麻木，难以对周围的一切进行真实和有效的感知。现代社会的媒介不仅通过各种途径侵入和刺激我们的感官，而且逐渐作为"义肢"替代了我们的感官，身体既有的感觉和经验在快速更新换代的物面前显得越来越没有价值。这导致我们的感觉本身，甚至人们的存在本身都成为媒介的建构物。我们知道，"物"是没有感觉的，即便是"人工智能"，其所建构的感觉实质上仍然是机器程式的高级虚设。所以，在技术的中介之下，身体的感觉之真被剥夺，人的真实生活逐渐被人机互动所取代，人与他人以及与世界之间开始由一种真实的交往关系变为一种虚拟的关系，一切都被放在数据的网络中来分析和操作。因此，"技术的发挥就意味着人类已不再信任其特有的生存，并给自己确定了一种虚拟的生存，一种间接的命运"②。作为"义肢"的技术对身体的作用揭示了人类当代生存经验的异化，这种异化正是现代社会身体异化的最深层次。

德勒兹曾经指出，在现代社会，我们除了研究绝对统治权、惩戒权外，还应研究"变得霸道的对信息传播的控制权"。研究这一点，在数字资本主义来临的当下显得尤为重要。我们绝对不能将信息的传播理解为一种简单的传递和接受过程。因为媒介不仅仅是一组传播信息的技术，还是一种模式化

---

① 〔德〕韩炳哲：《在群中——数字媒体时代的大众心理学》，程巍译，中信出版集团，2019，第34页。

② 〔法〕博德里亚尔：《完美的罪行》，王为民译，商务印书馆，2014，第42页。

的强制，社会控制与权力体系深深根植其中。现代社会正通过一种精细化的信息调节全方位地干预和管控人的身体。通过智能物的看管，身体与世界的关联被信息所调节和中介，但是信息本身的传播却是去否定性和无中介的。因为在数字资本主义条件下媒体交流的特点为：信息在生产、发送和接受的过程中没有经过任何人的调整与过滤。交流的参与者如今不是被动地消费信息，而是主动地生成信息。每个人都同时既是发送者也是接受者。"现代传媒正是在这个意义上要求一种更大的即时参与，一种不断的回答，一种完全的可塑性。信息扮演的角色不再是告知，而是测试，最终是控制。因此，信息的任何阅读都只是一种对代码的持续检查。"① 信息无中介的快速流动架构了一个虚拟空间，为了适应这种信息传播的速度和节奏，我们也必须建构一种信息世界里的数字身份，作为身体的一个影子在媒介的世界里发挥作用。因为如果没有这种虚拟的身份，我们便无法在信息网络的世界中行动，更无从与世界建立关联。这样，身体的信息参与就具有了一种抽象性，在赛博空间或互联网中存在的个体并不是我们的身体，而是由数据和算法组成的集合对象。信息单向传输的模式强制和即时参与的媒介特征共同塑造了信息世界中的人的数字化存在——"虚体"。对个体来说，数字化映射的虚拟实体不仅可以为信息的传播和提取提供更多的动态依据，也成为身体数字化生存的一种新形态。这种脱离了现实场域的数字化"虚体"从本质上来看是一种消解了身体物质实在性的虚拟存在，是一种纯粹符号化的系统。

随着大量"虚体"在数字网格中不断注册和登录，信息传播过程中"虚体"与"虚体"之间的虚拟交流已经替代了物质身体之间的真实交流。因为在数据的网络中，体现我们数字身份的"虚体"本来就可以被视为一个个毫无差异的数据包，这样的数据联结关系显然不再以真实的肉身作为基础，它所依赖的环境就是数字和编码构成的信息传播空间。信息一方面通过智能物传递给身体，另一方面反过来凌驾于真实的身体之上，给身体编码。这样，本来是身体为了存续而创造出来的"虚体"在数字资本主义的环境下日益脱离我们，与

---

① 〔法〕波德里亚：《象征交换与死亡》，车槿山译，译林出版社，2006，第90页。

我们相分离，并进一步加重了对自身的剥削。因为"工业的数字化逐渐将工作变成了对信息流的持续的管理。工业操作必须不断地'投身于'或'献身于'这种信息流的运转当中，人们必须将自己生产为一个主体来担当这个角色"①。虽然我们在身体上已经摆脱了工业时代繁重的体力劳动，但在信息网络中，我们却在进行着全新的数字化劳动，身体的任何行为都被纳入数据的系统中来加以利用和剥削。从本质上看，在现代社会，在网络平台和媒体中进行的信息传输构成了一种新型的交通运输，区别在于，它输送和传递的不再是具体的物质产品，而是暗藏社会控制的文化产品和意识形态。"真正的商品不是广播里的声音和电视上的图像，而是听众和观众本身，听众和观众直接构成了一种听力劳动和观看劳动，而且是一种没有薪酬的劳动，是一种数字化的劳动。这种数字劳动同样是一种生产，它们生产出来的产品就是一种非物质的数据关系，这种数据关系构成了一个庞大的数据网络。"② 当我们耗费大量的时间在各种社交软件中时，我们的身体已经成为这个巨大数字网络的附庸，这台机器已经将我们绑缚在其运行的齿轮之上。正是在这个意义上，"媒介主导了意识形态的市场化和商品化，由此，媒介的生产—传播者与无责任的、接受的大众之间的关系就如同资本家和工薪阶层的工人之间的关系"③。由此，传统意义上的身体领域逐渐被信息编码所穿透，身体在信息传递和接收的过程中被不断地数字化和虚拟化，承受着更深层次的剥削。

## 三 竞争逻辑的确立：精神控制中的自我剥削

在现代社会，资本对人身体的治理还表现在日常生活的大数据操作中。继符号的霸权之后，新型的数字霸权产生。大数据通过各种数字化设备对人的身体进行全面的数据采集和深入的数字刻画，从而实现一种精确化的身体

---

① 蓝江：《交往资本主义、数字资本主义、加速主义——数字时代对资本主义的新思考》，《贵州师范大学学报》（社会科学版）2019 年第 4 期。
② 蓝江：《交往资本主义、数字资本主义、加速主义——数字时代对资本主义的新思考》，《贵州师范大学学报》（社会科学版）2019 年第 4 期。
③ 〔法〕鲍德里亚：《符号政治经济学批判》，夏莹译，南京大学出版社，2015，第 228 页。

治理。在大数据的精准刻画之下，"数字化全景敞视监狱"成为人类身体生存的全新场域，它使身体在自我优化的名义下不断进行自我异化和自我剥削，并将身体塑造为一种无条件被凝视和监控的他者，其一切生命特质都可以被放置在数据网络中加以分析和运用。同时，大数据条件下还诞生了一个新的数字化阶级社会，形成了一个"数字化筛选监视机制"，通过数据的过滤和筛选不断对人的身体进行"分类"和"赋值"，身体作为具有经济价值的"数据包"被交易和对待，不断地被数字资本量化和重塑，沦为确保乃至提高资本主义社会运行效率的工具。这样，在数字资本主义社会，我们所有人都不约而同地从"赤裸生命"变成了"透明生命"，人的身体不断数据化和透明化，其分裂性和萎缩性进一步加重。

在《规训与惩罚》中，福柯通过对"全景敞视监狱"的分析阐释了人类身体遭受惩戒与管制的历史。这种全景敞视监狱是一个具有中心瞭望塔的圆形结构，监视者在这个结构的中心可以清楚地监控到所有犯人的一举一动。通过这种典型的监视装置，权力可以实现对身体无条件的监视和规训。在规训社会当中，"全景敞视结构"总是存在于特定的空间如学校、监狱、医院等中，不可避免地存在一定的死角，具有一定的时空限制。但是在数字资本主义社会，数字性成为权力作用于主体的新形而上学原则，大数据对身体的监控和看管突破了一切时空限制，形成了全新的"数字化全景敞视监狱"。在边沁描述的"全景敞视监狱"中，犯人始终知道监视者的存在，而"数字化全景敞视监狱"中的人们却活在自由的幻象中。今天，手机、电脑、智能手环等层出不穷的电子设备充斥着我们的生活，持续不断地提取我们身体的一切信息和数据。"我们每一次点击、每一次搜索都会被存储下来。网络上的每一步都被监视和记录。我们的生命，在网络上被完整地临摹出来。数字化的行为习惯，准确地刻画出我们外在和内心的图像，这比我们自己刻画自己要更加全面、准确。"[1] 人们每一次不经意的搜索、交易和观看都会在数字的网格中留下痕迹，这些痕迹成为大数据分析和监控人们的重要参数。由此，人们将自己完全暴露在数字的权力之下。正

---

[1] 〔德〕韩炳哲：《精神政治学》，关玉红译，中信出版集团，2019，第84页。

是在这个意义上，韩炳哲将现代社会看成一个没有隐私的"透明社会"。"在
数据时代，总的来说，人们相信生命是可以被测量、被数字化的。就连'量化
自我'理论也沉湎于这种信仰。身体被装上传感器，自动接受数据。体温、血
压、卡路里摄入、卡路里消耗、运动情况或者脂肪含量都可以被测量。"①

　　如果说在规训社会里，身体对权力的管控还具有一定的感知能力，那么
在数字刻画之下，权力对身体的治理却总是在"无意识"的条件下发生的，
甚至主体还无时无刻不进行自我剥削和自我管控。因为随着技术的不断更
新，身体也要不断进行优化和升级，数字化技术使人的身体被最大限度地曝
光和透视，每个人都是自己的广告对象，身体不断摒弃自己内在的价值而去
贴合一种外在的标准。这样，剥削的逻辑就被一种所谓的优化的逻辑所粉
饰，具有膜拜价值的身体早已消失，剩下的只不过是一具被抽掉了意义的躯
壳。由此，外在的剥削开始转变为内在的剥削，身体的自我展示就是自我监
控，自我优化就是自我剥削。"如今人们皆在自我剥削，而同时却还妄想着
自己身处自由之中。如今的劳动主体同时既是行凶者又是受害人。"② 福柯曾
经将权力对身体的矫正与规训称为"身体的解剖政治学"，如今身体的数字
化存在则构成了一种新的人体解剖学，其中运行的是一个自由与剥削合二为
一的权力技术。现在，虽然人们摆脱了工业时代的劳动强制，获得了更多闲
暇时间，但数字化设备却为我们带来了一种新的强制。因为"数码设备让工
作本身变得可移动。每个人都如同一座劳改所，随时随地把工位带在身上。
因此，我们也就无法再从工作中逃脱"③。所以，自由现在也化身为一种强
迫，权力对身体的外在强制转变成了主体对自身的内在剥削，而这种自我剥
削的逻辑远比外在剥削的逻辑有效得多。这样，身体的自我剥削以明显的自
我优化的形式表现出来，它的一切都可以在数据的程式中被分析和监控，这

① 〔德〕韩炳哲：《精神政治学》，关玉红译，中信出版集团，2019，第81—82页。
② 〔德〕韩炳哲：《在群中——数字媒体时代的大众心理学》，程巍译，中信出版集团，2019，第22页。
③ 〔德〕韩炳哲：《在群中——数字媒体时代的大众心理学》，程巍译，中信出版集团，2019，第52页。

是对身体从否定性的暴力转向确证性的暴力。

更为重要的是，大数据对身体的管控不仅仅停留在主体的驯顺层面，其还要保证整个社会体制运行的效率。资本最为本质的属性就是其不断增殖的欲望，它之所以关注身体，本来就是因为身体中所蕴含的劳动力可以生产超出其本身的价值。一旦身体不能被投资，不产生价值，那么它就会被无情地排斥在社会体制之外。在生产社会中，资本直接将劳动力视为可以在市场上交易和买卖的商品。在大数据时代，个人身体的数据也无一例外地被货币化和商品化。身体作为具有经济价值的数据包被交易和对待。因此，人本身成了商品，监控国家和市场合二为一。"全景监狱是对被关押的体制内的囚犯进行监控，而筛选监视则是认定那些远离体制或者敌视体制的人为不受欢迎的人而将其排除在外的机制。传统的全景监狱服务于规训社会，而筛选监视机制则负责保障体制的安全和效率。"① 各种商业机构通过大数据对采集到的身体数据进行精确分析，从而掌握人们的个人偏好、消费层次和经济实力，进一步对身体进行管理和分类。在类别手册中，身体被当作商品出售。经济价值低的人在此被视为"废品"，经济价值高的消费者则被归到"明星组"。针对"明星组"的不同消费群体的不同需求，大数据又会分门别类对其进行逐一的广告推送。而不能进行消费的主体和不产生价值的身体则被直接从数据的网络中剔除，完全丧失其存在的意义。"数字化筛选监控机制将经济上毫无价值的人认定为废品，废品是必须清除的东西，是多余的，是废物，应该被社会丢弃——一言以蔽之，是垃圾。"② 在这个意义上，数据描绘基本上把数字资本主义条件下的每一个个体都变成透明的了，并加剧了身体的分化和萎缩。

阿甘本把法律之悬置的例外状态下的无任何保护的生命称为"赤裸生命"。"赤裸生命就是剥去了意义的身体，是一个剥去了人性的身体，剥去了生命形式和价值的身体，是一个纯粹的动物一般的身体。这种动物性身体，既可以被权力肆无忌惮地任意处理，也可以被权力积极地干预、教化和投

---

① 〔德〕韩炳哲：《精神政治学》，关玉红译，中信出版集团，2019，第90页。
② 〔德〕韩炳哲：《精神政治学》，关玉红译，中信出版集团，2019，第90页。

资。"① 如果说在规训社会里身体是被动接受权力的干预，那么在数字资本主义条件下，身体则是在自由的幻象中主动将自己变得透明化。当身体毫无感知和抵抗能力地融入资本、数据和信息的潮流之中，把自己变得可计算、可控制、可调节时，毫无疑问，它已经从"赤裸生命"进一步缩减为"透明生命"。在这一过程中，数据是透明的媒介。通过大数据的刻画，资本权力超越了一切时空限制，实现了对身体的精准治理。身体开始沦落为数据化网格中的一个移动终端，它被降格为数字系统中的一个功能性组件，成为一种透明存在。正是在这一意义上，"在数字资本主义下，我们变成了一种透明生命，并且这种透明的状态是一种非对称的透明状态。对个人而言，似乎在享受着各种便捷的信息化设备，实际上，我们正在为这些平台提供着各种各样的信息要素，在不知不觉中使自身成为透明生命"②。我们说，文明社会的重要特征就是暴力程度的降低，人们在肉体上受到的伤害程度减弱，但是在数字化时代，身体虽然得到了特殊的关注，却一刻也没有摆脱暴力，成为一种名义上在场、实际上缺席的存在。可以说，由媒介和数据所形成的数字化网络系统，自形成以来就不断遮盖着身体、分化着身体、破坏着身体的差异性，进而彻底把人变成了一种透明生命。

总的来看，从历时态的角度来讲，资本统治权经历了从经济层面的购买力到政治层面的强制力再到文化层面支配力的发展。但资本统治权的这几种表现形态并不仅仅是历时态的，它们还是同时态的，也就是说，在现代社会中，资本的购买力、强制力、支配力交织在一起，共同统治着现时代的人们。表面上看，随着技术的加速发展以及装置的大量积累和扩散，不断升级的电子设备、逐渐改善的工作环境以及高度个性化的商品服务，在直观上带给人们越来越舒适和自由的生存体验。在现代社会中，人们仿佛没有约束、很少限制，劳动者看似享受到技术进步和权力转型所带来的福利，实际上却无时无刻不受到资本的监控与看管，如滚轮上的仓鼠一般不断进行自我压榨和自我剥削，最

① 汪民安：《身体、空间与后现代性》，江苏人民出版社，2006，第24页。
② 王庆丰：《生命政治学与治理技术》，《山东社会科学》2020年第10期。

终身陷资本文明的"座架性装置"中无法自拔。而这一切都毫无疑问地证明了：资本统治权已经通过与权力和技术的深度融合，将其意识形态渗透进了人们日常生活的每一个时刻，实现了对整个人类的生活世界的殖民。而我们如果想摆脱资本统治权对自身的奴役与管控，就必须对其本质和特征进行分析，进而揭示它产生的现实后果，为寻求超越资本统治的道路奠定基础。

# 第三章　资本统治权运作的本质性
# 特征及其现实后果

在现代性的语境下展开对资本统治权的批判，必须在揭示其具体运作机制的基础上，洞悉它区别于传统政治统治权的本质性特征以及它究竟导致了怎样的结果。在马克思看来，资本的统治权力存在两个维度，即私有制条件下人对人的统治权力和物对人的统治权力。随着商品交换关系的普遍扩散，人与人之间的权力关系不再直接显现在社会生活中，而是通过物与物之间的关系，通过物的逻辑呈现在社会生活中。由此，马克思揭示了资本主义社会统治权力的"中介性"特征，即资本主义社会的统治形式不是表现为直接的人对人的统治，而是表现为以物为中介的抽象统治，这种资本作为主体对人的抽象统治构成了资本统治权的核心特征。随着资本主义生产关系的发展，当代资本逻辑与技术理性的精致化以及生命政治权力的微观治理，使得资本统治权的运作呈现出全新的特征：权力主体的分散性、统治方式的隐匿性和权力体系的敞开性。这种独特的运作方式使得资本的统治权力无处不在却又凭借技术更好地隐藏自身。在物质内容和社会形式的双重视域中去审视资本统治权产生的现实后果，我们会发现，资本统治权不仅凭借商品、货币等具体东西的抽象不断制造出现代人矛盾的生存体验，进而剥夺人类确定性的生存场域，将其卷入令人眩晕的"速度旋涡"当中，还借助价值形式、劳动方式等的抽象不断再生产出独特的抽象统治关系，进而维持和进一步塑造出奴役和控制人的生产关系统治模式、意识形态控制模式和抽象的社会统治结构，使主体在种种自由和解放的幻象中面临价值虚无和身份认同的危机，甚至使社会的"真实"本身不断面临被抽象解构的危机。由此，在现代社会，无处不在的监控、不在场的控制以及人们的符号化存在方式充分体现了资本统治权的现实运行机制，它们循环往复塑造着符合社会规范的主体，将人们纳入一个极度分散却又无限扩张的权力体系当中。

## 第一节　资本统治权运作的根本特征

海德格尔和福柯分别以"座架"和"装置"为核心概念来分析现代文明的本质性特征。座架是对深刻影响和改变人类生命状态和生活样貌的现代技术的本质规定，装置则是在生命政治的语境下同特定的知识相关联并与具体的空间相糅合的权力构型。从根本上来看，现时代是资本的时代，现代文明的本质是资本文明。如果说技术的座架是加速资本文明发展的推动器，那么装置作为权力机制干预和操控主体的一整套策略，则是资本文明得以维持和存续的蓄水池：技术的加速发展促进了资本的增殖和积累，从时间上不断延长资本的生命长度；装置的大量积聚和扩散则进一步增强了资本的统治权力，从空间上不断拓展资本的管控领域。在分析资本文明对人的统治和奴役以及资本统治权运作的根本特征时，无论是海德格尔阐释的技术座架还是福柯揭示的权力装置，都可以回归和还原到马克思所指认的"抽象成为统治"。在资本建构的抽象统治结构的意义上，现代技术的加速发展以及生活世界的加速转变不仅持续更新和扩展着资本权力的统治形式，也使资本统治权的运作呈现出全新的特征。正像哈特、奈格里分析资本的帝国性统治时所指出的那样："新的范式既是网络系统，又具有等级结构。它既以集权形式构造常规，又在广阔的区域内生产合法性。它四处伸展，包容世界。"① 一方面，资本权力与监控技术的结合塑造了一种彻底的全景敞视主义的监控模式，它不

---

① 〔美〕哈特、〔意〕奈格里：《帝国——全球化的政治秩序》，杨建国、范一亭译，2003，江苏人民出版社，第 11 页。

断通过控制信息文本规训个体的认知、行动和情感，以一种不在场却又无孔不入的方式隐秘地实施其统治；另一方面，资本的增殖本性促使它不断吸收和囊括符号体系和数字技术的控制机制，使现代性意义上人的主体性的解放以及对民主、平等的设想化为泡影。

## 一 权力主体的分散性

近代政治哲学视域中的权力主要是政治性的，它以国家为主体，单个人的君主或多个人的集体作为主权的承担者来行使人们通过契约转让给他们的权利。马克思视域中的权力主要是经济领域中的资本权力，它以阶级为主体，作为财产所有者的资本家行使着对工人的剥削与奴役权。福柯虽然通过全景敞视主义论证了不同于宏观管控的权力的微观运作模式，但权力的运作仍局限在学校、监狱、医院等某一具体的空间构型中。随着资本向生活世界的全面扩散，以及资本统治权的形成，现代社会已经进入以监控为主要特征的"后全景敞视结构"当中。"在这样的后全景敞视结构中，原来'全景敞视结构'中于瞭望塔上的'老大哥'悄悄走下瞭望塔，隐身进入了不可见的流动之中，监控则以润物细无声的方式，悄然弥散开来。于是，在宏观层面上，我们看到了一个更加一体化的全球监控操作平台。"① 由此，资本统治权通过电子信息技术塑造了一个无中心、无疆界的帝国统治模型，进而使权力的主体呈现出分散化的特征，而这种分散化的权力能够悄然无息地渗透进人们日常生活的每一个时刻，通过全景监控、共景监控等不同形态控制模式的共同运作，让主体自觉地融入资本塑造出的统治秩序之中。

资本主义的监控最初是以全景监控的模式出现的。全景监控最初是由边沁揭示出来的，他在"环形监狱"的构想中，发现了监视者与被监视者之间的审视与管教关系：犯人被监视的时间越长，对其的教化就越容易成功。因此监狱的结构被设计成四周是一个环形囚室，中心是一个高耸的瞭望塔，人们可以通过这个中心瞭望塔观察到囚室中犯人的一举一动，但犯人却看不到

---

① 陈榕：《流动的现代性中的后全景敞视结构》，《外国文学》2015 年第 3 期。

观察者的行动。因此，"全景敞视建筑是一种分解、观看/被观看二元统一体的机制。在环形边缘，人彻底被观看，但不能观看；在中心瞭望塔，人能观看一切，但不会被观看到"①。福柯认为，通过这种全景敞视结构，一种虚构的关系开始自动地"生产"出一种真实的征服：不再需要使用暴力来强制犯人改邪归正，强制疯人安静下来，强制工人埋头干活，强制学生专心学问，强制病人遵守制度。由此，全景敞视主义构成了一种重要的权力规训机制，"因为它使权力自动化和非个性化，权力不再体现在某个人身上，而是体现在对于肉体、表面、光线、目光的某种统一分配上，体现在一种安排上。这种安排的内在机制能够产生制约每个人的关系"②。权力的这种运作总是将人们置于一种特定的空间构型中，对其实施持续的监控和规训。

福柯以医院为例，详细分析了全景敞视结构中存在的权力监视和规训。在 18 世纪之前，医院并不具有现代意义上的医疗功能，它不是一个真正意义上的医疗机构，而是一个以禁闭和收容为主要目的的慈善机构。它的主要功能并不是控制疾病，而是带有福利性地收治穷人、流浪汉、失业者，并对其进行规训与矫正。在疯人院或者医院中，病人也被隔离在一个个独立的空间中，人们在这种封闭的、被割裂的空间中并没有自由，而是处处受到监视。"在这一空间中，每个人都被镶嵌在一个固定的位置，任何微小的活动都受到监视，任何情况都被记录下来，权力根据一种连续的等级体制统一地运作着，每个人都被不断地探找、检查和分类，划入活人、病人或死人的范畴。所有这一切构成了规训机制的一种微缩模式。"③ 而随着医学知识的扩张，医院开始成为一个医疗机构，它不仅仅针对疾病本身来展开治疗，还对整个城市的卫生和环境进行干预和管控，通过一系列的医疗制度来保证人口的健康。正是在医院功能转型的过程中，医院空间与社会空间趋向重合，个

---

① 〔法〕米歇尔·福柯：《规训与惩罚》，刘北成、杨远婴译，生活·新知·三联书店，2012，第 217 页。

② 〔法〕米歇尔·福柯：《规训与惩罚》，刘北成、杨远婴译，生活·新知·三联书店，2012，第 217 页。

③ 〔法〕米歇尔·福柯：《规训与惩罚》，刘北成、杨远婴译，生活·新知·三联书店，2012，第 212 页。

体逐渐成为医学知识与实践干预的对象。所以，从根本上来看，医院不是一个医疗机构，而是一个半司法机构、一个独立的行政机构。它拥有合法的权力，能够在法院之外裁决、审判和执行。通过对病人的隔离和禁闭，医院成为除法院和监狱之外的第三种审判和压迫的场所。总的来看，在福柯所叙述的全景监狱模式下，不管是狱长对犯人的监视还是医生对病人的监视，监控都是以一种"一对多"的模式进行的，此时虽然权力是分散的，但是监控依然处在一种可见状态，主体虽然因存在被监控的可能而感到焦虑，但仍然可对监控有明确的感知。

随着电子信息技术的发展，资本主义社会进入了"后全景敞视结构"阶段。后全景敞视结构中的监控是与信息技术相融合的覆盖范围更广、流动性更强的液态监控。挪威社会学家马修森将这种监控模式称为"共景监控"。与福柯的全景监控模式相比，"共景监控"是基于网络技术的发展而产生的，它是一种去中心化的、同步性的监控模式。福柯的全景监控仍然依靠一个特定的具体空间，并具有中心结构，监控者必须时刻在场，并对监控的结果进行及时的跟进与反馈，因此主体虽然看不到监视者，但仍能够体会到权力的规训，以便能够进行防范。但是在现代社会，监控是无处不在的，它不需要一个特定的监视者，主体往往是在无意识之中将自己暴露在监控的视野之下。在这个意义上，"电子技术的建筑结构使权力能够在变换的流动的组织里运作，也使墙壁和窗户的结构变成了冗余。监控摆脱了'全景敞视结构'中物理空间的限制，甚至超越国家与政府的监审，穿过了传统民族国家的疆界，在全球化的平台上流动，使权力可以以电子信号的速度移动"[1]。电子技术使得权力能够以更分散和更平滑的方式运作，监控的手段以一种更为隐秘化的方式进行。我们每天频繁使用的电子设备，无时无刻不在记录各项数据信息，并上传到移动终端，数据公司会对此进行更加专业化的分析，而我们却感知不到这种监控的实施，对权力的统治放下了戒备。因此主体越依赖各项电子设备，就越是被监控得彻底。资本统治权对电子信息

---

① 陈榕：《流动的现代性中的后全景敞视结构》，《外国文学》2015年第3期。

技术的运用，使得"共景监控"已经不仅仅满足于规训，还要进一步实现控制。

现代监控之所以是共景的，是因为电子信息技术将我们带到一个共同的网络平台。网络的操控将一切属于私人领域的东西都变得公开化和透明化了。而在媒介的宣传和塑造之下，人们甚至会主动寻求监控，通过尽可能地将自己暴露在公共视野之中，来寻求存在的意义。现代社会层出不穷的直播行为，以及偶像明星的各种曝光性的商业活动就是这种共景监控的典型体现。网络主播需要不断直播来获得流量，明星需要不断曝光保持自己的热度。他们迫切希望自己的视频可以被人们大量点击和观看，并不断将自己暴露在公众视野下，尽可能为自己争取展示和曝光的机会。韩炳哲将这种展示行为看成新形式的异化，在他看来，"强制展示导致身体本身的异化。身体被物化为有待优化的展示客体。栖居在这样的身体里是不可能的。人们着急去展示它，并由此对它进行剥削。展示即为剥削。展示命令破坏栖居本身"①。在一个展示的社会中，一切都被尽可能地曝光和翻开，每个人都是自己的广告对象，不断摒弃自身的内在价值而去贴合一种外在的标准。在身体的形象展示达到极致后，自我展示就是自我监控，自我优化就是自我剥削。现代社会的监控不仅要控制展示者，使他们将自己的一切放在权力的公开监视之下，还进一步通过数据分析将这些信息推送给观看者，通过诱惑、引导、规定等手段制造出人们"观看"以及"被观看"的欲望，进而诱导其进行自我约束和盲目消费，满足资本的赢利欲望。这样，监控就不仅仅是一种外在的控制行为，还深深嵌入资本逻辑和价值增殖的过程之中。在这个意义上，"在共景监控下，观看者所享有的只是表面的权力，真正的权力隐匿于消费逻辑之后，并使得所有的观看都为之服务。因此，权力现在是无形的……无形的权力是一种不确定性，它削弱了思维和判断的能力……无形的权力一直制约着现代人的日常生活"②。由此，展示者和观看者都在无意识之

---

① 〔德〕韩炳哲：《透明社会》，吴琼译，中信出版集团，2019，第27页。
② 黄玮杰、吕欣忆：《政治经济学批判视角下的当代西方监控批判》，《贵州师范大学学报》（社会科学版）2021年第1期。

中进入了权力监控的领地，权力得以用一种去中心化和分散化的方式对主体进行更全面的剥削，而人们却沉浸其中，找不到反抗的对象。

## 二　统治方式的隐匿性

近代政治哲学视域中的统治权是人们出于自我保存的需要形成的，因此权力是政治性的，统治也是公开可见的，主要体现为以国家和君主为主体的强制性的政治统治。马克思依据人的现实生存，揭示了经济领域中资本权力的形成，此时社会统治主要体现为以阶级为主体的经济统治。随着价值形式和商品交换原则的不断扩张，资本统治权通过与符号和数字等元素的结合，塑造出种种自由解放的"景观"，"景观犹如'洞穴'，它是一个借助于各种外观形象所塑造出来的奴役形式，身处'洞穴'之中的人们在奴役中不是感到任何的宰制，反而找到了主人翁感"①。也就是说，现在人们的生活逐渐被种种景观表现的物的世界所支配。这种景观支配使得资本统治权在现代社会对人的统治不再具有明确的指向性，并且以一种更隐匿的方式运作，从而进一步将人的认知、行动、情感都纳入权力的管控中来。景观为我们制造出了一个既在场又不在场的世界，在场的是资本制造出的种种幻象和景观，不在场的是资本权力的控制机制和统治策略。资本主义社会统治的这种不在场性带来的直接后果就是符号拜物教的产生，而符号拜物教又塑造着人的符号化生存模式。由此，人们逐渐将对物的膜拜转变为对符号和景观的膜拜，以至于逐渐遗忘了社会生活的本真样态，迷失在由景观堆积出来的"伪世界"中。

德波从"景观"的角度出发，分析了资本主义社会的权力运作和社会统治形式。在德波看来，景观具有集中、弥散和综合三种形式，它们分别对应不同的社会统治阶段。集中的景观对应的是官僚资本主义的统治时期，此时资本依靠极权政治手段对人民进行统治，因此它以持续的暴力和强制的压迫为主要特征。弥散的景观对应的是商品社会的统治时期，此时人们享有高度

---

① 孙亮：《政治经济学批判与人的存在观念重构》，中央编译出版社，2021，第185页。

的自由，并拥有对商品的自由选择权，人们消费的越多，所拥有的权力就越大。"就集中而言，控制中心现在已经变得隐蔽，不会被任何一个身份确定的领导者或某种明确的意识形态所统治，从弥散的角度来说，景观从未以如此的规模在几乎所有的社会行为和社会对象上刻上它的印记。"[1] 而随着媒介和影像技术的发展，一种融合了集中景观与弥散景观的综合景观占据了整个社会的统治地位，综合景观不再像弥散景观那样强调商品本身的实用性，而是为人们描绘出一幅幅和谐幸福的图像，将其统治隐藏于各种图像之下。此时资本主要是通过操控图像不断向人们输送美好生活的意象，人则逐渐沉溺于景观制造出的自由愿景中，将景观塑造出的虚假世界当成唯一真实的世界，从而忽视了隐藏在景观之后的不在场的控制。长此以往，当景观逐渐内化为人们的意识之时，它就不单纯是一种图像，而是获得了客观性，不断吞噬人们的现实生活。正是在这个意义上，"景观并非一个图像集合，而是人与人之间的一种社会关系，通过图像的中介而建立的关系"[2]。

鲍德里亚在德波的基础上，将景观对人的统治定格在消费领域，他认为消费社会最主要的特征就是符号拜物教的产生。从本质上说，拜物教并不与实体有关，而是深陷一种体系、一种符码当中。因此，此时的拜物教不再是将具体的、实体性的"物"神圣化，而是将物与物的关系所构筑的"符码"神圣化。在现代社会里，物越来越被抽象为一种符号，物性的消解最终走向了符号拜物教的泛滥。这样，马克思的商品拜物教发展成为新型的符号拜物教，卢卡奇指认的物化更深入地体现为社会的全面符号化。我们已经从原来为物所奴役逐渐转向被符号所支配和困扰，人们屈从在符号的意义之下，对符号的意义顶礼膜拜。符号对整个世界和人自身进行全面的操控，它成了社会、世界的内在结构和人们的意识形态。消费社会正是借助这种符号属性消解掉原有各个阶层的划分，使所有的一切都同质化为符号，同时又依靠传媒的手段渲染出一个由需求所支撑的全新的等级社会。在这种符号逻辑当中，

① 〔法〕居伊·德波：《景观社会评论》，梁虹译，广西师范大学出版社，2007，第5页。
② 〔法〕居伊·德波：《景观社会》，张新木译，南京大学出版社，2017，第4页。

人们日渐陷入资本以物的意识形态对整个社会进行的操控之中。如果说在卢卡奇指认的物化现象中，人们还是被动接受物化的现实，那么符号化则通过媒介的手段去宣扬符号价值，使人们在自由的选择当中主动接受符号化的操控。物与人的命运最终都被符号所掌控的时候，客观上就已经产生出了一个由符号关系构成的世界，它作为一种无法消除的、依靠自身发挥作用的力量同人相对立。而人为了生存，便不得不适应这个符号世界的发展规律，自觉或不自觉地把自己当作符号。符号意识就这样渐渐渗入人们的日常生活中，变成了人们日常生活的现实。并且在消费社会这一发展阶段，我们无法对社会符号化的异化现象进行任何有效的超越，因为在此阶段物将人与人之间的交流进行了隔断，在消费社会中主体的日常生活和日常消费都被商品和其中附加的符号意义所控制，交往是在人与物这一层面完成的。因此，消费社会是一个异化极其深刻而彻底的社会阶段，在这样的社会中主体除了物与消费以外无法对其他形式的存在和活动进行有效的感知。鲍德里亚正是在这个意义上指出，现代社会是一个高度符号化并产生了符号异化的社会，以符号拜物教形式表现出来的符号异化是消费社会最为本质的特征。这种符号化的社会是资本对人进行操控的深层表现，是比物化和异化还要隐秘和难以辨认的统治形式，它渗透到了人们日常生活的方方面面，不断支配着人的认知、行动和情感。

资本通过媒介和符号等手段，建构出种种统治的社会景观，这种景观又进一步强化了权力的统治效果，使得资本的统治权力能够以不在场的方式持续发挥作用。在符号和景观的作用下，资本统治权"一方面通过对现实个体行为的跟踪、解析、挖掘和条件反射来规训个体，使其为资本增殖服务；另一方面通过智能网络设备、普遍计算架构和自动化媒介，以工具化的方式重构了不平等的社会经济规则、政治决策和观念形态"[①]。在这种权力塑造的"伪世界"的种种景观中，能够体现个体独特存在的认知能力、行动能力以

---

① 高斯扬、程恩富：《监控资本主义视阈下的技术权力探析》，《内蒙古社会科学》2020 年第
4 期。

及情感倾向都受到了资本的干预和控制。从认知的角度来看，人作为一个感性的存在者，其感觉能力和认知能力是十分敏锐和丰富的，人正是通过自己的感觉来实现对世界的理解和认知。但在资本统摄的景观社会，权力通过媒介的作用为人们呈现出不同的世界图像，人们看到的一切都是经过资本精心过滤和挑选的，人们的种种选择也是在资本塑造的虚假需求中作出的。因此，人对世界的感知总是碎片化和仓促的，人们看到的和感知到的只是在场的景观，对景观背后不在场的控制却总是难以有真实的认知和判断。特别是随着电子技术的发展，拥有强大运算能力和自动分析程序的智能设备已经无须人们对数据和事务进行费力的计算或处理，人独特的认知经验和能力正逐步被程序化。在这个意义上，智能技术的进步反而使知识成为束缚人的工具。因此，正像马克思所指出的那样，"知识和技能的积累，社会智力的一般生产力的积累，就同劳动相对立而被吸收在资本当中，从而表现为资本的属性"[1]。从行动的角度来看，在自由意志的指引下，人的行动本来是具有充分自主性的。但消费逻辑和景观的统治不断通过符号和数据这些中介对人的行动进行分析和干预。在符号消费逻辑的刺激下，人们的行动总是受到媒介和符号的强制，因而人们被迫去消费形形色色的商品，此时人们行动的痕迹是遗留在具体的消费物之中的。但随着数字化技术的不断发展，人们通过运用各种网络设备，在数字的调节下在各大数据平台上留下自己的浏览痕迹，但因为这种浏览总是带有倾向性和目的性的，因此其就不仅仅是一种网络信息，而是人们真实行动意图的呈现。资本遂对人们在网络上留下的痕迹进行操控，精准向人们推送他所需要的信息，以此让主体感觉到消费的行为是自主产生的。于是，在资本的强制结构之中，行动仿佛是自主的，实际上是受到诱导和操控的，并经常带有表面上的自主性。在这个意义上，"带有自主性特色的行动逻辑比强迫式的符号消费时代更加引发资本主义生产者的关注，它会比后者中的行动者更加主动、更加积极，从而更加有效"[2]。而从情

---

[1]　《马克思恩格斯文集》第 8 卷，人民出版社，2009，第 186—187 页。

[2]　孙亮：《监控资本主义中的"行动权"与政治经济学批判》，《理论探讨》2021 年第 5 期。

感的角度来看，马尔库塞曾经将早期资本主义社会称为"压抑性社会"，这种社会由于工业化生产而极度压抑人的本能和情感。"然而，进入数字时代，资本主义似乎不再抑制和控制情感，甚至主动在资本主义景观的伪镜像中激活和释放情感，为资本主义生产关系的再生产服务。"① 现代资本主义社会通过释放人的情感，塑造出一种以肯定和关怀为特征的"功绩社会"，在将人的精神和心理政治化的过程中让人们主动去接受资本的管控和形塑。由此，主体完全迷失在由资本塑造的种种景观之中，找不到自身存在的价值和意义。

### 三　权力体系的敞开性

传统的政治统治权是人们通过契约转让自己的自然权利形成的，它一旦被授予主权者，这种权力就是绝对的，是不可分割和转让的。因此传统的政治统治权主要体现为一种国家或君主集权的模式，此时权力关系相对集中，其体系也是封闭的。但是现代社会资本的统治权力是分散的，没有明确的权力中心。马克思说，资本最本质的属性就是其增殖的属性，资本无限增殖的要求使得它能够在发展过程中不断吸收和利用其他的一切权力体系和统治原则，实现自身的扩张。在现代社会，通过网络信息技术的作用，由资本统治权所建构的无中心和不在场的社会统治模式使得资本能够在自身增殖的过程中突破一切限制，从而建立一种分散性和敞开性的权力体系，实现自身的无限扩张。资本统治权通过对物体系和信息传播体系的吸收，对整个社会和人自身进行更全面的操控与规训，这不仅导致了人的生命样态的错位，使人的主体性进一步丧失，也使得现代性意义上的人的自由解放以及对民主、平等的设想成为幻影。由此，一切真实的存在都被解构为符号的差异性编码，社会成为同质化的社会。

资本权力体系的敞开性使得它能够不断吸纳现代社会的权力管控形式和

---

① 王鸿宇、蓝江：《数字资本主义时代的情感——从生活到生产，再到权力治理》，《国外理论动态》2021年第1期。

社会统治体系，这种吸纳首先体现在它对物体系的占有和利用中。鲍德里亚指出，资本主义社会是一个以物的丰盛性为基础的消费社会。此时的物已经不再是马克思视域中的具有实用价值的功能物，而是一种具有差异性社会价值的符号物或者技术物。现代社会就是被许多物包围和填满的。在物丰盛的同时，物的意识形态也占据了社会的操控权，人的主体性随之被消解。由此，人的身体成为符号消费中的一环，它成为一种符号性代表。社会的符号化使人直接丧失了自己的主体性，成为缺席的存在。"人在我们这个功用宇宙中缺席了，死亡了，被删除了。而要进行'个性化'的正是这个缺席的人，这种迷失了方向的强烈要求。正是这种丧失了的存在要通过符号的力量抽象地重构。"[1] 虽然在消费社会当中，人们通过自己的欲望，寻找着某种能彰显自己个性的价值模式，而这种价值模式就是通过差异性生产而制造出"符号/价值"。这种符号/价值使得任何真正的差别都消失了，使人们进入由符号创造出的人为的差异性当中。然而这种差异"并不是真正的差异，它们并没有给一个人贴上独特的标签，相反它们只是标明了他对某种编码的服从、他对某种变幻的价值等级的归并"[2]。这实际上就会导致人们真正的个体性的丧失，使人们全部同质化，屈从于符号的差异性编码。鲍德里亚更是深刻地指出，在当前的消费结构中，人的身体实际上是作为与资本和消费物同质的存在。"在当前生产/消费的结构在这一主题上促成了与自身身体不和谐（却深刻联系的）复现表象相联系的一种双重实践：作为资本的身体的实践，作为偶像（或消费物品）的身体的实践。"[3] 资本通过被符号抽象化了的时尚、消费等概念，使人们重新对自己的身体进行关注。也就是说，身体一直受到符号工具化编码规则的约束，这本质上仍然是资本的操控形式。在这样的操控形式中，身体和物品构成了一个同质的符号网，作为符号的身体与作为符号的物品成为同质化的存在。这实际上是将人的身体也变为新型的劳动力，所以"身体解放"看似是以时尚、健康、消费的名义进行，实际上仍然

---

① 〔法〕鲍德里亚：《消费社会》，刘成富、全志钢译，南京大学出版社，2014，第71页。
② 〔法〕鲍德里亚：《消费社会》，刘成富、全志钢译，南京大学出版社，2014，第72页。
③ 〔法〕鲍德里亚：《消费社会》，刘成富、全志钢译，南京大学出版社，2014，第121页。

是符号化的结果。社会的符号化直接导致人的身体不再是本真意义上的存在，而是一种丧失了主体性的，功能性和符号化的存在。

资本统治权对物体系的吸纳，不仅导致了人的符号化生存状态，也使人们对自由平等的追求化为泡影。鲍德里亚认为在消费社会的符号化的情境中，现代性意义上的人的主体性的解放以及对民主、平等的设想都未能实现。虽然在消费社会当中，我们面临的是物的丰盛，可以在任意的选择之中彰显个性和自由，充分体验作为主体的快乐，但实际上，"主体性作为价值被解放，就如同劳动从来都只是作为生产力和交换价值系统中的劳动力被解放，主体性也从来都只是作为受到意指模式、意指系统范围内的幻想和符号/价值而被解放，这种意指系统与生产系统的吻合是相当明显的。总之，主体性的解放从来都只是主体性被政治经济学重新捕获这个意义上的解放"[1]。也就是说，事实上，对人的主体性的凸显只不过是符号操纵的表象，在深层次上，人仍然是按照符号的编码来作出选择的。所以看似自由的选择中掩藏的却是深层的规训与操纵。如果说在异化劳动中，劳动者在劳动中感受到的不是肯定，而是否定，那么在符号化的社会当中，消费者看似是在肯定自己，实质上却是在否定自己。在这个基础上，消费中的民主、平等现象也全都是虚假的。因为从本质上来看，消费并没有使社会整体更加趋向一致，反倒加剧了分化。因为随着符号化的深入发展，"民主原则便由真实的平等如能力、责任、社会机遇、幸福的平等转变成了在物以及社会成就和幸福的其他明显标志面前的平等。这就是地位民主，电视、汽车和音响民主，表面上具体而实际上又十分形式的民主。在社会矛盾和不平等方面，它又符合宪法中的形式民主。两者互为借口，共同形成了一种总体民主意识，而将民主的缺席以及平等的不可求的真相掩藏了起来"[2]。虽然在对物的消费层面上，每个人都可以购买同样的物品，在消费物的面前每个人都有平等选择权，但是，这种平等完全是形式上的，看起来很具体，其实很抽象。因为，

---

① 〔法〕波德里亚：《象征交换与死亡》，车槿山译，译林出版社，2006，第182页。
② 〔法〕鲍德里亚：《消费社会》，刘成富、全志钢译，南京大学出版社，2014，第29页。

"在作为使用价值的物品面前人人平等，但在作为符号和差异的那些深刻等级化了的物品面前没有丝毫平等可言"①。从这个意义上来看，现代性的光辉历程并没有带来我们所期待的所有价值观的转变，相反，带来的却是价值的消散和变革，符号价值取代了一切真实的价值而成为人们所热衷的对象，它不停编造着自由、平等的神话，驱使人们不断做出消费的选择。人们从民主的神话中看到的并非现实本身，而是由符号建构起来的种种幻象。这种价值的消散和变革的结果使我们彻底成为符号操控网络中的被动的存在者。

而随着资本统治权的进一步扩张，它进一步囊括和纳入了信息技术的统治体系，进而导致了整个社会的"内爆"，社会真实本身面临着被解构的风险。鲍德里亚认为，随着符号化的深入发展，我们进入纯符号统治的仿真时代。在仿真时代中符号获得了自身的解放。"它摆脱了过去那种指称某物的'古老'义务，终于获得了自由，可以按照一种随意性和一种完全的不确定性，展开结构或组合的游戏，这一游戏接替了以前那种确定性的法则。"② 此时的符号不再单纯意指某物，其还可以随意组合替换，以一种随意组合方式来将物纳入体系，从而也将人纳入控制中。这种符号的任意性编码直接导致的是信息的内爆。"内爆"是物理学概念，指事物内部的聚爆过程，聚爆导致了事物之间的界限消除。随着技术的进步特别是电子信息技术的进步和网络日益发达，信息的复制、传播都在加速，资本主义社会在激烈地"内爆"。通过内爆，任何事物之间、领域之间的界限被打破，事物越来越泯灭自己的个性而与其他事物、领域混同。这个混同、内爆、销蚀个性的过程也就是事物消灭自身的过程。仿真和内爆使世界趋同，使差别消失，社会成了一个同质化的社会。这时真实变成了被编码的东西，也就是无限地可复制的东西。在鲍德里亚看来，当复制技术成为再生产的模式时，一切都置于现代符号的再生产之中，这时，一切真实的维度都消失了，我们看到的只是符号编码对真实的模拟呈现，真实与非真实的界限模糊了。一切真实的存在都丧失了其原初含

① 〔法〕鲍德里亚：《消费社会》，刘成富、全志钢译，南京大学出版社，2014，第73页。
② 〔法〕波德里亚：《象征交换与死亡》，车槿山译，译林出版社，2006，第4页。

义，成为单一的符号编码。而当真实的意义消失时，我们则从对意义的追求转向了对信息的迷恋，这就是由鲍德里亚指认的资本主义社会正在发生的激烈的"内爆"。正是在这一过程中，由符号创造出来的仿真世界成了唯一真实存在的世界，这是比真实还要真实的超真实的世界。从鲍德里亚的思路来说，随着拟真时代的到来，符号拜物教愈演愈烈，因为它不断遮蔽甚至是窒息客观现实，即用"仿真"代替了真实，为消费者制造一个"超真实"的世界。在这样的世界当中，一切都根据符号的差异性编码来生存、运转，生产不再具有确定性的内容，劳动丧失了其含义，我们彻底进入符号的帝国当中。

## 第二节　资本统治权在个人层面产生的后果：<br>"超真实"生存体验的形成

超真实"和"加速"分别是鲍德里亚和罗萨定义现代性的核心词语，前者是对信息技术加速发展带来的社会失衡状态的理论表达，后者是对加速社会中人类生存处境的现实表征。在分析资本统治权的规训秘密及其产生的社会后果时，这两个概念不可避免地融合了。具体来说，资本统治权向生活世界的全面扩散使整个社会一直处于加速的发展状态之中，"社会加速造就了新的时空体验，新的社会互动模式，以及新的主体形式，而结果则是人类被安置于世界或被抛入世界的方式产生转变了，而且人类在世界当中移动与确立自身方向的方式也产生了转变"[1]。因此，从个人的层面来看，资本统治权的全面扩散使人们丧失了确定性的生存场域，获得种种"超真实"的社会体验，这突出地体现在以下三个方面：首先，资本统治权造就了"超真实"的时空体验，通过消费和休闲的规划，让"自由时间"成为"劳动时间"的延长状态，也使主体的生存空间逐渐受到挤压并趋向透明；其次，资本统治权还造就了"超真实"的身份体验，通过物化和竞争的逻辑，让身份从一

---

[1]　〔德〕哈特穆特·罗萨：《新异化的诞生：社会加速批判理论大纲》，郑作彧译，上海人民出版社，2018，第63—64页。

种价值认同变成了一种规训手段；最后，资本统治权造就了"超真实"的交往体验，通过技术和数据，让交往从直接变为间接，从真实走向虚拟。正是人们在时空、身份和交往层面获得的"超真实"的矛盾体验构成了整个加速社会的运行机制，在这种"快与慢""真与假"的矛盾更迭中，资本统治权的运作模式不断改变，主体的异化不断加深。

## 一  "超真实"的时空体验

由资本统治权造就的"超真实"体验，首先突出地体现在科技的加速发展对生活世界的时间和空间的改变，继而使人产生的"超真实"时空体验上。科技和社会的加速看似使人们的时间获得了解放，空间得到了扩展，实际上却使人们的时间和空间不断受到挤压和规训，带来了时间和空间的异化，这就是加速社会中人们在时空上的矛盾体验。

罗萨深刻指出："科技加速对社会现实的影响无疑是巨大的。尤其是，这完全改变了社会的'时空体制'，也就是说，改变了社会生活的空间和时间的知觉与组织。"[①] 时间在我们的生活中一直都占据着十分重要的位置，是衡量人们是否自由，以及能否实现自我价值的重要标准。马克思对资本逻辑的批判已经向我们表明：资本对工人剥削的一个重要方面就是对工人劳动时间的占有，而资本为了增殖和获利不可避免地要想尽一切办法延长工人的劳动时间，从而使工人丧失发展自身的"自由时间"。在增加的劳动时间中，工人并"不是'自由的当事人'，他自由出卖自己劳动力的时间，是他被迫出卖劳动力的时间……工人出卖的时间何时结束，属于工人自己的时间何时开始"[②]。在这个意义上，"自由时间"是人获得自由发展的重要境遇。在现代社会当中，科技的加速发展为人们节省了大量的时间，人们可以利用这些时间来度假、休闲，充分发展自身。但是，空闲时间的增加是否意味着人们真正拥有了发展自由个性的"自由时间"？答案是否定的。因为随着资本逻辑对人的

---

① 〔德〕哈特穆特·罗萨：《新异化的诞生：社会加速批判理论大纲》，郑作彧译，上海人民出版社，2018，第 14 页。

② 《马克思恩格斯文集》第 5 卷，人民出版社，2009，第 349—350 页。

生活的全方位入侵，资本倾向于让人们在休闲时间的假象中沉迷于物化社会的各种消费与休闲规划中，时间在休闲的概念中重新变成了一种私有财产。

在消费的程式当中，休闲或自由的时间仍然是人们通过辛勤的劳动所赚取的，人们仍然像赚取工资一样来为自己赢得时间，同样也像消费一件物品一样消费和享用时间。在这个意义上，时间成为一种同消费物一样的存在。"时间是一种服从于交换价值规律的珍贵的、稀缺的东西。这一点对劳动时间而言是显而易见的，因为它是被出卖和被购买的。但是自由时间本身也变得越来越需要直接或间接地被购买以及被'消费'。"① 就此，鲍德里亚指出，在资本主义价值生产和利润生产的原则下，自由时间只是一种假象。对时间的享受实际上印证了人们对生产规则的服从。时间成了一种十分奢侈的资本，休闲并不是对时间的自由支配，自由只是掩盖束缚的一个标签。所以不可能存在真正自由的时间，只可能存在受制约的时间。因为体现在休闲中的自由时间实际上也构成了劳动时间的一部分，是劳动时间的延长状态。而"制约着劳动时间的标准和约束也被传送到了自由时间及其内容之中"②。资本为了生产剩余价值，已经不再满足于从生产体制内来对劳动者进行控制，还必须在消费层面上将人们塑造成自由享有时间的消费者。这样生产的系统就可以持续地在任何地方再生产出作为生产力的时间，人们表面上享受着社会的加速发展带来的种种舒适，实际上承受着新型的剥削。自由时间不再是人自由发展的场域，而是制造出了新的控制和剥削。在这个意义上，"'自由时间'实际上是'赚到'的时间、是可赢利的资本、是潜在的生产力"③。在消费社会中，时间从没有自由可言，因为它根本上仍然是生产体系的附属物，是一种隐形的生产力。而随着加速逻辑成为社会的普遍逻辑，时间不仅仅作为生产体系的一部分来对人们施加影响，还发展为一种严密的管控体系，对个体进行更精准的控制。

在罗萨看来，时间是衡量我们是否拥有美好生活的重要维度。而"社会

① 〔法〕鲍德里亚：《消费社会》，刘成富、全志钢译，南京大学出版社，2014，第148—149页。
② 〔法〕鲍德里亚：《消费社会》，刘成富、全志钢译，南京大学出版社，2014，第150页。
③ 〔法〕鲍德里亚：《消费社会》，刘成富、全志钢译，南京大学出版社，2014，第149页。

的不断加速挤压着生活时间，这才是阻碍我们现代人过上美好生活的罪魁祸首"①。与消费社会中时间处于一种表面上的丰裕状态不同，在加速社会中，时间无论在表面上还是实质上都体现为明显的匮乏。技术的发展使人们的生活方式变化、社会变迁都不断加快，人们的生活时间也在急剧加速和压缩。加速社会中人们对速度的要求，使得技术介入对时间的控制当中，技术的加速使整个社会处于不断的流动之中。而这种流动方式极大地加快了生活节奏，从而不断地制造出时间上的逼迫感。并且这种时间的加速和压缩，使人总是处于一种"紧急状态"。我们总是行色匆匆，追逐着时间的脚步，却很难对身边的一切进行真实的感知。我们每天都被截止日期、最后期限等时间规范影响着，现代社会的时间结构已经与资本的管控需求不自觉地融合了。在这个意义上，"现代社会是由一种严密的时间体制所管制、协调与支配的，而且这种时间体制完全不具有什么伦理观念"②。这让现代社会宛若没有约束、很少限制。而现代社会中的主体由于常常感觉不到自己被某种伦理规范所约束，因而认为自己是自由的、获得解放的，也即人们是在极度自由的体验当中，主动追赶时间的脚步，迎合时间的需求。实际上人们无时无刻不被时间的规则所约束、管制、支配。这种时间管制已然成为人们生活的"无意识"。"时间的'沉默之声'显然很有效地满足了现代社会巨大的管制需求。因为它无声无息、毫不引人注意地造就了一种'意识形态'，让人觉得时间是个人的事情，是自然而然的事情。正因为如此，时间规范在我们今天这个时代具有一种几近极权主义的性质。"③

而从空间的视角来看，在加速社会当中，随着技术的加速发展，人们所处的空间也不断受到挤压、产生异化。马克思已经向我们阐明了资本逻辑的

① 〔德〕哈特穆特·罗萨：《新异化的诞生：社会加速批判理论大纲》，郑作彧译，上海人民出版社，2018，译者前言第3页。
② 〔德〕哈特穆特·罗萨：《新异化的诞生：社会加速批判理论大纲》，郑作彧译，上海人民出版社，2018，第3页。
③ 〔德〕哈特穆特·罗萨：《新异化的诞生：社会加速批判理论大纲》，郑作彧译，上海人民出版社，2018，第105页。

扩展对劳动空间的重构作用，今天资本的这种重构权力已经进一步延伸到人们的生活空间当中。福柯就曾指出，空间是任何公共生活的基础，但是随着资本权力的扩张，空间成为权力的征服对象，人们所处的社会空间是一个不断受到操控的"规训空间"。而随着技术成为整个世界的座架，人们所生活的空间一方面成为不断扩展和膨胀的当下，另一方面则在社会的高速运转中趋向虚无。在这个意义上，维西留将现代社会的空间定义为"速度空间"，认为当代资本主义以一种全新的速度的威慑力量，创造了一种对人的治理模式。本来，我们生活在世界当中，与我们所生活的空间应该建立一种熟悉的亲密关系。但社会的加速发展使我们不断进行着空间的迁移，剥夺了我们与空间建立亲密关系的时间。所以，空间不可避免地也产生了异化。在罗萨看来，"异化指出了自我与世界之间的关系的一种深层的、结构性扭曲，亦即一种主体处于、'坐落'于世界当中的方式遭到了扭曲。因为人类必然是一种身体性的存在，所以人类会觉得世界是一种空间性的扩展，自己也坐落在世界空间当中"[1]。

空间本来是具有独特性的，其中每个主体都与它有不同的回忆和连接。但随着建筑技艺在世界范围内的传播，人们所看到的建筑以及所处的空间趋于同质化。在技术造就的同质性空间中，我们越来越与空间疏离。"这些空间没有故事，没有回忆，没有交织着自己的认同感。"[2] 空间在晚期现代世界逐渐失去了它的重要性，它的运作与发展不用再具体定位于某处，人们可以通过图像、视频，随时看到空间的改变以及在任何空间中发生的事件，就像自己在场一样。通信技术的加速发展以及全球化时代的到来，虽然打破了空间的界限，让人们有更广阔的空间体验感，但是也造成了人们生活空间的透明化。定位系统以及监控装置的广泛运用，使人们在空间中所处的位置可以随时被追踪和监视。"社会加速造就了大量的流动性和从物理空间的脱节，

---

① 〔德〕哈特穆特·罗萨：《新异化的诞生：社会加速批判理论大纲》，郑作彧译，上海人民出版社，2018，第117—118页。

② 〔德〕哈特穆特·罗萨：《新异化的诞生：社会加速批判理论大纲》，郑作彧译，上海人民出版社，2018，第119页。

但这也推动了我们物理环境或物质环境的异化。"① 在社会和空间层面上不断增强的流动性，使人们不再具有固定的、隐私的空间。在这个意义上，"一个过去曾经是全景式的世界，面向无限大的世界，由于现实的加速，突然变成了互动性的超级中心，削弱着一种普遍的外在性。这种外在性已经提供给定位的缺失，提供了任何真正（伦理和政治的）状况的丧失"②。社会的加速发展使空间的确定性逐渐丧失，人们成为资本关系网络中的"固定程式"，随时可以被定位追踪，所以，加速社会中人们的空间体验也是"超真实"的，看似无限扩展，实则一切透明。

## 二　"超真实"的身份体验

资本统治权不仅改变了人们的时空体验，而且塑造了新的主体形式，这种塑造集中体现在社会身份的层面上。在消费意识形态和加速竞争原则的驱动下，人们不断地进行着自我的身份认同。在加速社会当中，主体一方面被赋予了身份的自由选择权，经历着由社会的加速变迁带来的身份的自由体验，从而确认自己在社会中"在场"；另一方面则在物化和竞争的逻辑下，在对速度和物的追求中，泯灭了个性，成为在社会中缺席的存在。这就是加速社会赋予人们的"超真实"身份体验。

在马克思的视域当中，分工将人固定在某一特殊的活动范围，工人想要生存，就必须在这种强加的范围内活动，此时身份是单一的、固定化的。人们社会活动的这种固定化程式，阻碍了人的个性的发展和创造力的发挥。所以马克思认为："在共产主义社会里，任何人都没有特殊的活动范围，而是都可以在任何部门内发展。"③ 这里我们可以看出，身份直接关涉人们的社会活动范围，身份的流动性也是人的自由发展的重要维度。在加速社会当中，

---

① 〔德〕哈特穆特·罗萨：《新异化的诞生：社会加速批判理论大纲》，郑作彧译，上海人民出版社，2018，第119页。
② 〔法〕保罗·维利里奥：《无边的艺术》，张新木、李露露译，南京大学出版社，2014，第70页。
③ 《马克思恩格斯文集》第1卷，人民出版社，2009，第537页。

人们可以自由选择自己的身份，由自己决定要成为哪一类人以及在什么社会范围内活动，如果对现有的身份不满意，人们也可以通过自己的努力去改变或提升自己的社会身份。只不过区别在于，这种身份的流动并没有促进人的自由个性的发展。相反，在现代社会，身份的概念越来越接近或等同于存在的表达。人们对身份的追求往往是为了彰显自己的社会地位并且确认自己的社会存在。在身份流动起来的同时，资本也流动起来了。本来人们应该从身份的束缚中解放出来，但是现代社会的消费文化和物化逻辑却使人们越来越倾向于在对物的占有中去实现身份认同，表面上人们的身份是流动的，实际上人一旦脱离了某种固定的身份，也就丧失了自身的存在。在这个意义上，现代社会人们身份的流动性中其实隐藏着更为深刻的固定性。

在消费文化的催逼之下，信息媒介技术充分发展，并逐渐渗透进人们生活的一切领域。人们越来越倾向于通过对物的消费来体验存在、确认身份。此时消费品逐渐避免作为单纯的产品出现，而体现为一种贴心的服务。一切物品都打上了为特定的"您"设计和定制的标签，各种服务体系全部围绕主体自身来考虑。而主体也可以通过对物的消费来凸显自己的社会身份、阶级地位以及独特品位，更能通过对物的占有来证明自己的财富实力和生存意义。表面上看，人们以消费的方式，不断更新和印证着自己的社会生存轨迹，相信自己越来越具有独立性和自由。但实际上，这种身份和存在上的自由体验是由符号虚拟出来的，人们拥有的物越丰富，自身存在的意义越匮乏。因为我们在世界中存在的方式已经被物所中介了，当物占据了我们生活的世界的时候，人在真实中是不在场的、缺席的，更没有个性可言。所以，"我们是以一种必需的幻觉的方式、一种不在场的方式、一种非现实的和一种与事物非直接的方式生活"[1]。消费社会看似解放了主体，减少了束缚，实际上却产生了新的暴力，这种暴力就是社会控制的逻辑。符号创造了一种新的道德消费心理和约束机制，人们被消费的文化绑架了。在此，资本的权力找到了新的规训方式。它不再将个体放在一个强制性的、既定的场所中来进

---

[1] 〔法〕博德里亚尔：《完美的罪行》，王为民译，商务印书馆，2014，第11页。

行控制，而是将其放置在一个自由、宽松的，并且有个性体验的文化中来进行治理。而个性化、身份化就是资本面对多样性的社会主体时采取的新控制策略。通过消费文化的熏陶和消费意识形态的影响，主体在自由的标签下，主动屈从于社会的规范，按照媒介和信息的要求不断塑造自己。在这个意义上，"丰盛具有这样一种模糊性，即它总是既被作为惬意的神话来经验，又被当做一种多少有些强迫性的对某种新型行为、集体约束及标准的适应进程来忍受"①。

而随着加速社会的到来，除了物和消费的逻辑之外，科技和生活的加速发展使竞争逻辑逐渐成为影响人们身份体验的重要因素。罗萨将这种竞争看作社会加速的主要原因。他指出："一般的社会加速，以及特别是科技加速，是充满竞争的资本主义市场体系的后果。在现代社会，竞争原则显然不只存在于经济领域而已。事实上，这种原则支配了现代生活所有领域的分配，而且也因此，它是界定现代性的核心原则。"② 这种竞争逻辑对社会的结构、主体的存在方式以及身份认同模式产生了巨大的影响。受竞争逻辑的驱动，主体为了保证自己在社会中的竞争力，仍然要追求某种身份，以此来确认自己在社会中在场，保证自身不被社会淘汰。在这个意义上，鲍德里亚的"再循环"概念也印证了这一点。"在我们的社会中，有一个关系到职业经验、社会资格、个体发展的特有方面，那便是再循环。它为每个不想淘汰、被疏远、被取消资格的人，提供了使他的知识、学识，总之他在就业市场上'可利用的材料'重见天日的必要条件。"③ 这样的一种"再循环"实际上暗含了一个高速、强制又任意的社会转型过程。社会的加速使整个社会以及人们的身份地位、职业发展都处于一种流动当中。正如消费者想要获得消费社会中的公民资格就必须进行购买一样，加速社会中的人们想要使自己的身份得到承认就必须不断提速来增强自身的竞争力。这种购买和提速表面上使人的存在得到确证，实

① 〔法〕鲍德里亚：《消费社会》，刘成富、全志钢译，南京大学出版社，2014，第175页。
② 〔德〕哈特穆特·罗萨：《新异化的诞生：社会加速批判理论大纲》，郑作彧译，上海人民出版社，2018，第31页。
③ 〔法〕鲍德里亚：《消费社会》，刘成富、全志钢译，南京大学出版社，2014，第86页。

际上使人完全隐匿于符号和速度的背后，遗忘了自己真实的存在。而"这就是'真实'、指涉物的处境：它们不过是象征性的拟像，它们被符号所稀释，被符号所左右"①。随着社会节奏的加快，消费和竞争的逻辑已经成为社会的普遍法则，它逐渐成为人们的"无意识"，所以人们通过身份、休闲所体验到的存在甚至比其本真的存在还要真实，在这个意义上，"消费是用某种编码及某种与此编码相适应的竞争性合作的无意识纪律来驯化人们"②。

这样，在加速社会中，身份的流动性不再是人的自由的彰显，竞争也不再是使人自主规划人生的手段，二者都在速度的催逼下成为全新的规训手段，它们从生活世界的各个层面来塑造符合当下社会模式的驯顺主体。本来，人们之所以会寻求身份认同，实际上是期望自己能够得到社会的尊重和承认。但是在竞争原则的支配下，个体要想拥有自主性和实现自己的价值，就必须超越身份的固定性，以此来打破固有的社会秩序，彰显自己在社会中的存在。在这个意义上，现代社会中个体的创造力、激情，已经全部从属于竞争原则。身份看似表征人的存在，实则是最隐秘的规训手段，它不再致力于使自身获得自主性，而是要使自身获得更多的竞争力。"所有加速机器的个体能量和竞争能量，最终都会被献祭给宛如仓鼠滚轮的社会经济竞争。当然，这已经完全等同于丧失自主性，彻底背离了现代性的承诺。"③ 实际上，身份的流动性恰恰契合了资本流动性的要求。这种流动性不是社会对于人之存在的确证，更不是对人的自主性的恢复，而是将人纳入资本的运行体制当中来加以控制。在这个意义上，"加速不再保证能追求个人的梦想、目标和人生规划，也不再保证社会能根据正义、进步、永续等等的观念进行整治改革；相反的，完全不是这么一回事。个人的梦想、目标、欲望和人生规划，都必须用于喂养加速机器"④。这个社会并没有像表面上那样为人们的期望、

① 〔法〕鲍德里亚：《符号政治经济学批判》，夏莹译，南京大学出版社，2015，第 218 页。
② 〔法〕鲍德里亚：《消费社会》，刘成富、全志钢译，南京大学出版社，2014，第 78 页。
③ 〔德〕哈特穆特·罗萨：《新异化的诞生：社会加速批判理论大纲》，郑作彧译，上海人民出版社，2018，第 114 页。
④ 〔德〕哈特穆特·罗萨：《新异化的诞生：社会加速批判理论大纲》，郑作彧译，上海人民出版社，2018，第 111 页。

自由和发展的需求做好准备，相反却越来越受竞争以及各种规训命令的支配，以最为隐秘的形式在个体身上制造出越来越大的失调。表面上动态化的现代社会，背后隐藏着最坚固的、冻结的社会规训形式。主体一方面享受着加速带来的个性化、流动性的身份体验，另一方面则在消费和竞争的催逼下丧失了个性，按照社会的竞争原则来塑造自己，保证自己能在社会中占有一席之地，这就是人们在加速社会中"超真实"的身份体验。

## 三　"超真实"的交往体验

人是社会性的存在物。个人的时空体验和身份认同产生变化，必然也会推动人们的社会交往关系和互动模式产生根本上的变革。因此，资本统治权一方面突破了人们交往的时间和空间限制，创造了许多新的社会交往关系；另一方面又使个体与外部世界的一切交往关系都被技术中介了，加重了我们与世界的距离感。信息技术的不断"加速"实现了网络全球化，并不断地引爆信息炸弹，人类穿梭在现实与虚拟之间，产生了"超真实"的交往体验。

马克思认为，人归根结底是社会的产物，所以人只有在与他人、与社会的交往中才能实现自己的本质。按照马克思的理解，真正的交往是人的"类活动"和"类享受"，这种交往应该是直接的，不需要中介的，人现实地与他人、与世界发生关系。但是，由于私人所有制的出现，交往开始遵循交换原则，货币则在这一过程中逐渐取代其他形式的私人所有而成为交换的中介。货币的这种中介不但使人丧失了人本身的中介作用，还逐渐成为实际上支配交往的权力。即使在现代社会，这种交往的异化也并没有得到缓解，反而越发严重。因为在加速社会当中，人们的交往不仅仅被货币所中介，还被技术、数据等元素所中介。技术的发展虽然压缩了人们交往的时间和空间，增加了交往的次数，实际上却降低了人们交往的质量，阻断了人们的真实交往，人们不能形成亲密的社会关系，更没有实现普遍的、有效的社会交往。在技术的中介之下，人们与物、与他人、与社会的交往关系都发生了错位。

从人与物的关系上来看，科技的发展创造出越来越丰富和智能的物，这些物应该被人所吸收和利用，从而作为个人特质的标志。因为从一定程度上讲，"人类在最低限度上都会跟一些物体会有亲密的关系，这些物体也是构成人类的要素之一……自我是会扩展进物界的，而且物也会变成自我的栖居之处"①。但是，随着社会的加速发展，人们与物界的关系也发生了扭曲和错位。这主要体现在，物变得越多样、越新潮和越智能，人在物面前就显得越来越笨拙，人们与物之间产生了越来越大的鸿沟。因为智能化的物开始变得复杂和难以操作，人们在面对物时会因为自己没有办法正确操作这些物而感觉非常糟糕。在物的面前，主体并没有体验到物属于自己的快乐，因为人对物的"既有的经验在越来越快的创新之下会变得越来越没有价值。这让我们与物之间产生了异化"②。加速社会并没有让人们通过物来丰富和验证自己的知识，而是让人们逐渐在技术的发展中失去自己的文化知识和实践知识。面对物时，人们的罪恶感与糟糕感的指数一直在不断增长。在这个意义上，处在"人工智能时代，人类文明自身恰恰会进入'人工非智能'——一种人为导致的'系统性愚蠢'"③。也就是说，科技的加速发展使物越来越智能，而人却越来越非智能。人本来是具有创造力的存在，但在物的面前却总是进行最单一的操作，在智能物面前我们可能动动手指就完成了生产，而这个生产的过程却没有人本身的实践参与，是物对物的操作，在这个意义上，人被物边缘化了，成为一种"开关"式的存在。在这个意义上，整个资本主义系统使技术创新变成了永远在加速的去知识化过程，人不再是直接地拥有物、与物之间建立某种亲密的关系，而是在技术的中介下间接地认同物的法则。

从人与人的关系上看，"新科技让人维持着一个不断膨胀的人际关系——不论是直接关系还是间接关系。从许多方面来看，我们已然达到了一种所谓的社会饱和状态"④。网络技术的发展创造出了全新的交往和互动模

---

① 〔德〕哈特穆特·罗萨：《新异化的诞生：社会加速批判理论大纲》，郑作彧译，上海人民出版社，2018，第120—121页。

② 〔德〕哈特穆特·罗萨：《新异化的诞生：社会加速批判理论大纲》，郑作彧译，上海人民出版社，2018，第123页。

③ 吴冠军：《速度与智能——人工智能时代的三重哲学反思》，《山东社会科学》2019年第6期。

④ 〔德〕哈特穆特·罗萨：《新异化的诞生：社会加速批判理论大纲》，郑作彧译，上海人民出版社，2018，第59页。

式，人们可以在很短的时间内，通过电话、微博、电子信箱等载体，产生很多社会接触。也可以在很短的时间内与他人交换信息，进行事务合作。加速不仅带来了人际交往的方便和快捷，也使人与人之间越来越有距离感。由于我们与外界的交往都是被技术所中介的，所以我们与物、与他人和与世界之间不可避免地隔着一段距离。"一些东西从不真正出现在另一些东西面前，一个东西对于另一个而言也不是现实的。这就是无法弥补的距离。"[①] 这种距离可以扩展至一切物体以及人们的生命关系当中。现代社会中的人们每天都很忙碌，我们可能感觉自己与很多人都建立了良好的交往关系，因为微信好友的数量和邮箱里的信息都在显著增加。实际上，正如我们对部分信息只是匆匆一瞥那样，"我们与太多人相遇、分离，所建立起来的沟通网络太过庞大，以至于我们对当中的所有人或至少大部分的人，不太可能真正建立起情感关系"[②]。这就意味着，在技术的中介之下，人与他人以及与世界之间曾经真实的交往关系变为了一种虚拟的关系。一切都被放在数据的网络中来分析和操作，在数据中，真实变成了某种被编码的东西，丧失了原初的内涵。而当真实的意义消失时，我们则从对意义的追求转向了对信息的迷恋。在这个意义上，"技术的发挥就意味着人类已经不再信任其特有的生存，并给自己确定了一种虚拟的生存，一种间接的命运"[③]。

　　而从人与世界的关系上看，现代社会的自我与世界之间的关系也出现了彻底的扭曲变形。罗萨区分了加速社会中的两种社会关系：一种是正面的"共鸣"关系，另一种是负面的"异化"关系。"共鸣"关系是主体和世界有良好的相互回应关系，是界定人们过上"美好生活"的关键。"异化"关系是主体与世界静默不理会彼此的关系，是一种缺乏回应的关系。在罗萨看来，加速社会难以形成良好的、有效的"共鸣"关系。因为"在某种意义上，社会加速单纯而直接地导致了我们的世界关系的崩溃与腐坏。我们无法

---

① 〔法〕博德里亚尔：《完美的罪行》，王为民译，商务印书馆，2014，第52—53页。
② 〔德〕哈特穆特·罗萨：《新异化的诞生：社会加速批判理论大纲》，郑作彧译，上海人民出版社，2018，第59页。
③ 〔法〕博德里亚尔：《完美的罪行》，王为民译，商务印书馆，2014，第42页。

将行动时刻和体验时刻整合成一个完整的生活，所以我们与空间、时间、行动、体验，物品、产品之间的鸿沟越来越大"①。加速使人们的生活不断碎片化，使主体与社会之间的关系变成了"没有回应的言说"。因为"今天成为我们社会关系，以及我们与自然之间关系的中介，不再是那个抽象化的物——商品或货币，而是更为基础的东西，即'一般数据'"②。加速使数据渗透进人的存在当中，也使数据穿透了我们的社会关系。这就意味着，人与世界之间的关系看似真实，实则虚拟。我们说不清自己与世界之间的具体关联，因为每个人都被固定在数据的网络中受到控制，除非我们被数据化，否则我们将丧失存在的意义。在数据占据我们的生活世界的时候，一切真实的维度都消失了，我们看到的只是符号编码对真实的模拟仿像，真实与非真实的界限模糊了。正是在这一过程中，由数据创造出来的世界成了唯一真实存在的世界，这是比真实还要真实的"超真实"的世界。正是在这个意义上，有学者将这种数据对现实的抹杀称为"完美的罪行"。"完美的罪行是通过使所有的数据现实化，通过改变我们所有的行为、所有纯信息事件，无条件实现这个世界的罪行——总之，最终的解决方法是通过克隆实在和以现实的复制品消灭现实的事物使世界提前分解。"③ 所以，在加速社会当中，我们一直是以一种"幻觉"的方式生活，因为加速使真实和虚拟相互拥挤，慢慢地真实本身逐渐缺席，存在的只是速度带来的眩晕。

## 第三节　资本统治权在社会层面产生的后果：抽象统治关系的再生产

资本统治权的全面扩散不仅改变了人的存在方式，使主体产生了种种"超真实"的社会体验，还从根本上改变了整个社会的存在样貌，不断再生

---

① 〔德〕哈特穆特·罗萨：《新异化的诞生：社会加速批判理论大纲》，郑作彧译，上海人民出版社，2018，第140页。
② 蓝江：《从物化到数字化：数字资本主义时代的异化理论》，《社会科学文摘》2018年第12期。
③ 〔法〕博德里亚尔：《完美的罪行》，王为民译，商务印书馆，2014，第28页。

产出抽象的社会统治关系。相对于传统资本主义社会而言，现代资本主义社会已经发生了翻天覆地的变化。正像马克思指出的："现在的社会不是坚实的结晶体，而是一个能够变化并且经常处于变化过程中的有机体。"[①] 在现代资本主义社会中，随着"金融资本""数字资本"等新资本形态的不断扩张，资本已经获得了完全的自主性，以至于它可以不依赖劳动产品的生产，独自发生增殖。资本增殖方式的这种转变是与资本主义生产方式的变革密不可分的。现代资本主义社会不仅能够生产具体的物质财富，还能够生产出差异性的身份符码以及主体的欲望形式，进而从生产关系的宏观层面持续对人们进行统治。同时，资本还借助各种技术手段不断将资本主义的统治原则内化到人们的意识结构之中，使人们不断受到权力机制的规训和制约，自觉去遵守各种社会规范。在这个意义上，意识形态的心理约束是保证资本主义生产秩序和统治关系的重要途径。最后，在生产关系和意识形态的双重规训机制之下，人们事实上已经无法控制他们的生产活动和他们的劳动产品，相反他们的活动还不断建构出一种强制性的社会支配结构来与其自身相对立，而这种强制性支配结构的巩固使得资本统治权能够不断再生产出资本主义社会的抽象统治结构，这种抽象统治结构对人的压抑和控制正是资本文明区别于其他文明形态的本质性特征。

## 一　生产关系统治的再生产

"再生产"是资本主义的权力关系和统治原则不断维持和扩散的重要场域。正像鲍尔斯与金蒂斯在《民主与资本主义》当中指出的："社会是一个再生产的统一体：社会内部的每一个场域，无论它构造的各种权力形式如何大相异趣，为了其自身的继续存在，依赖其邻近的各种场域。"[②] 因此，对当代资本主义社会统治的分析和批判必然要明确资本主义借助资本这一中介形式，究竟再生产出了什么。资本主义是一个资本统摄一切的社会，而马克思

---

① 《马克思恩格斯文集》第5卷，人民出版社，2009，第10—11页。
② 〔美〕塞缪尔·鲍尔斯、赫伯特·金蒂斯：《民主与资本主义》，韩水法译，商务印书馆，2013，第133页。

在分析资本属性的时候认为资本不仅是一种物，更是一种以物为中介的社会关系。资本文明之所以不同于其他的文明形态，原因就在于它创造了不同以往的生产关系，而这种生产关系不仅是一种促进生产力提升的发展关系，也是一种不断统治人和支配人的奴役关系。在这个意义上，资本主义首先再生产出的就是一种生产关系，这种生产关系是整个社会发展的轴心，其他的一切都围绕着它来运转。而随着数字资本、认知资本的发展，当代资本主义社会的生产已经延伸到财富和剩余价值的生产过程之外，涌现出景观生产、符号生产和生命政治生产等不同的形式，这些新的生产形式在一定程度上体现了资本主义社会发生的种种变化，但仍然没有改变资本主义生产关系的统治事实，反而在一定程度上促进了生产关系统治的扩散。

马克思对资本主义社会本质的分析和研究不是从观念的领域入手的，而是聚焦资本主义社会中人的现实生存状况和资本主义社会具体的生产关系。正如他在《〈政治经济学批判〉序言》中阐明的："我要在本书研究的，是资本主义生产方式以及和它相适应的生产关系和交换关系。"① 正是出于对人之存在的关切，马克思详细分析了资本主义生产的特征以及资本主义社会的现实统治原则。马克思从"商品"这一特殊的物入手，分析了在商品生产过程中资本家对工人劳动力的占有和剥削。在资本主义条件下，人的劳动由自由自主的活动变成了机械性的死劳动，人与人之间的一切交往关系都被抽象为单纯的商品交换关系。因此，在资本的普遍作用下，资本主义不仅能够生产出用于交换的形形色色的商品，也不断生产出一种占有和支配人的社会关系。正是从这个角度出发，马克思将对资本抽象统治的分析进一步落实到对资本主义生产关系的分析中，不仅从"物"的角度来理解资本，还指出了其独特的"关系"属性。在这个意义上，"资本不是物，而是一定的、社会的、属于一定历史社会形态的生产关系"②。这种生产关系在资本主义社会处于核心地位，它不仅支配着人们的意识过程，也不断再生产出消费、交换和

---

① 《马克思恩格斯全集》第42卷，人民出版社，2016，第14页。
② 《马克思恩格斯文集》第7卷，人民出版社，2009，第922页。

分配等其他的社会关系。

马克思是在历史的视域中审视资本主义生产关系的发展和变革的。由于马克思所处的时代是工业化生产的时代，因此当时资本主义的生产关系本质上是一种雇佣劳动与资本相结合来生产人们所需的物质资料以及统治人的社会形式的社会关系。但是随着资本主义社会的发展，整个社会的生产形式发生了根本性的变革。德波将现代社会的本质定义为"景观社会"，在他看来，资本在技术的中介下早已经将自己的原则扩展到财富和商品生产的过程之外。"资本主义如今已经从商品生产的使命转向了对景观这种更为'真实'的异化世界的生产，此种真实的追求只有在大众的欲望结构中加以开发才能够有效地刺激这种生产，不再像原先商品生产以使用价值为主导那样了，景观生产不过是一种'伪需要'所刺激的'伪消费'，从而构造'伪生产'来完成的。"① 也就是说，在消费和欲望的驱动下，资本主义生产变成了一种具有差异性区分原则的生产，它不断生产出资本主义的异化统治结构，从而进一步巩固资本主义生产关系的统治。

鲍德里亚在德波的基础之上进一步将这种异化的生产定义为一种差异性的符号生产，并详细分析了资本通过广告媒介如何最大限度地刺激人们的需求。"人们发现，一个先在的、神奇的事实：他们需要已经生产出来并在市场上供应的东西（由此，为了说明人们能够体验到这一点，需要必须被假定为已经存在于人的内心之中了），因此，这种强制的理性化只是对生产秩序的内在目的性的一种掩盖。"② 我们在商店里被许多新奇的商品所吸引，在广告无形的宣传和重复中迷失自身，误以为那些象征身份与地位的商品就是我们真实需要的，但那只是资本主义生产秩序的一种内在策略。人们在消费中所需求的消费品只不过是经过伪饰的资本主义生产秩序建构的结果。这其实就是广告和其他媒介景观在永无止境的重复中制造出来的骗人幻象。由此可见，消费中的需要并不是人们真实的需要，它不过是现存生产秩序的有目的

---

① 孙亮：《政治经济学批判与人的存在观念重构》，中央编译出版社，2021，第185页。
② 〔法〕鲍德里亚：《符号政治经济学批判》，夏莹译，南京大学出版社，2015，第72页。

的再生产。而当这种生产重复建构这个世界的时候，最主要的法宝就是所谓的指向声望、地位的差异性逻辑，而差异性逻辑的根本基础则为社会的差异性生产。"个体（或者被个性化了的群体）有意识或者无意识地总在追求社会地位和名誉，当然，在这一层面上的物也应被纳入到分析中来。但基本的层面则应是无意识的结构，这种无意识的结构组织了差异的社会生产。"① 今日的消费社会中的每一个人或每一个群体，甚至在其基本的生存被保证之前，就已经感觉到自己必须在一个交换关系的体系中寻找存在的意义。"在现代社会中，历史形成的需要代替了自然的需要，欲望开始成为整个社会普遍的精神状况。资本的出现，使得人类对财富的无止境追求成为可能，这也意味着现代人将永远生活在存在的焦虑之中。"② 当一种虚假的需求充斥整个社会的时候，人们就在资本的驱动下成为欲望的奴隶。

德波和鲍德里亚指出了资本主义的景观生产和符号生产，但是随着认知资本主义的产生以及信息技术的发展，资本主义的生产方式发生了重大的变化，劳动组织方式和资本的表现形态也呈现出不同的特点。金融资本主义的产生使得资本主义社会的生产开始由实入虚，资本也表现为数字资本和认知资本等不同的形式，与这种资本形态相对应，生产也开始从物质性层面向非物质性层面转变。意大利自治主义者奈格里以及保罗·维尔诺等就基于资本主义生产方式的转变详细分析了非物质劳动的生产。在奈格里等人看来，当代资本主义社会人们的工作方式已经发生了重大的转变，工人的生产不再局限在工厂的狭小范围内，他们可以在任何时刻发挥自己的创造性从而进行生产，这种生产方式的转变暗含着资本统治原则和权力关系的重组过程。从生产内容的角度来看，非物质性生产所产出的不是实体性的商品，而是知识、信息、情感等非物质性产品。而从生产的活动本身来看，主体在非物质性生产中采取的是自主协作的模式，因此能够不断制造出共同性，这种共同性是摆脱资本统治的重要前提。正是在这种共同性当中，人们能够感受到自己存

① 〔法〕鲍德里亚：《符号政治经济学批判》，夏莹译，南京大学出版社，2015，第76—77页。
② 王庆丰：《欲望形而上学批判——〈资本论〉的形上意义》，《社会科学辑刊》2015年第5期。

在的意义和价值。在这个意义上，非物质劳动不仅指向商品的具体内容的生产，也在对知识或者信息的吸纳过程中再生产出资本主义的社会关系。

值得注意的是，以共同性为基础的生命政治生产虽然重组了人们的劳动方式，创造出工人的新的协作模式，但这并不意味着资本的剥削就不存在了。相反，在生命政治的语境下，资本不仅被理解为一种社会关系，而且这种社会关系本身是开放的，它可以不断吸纳和剥夺工人创造出的共同性。由于在非物质性生产的形式下，生产已经从原来的流水线的线性形式转变为分散的、灵活的、不稳定的网络形式，因此这种形式下的剥削已经"不再是个人或集体劳动时间决定的一种对价值的剥夺，而是获取协同劳动生产的价值，而这种价值因为在社会网络中的流通变得越来越普遍化"①。也就是说，资本主义在非物质性生产的过程中并没有"坐以待毙"，而是不断将知识和信息的生产纳入自身增殖的过程之中，将其变成服务于自身增殖的手段。这样，非物质性生产与物质性生产一样，都在推进着资本主义生产关系的再生产，并促使资本能够在财富生产的过程之外不断加强对人的统治。

## 二　意识形态控制的再生产

资本统治权不仅与生产的逻辑结合在一起对人的劳动和生产过程进行统治，还与特定的社会意识形态相结合在人的心理和意识层面对人实施操控。传统马克思主义者往往从拜物教的角度，将意识形态看作人们对生活关系的误认形式，因此它是独立于人的生活结构之外的。但是在资本统治权的统摄下，意识形态不是脱离人的生活的观念形态，而是蕴含在人的社会生活之中与资本主义社会统治和权力关系紧密相关的控制机制。在这个意义上，"意识形态是与权力有关的意义生产。每一个社会的统治者从来不会满足于自己实际拥有的权力，他们还通过意识形态的炼金术把事实的权力转变为应得的权力"②。从个人意识的角度来看，在现代社会，资本通过意识形态的建构，

---

① 〔美〕哈特、〔意〕奈格里：《大同世界》，王行坤译，中国人民大学出版社，2016，第119页。

② 汪行福：《社会统治与意识形态的关系——西方马克思主义的两种解释路向》，《国外社会科学》2013年第1期。

逐渐颠倒了人与物之间的关系，进而形成种种拜物教机制，使人们在无意识之中认同非个人的、客观的社会形式对自己的支配与控制；而从统治结构的角度来看，资本与意识形态的结合还不断再生产出社会的权力关系，使资本的统治原则能够不断扩散到社会制度和人们的具体行为中，并进一步将资本的强制统治转化为意识形态的自我约束。由此，意识形态不仅是资本权力运作的重要手段，更是资本逻辑的内在保护机制。这样，资本统治权的运作就不仅能够再生产出资本主义的生产关系的统治，还不断再生产出意识形态的控制机制，通过对个人意志的干扰和支配将资本主义的权力关系转化为非权力关系。

　　资本主义社会统治关系的维持不仅需要暴力层面的政治保障，更需要文化层面意识形态的辅助。因此，意识形态批判是分析资本主义社会统治问题的关键。马克思通过对商品拜物教的分析揭示了资本主义意识形态对人的奴役与支配，但是对于意识形态的具体运作机制则没有进行更为细致的分析。因此，西方马克思主义的众多学者沿着马克思所开辟的意识形态批判道路，对资本主义意识形态的产生、运作和后果进行了更为详尽的论述。不同于将意识形态看作一种纯粹观念误认的传统理论，卢卡奇从社会生产的角度对意识形态理论进行了科学的分析，他从商品交换的角度入手，将意识形态看作人的一种虚假的物化意识。在他看来，物化就是原本属于人的活动或劳动变成了某种具有自律性的东西与人相对立。由此，"在商品社会中，人与人的关系通常被物与物的关系所颠倒，而物与物的关系，又再一次颠倒为物本身固有的自然本质，才完成了'总体的'拜物教。前者是一种作为社会存在之颠倒的'物象化'的过程，而后者则是以观念错认方式颠倒的'物化'过程"[①]。因此，现代资本主义社会从根本上来讲就是商品社会，物化作为商品拜物教的必然衍生物，在资本主义社会获得了空前的普遍性，已经成为整个社会的主要统治形式，对人的生活方式和行为方式施加影响。随着资本主义社会的进一步发展，资本主义制度不断地在更高的阶段上从各个方面生产和

———————————

　　① 孙亮：《政治经济学批判与人的存在观念重构》，中央编译出版社，2021，第8页。

再生产自身，物化结构也越来越深入和全面地渗透到人的意识之中。"随着对劳动过程的现代'心理'分析（泰罗制），这种合理的机械化一直推行到工人的'灵魂'里：甚至他的心理特性也同他整个人格相分离，同这种人格相对立地被客体化，以便能够被结合到合理的专门系统里去，并在这里归入计算的概念。"① 也就是说，随着物化对人进行普遍统治，物化的结构已经逐渐内化在人的心理和意识之中，使人们形成了普遍的"物化意识"，这种物化意识使人趋向于对物化现实的认同，丧失了反思和批判的精神。这样，在商品社会的生活面前，人呈现出一个生产者与所有者的无个性的"常人"形象，生活则成为外在于人的独立存在。而这种被抽取了个性的常人本来只是商品社会中人的特殊存在方式，但在意识形态的作用下却成为人们生活的普遍状态。由此，资本主义社会的物化全面渗透到物的世界和人的世界，并成为每个人必须直接面对的现实。

葛兰西进一步从权力斗争的场域来理解意识形态，指出了意识形态所具有的物质性力量。在葛兰西的分析中，意识形态与霸权的概念密不可分。他首先从区分国家的政治社会和市民社会这两种形式出发揭示意识形态的具体运作机制。葛兰西认为存在着两个上层建筑，"一个可称作'市民社会'，即通常所称作'私人的'组织的总和，另一个是'政治社会'或'国家'"②。与此相应资本主义社会存在两种霸权形式：一种是政治上的霸权，这种霸权是基于国家的暴力；另一种霸权则是文化层面的，体现为市民社会中的意识形态教化关系。这两种霸权都掌握在统治阶级的手中，后者往往比前者具有更大的统治效应。资产阶级正是通过意识形态的教化功能将自己的利益上升为整个社会的普遍利益，进而实现对人的支配与控制的。

面对物化结构对意识的侵袭，卢卡奇认为必须重新唤醒工人的阶级意识，让其意识到自己是社会生产的主体，这样才能打破拜物教对人的统治。葛兰西则认为工人想要实现解放，不仅要夺取国家政权，还要夺取文化层面的领导

---

① 〔匈〕卢卡奇：《历史与阶级意识》，杜章智等译，商务印书馆，1992，第149页。
② 〔意〕葛兰西：《狱中札记》，曹雷雨、姜丽、张跣译，河南大学出版社，2014，第11页。

权，这样才能彻底实现解放。在卢卡奇和葛兰西的基础之上，阿尔都塞进一步从社会再生产的角度论述了意识形态的微观运作机制。阿尔都塞认为，资本主义的生产关系本质上就是一种剥削关系，这种剥削关系的维持不仅需要社会不断再生产出创造剩余价值的劳动力，还需要整个社会不断再生产出资本主义社会的意识形态，以保障工人对剥削关系的依附和对统治者的服从。因此，阿尔都塞就将国家机器分为镇压性国家机器和意识形态国家机器两种，"镇压性国家机器的作用，就它是一个镇压机器来说，本质在于用（肉体的或其他形式）武力来保证生产关系（说到底是剥削关系）再生产的政治条件，而意识形态国家机器在镇压性国家机器为它提供的'盾牌'后面，主要保证了尤其属于生产关系方面的再生产"①。因此，从资本主义社会再生产的角度来看，意识形态充当了社会剥削关系的美化者和调节者。这种意识形态国家机器超越了权力运行的暴力层面，在个人意识最为隐秘的层面来发挥作用。资本主义正是通过意识形态的作用不断对人的意识或心灵进行摧残，从而将资本主义的剥削关系伪装成劳动和所有权的技术问题。

阿尔都塞从再生产的角度直接将意识形态与社会权力关系的生产关联在了一起。意识形态对剥削关系的掩盖不仅加固了资本主义生产关系的宏观统治，还在自由、和平的气氛中建立起新的权力关系。在这个意义上，"意识形态通过话语参与到社会生活再生产中，并把社会权力再生产出来。意识形态再生产社会权力最突出方法是致力于制造差别，并把权力关系转换为非权力关系"②。意识形态对主体的控制和约束在当代资本主义社会中被展现到极致。意识形态发挥作用的第一个机制就是承认机制，它总是采取各种手段让人们认同资本主义社会的统治和奴役。资本统治权总是能够在不同的领域制造出不同的意识形态话语，这种话语总是服务于资本主义的权力关系。权力关系本质上是一种不平等的控制关系，但是由于统治的剥削本质，资本主义必须借助意识形态国家机器将自身不合法的统治与奴役掩盖起来，进而将其

---

① 〔法〕阿尔都塞：《哲学与政治：阿尔都塞读本》，陈越译，吉林人民出版社，2011，第286页。

② 王晓升：《从再现生活到再生产权力——意识形态概念的新理解》，《天津社会科学》2012年第6期。

转换为一种平等的非权力关系。比如在人们的消费行为当中,资本主义总是塑造出时尚、身份、地位等意识形态去引导和诱惑人们进行消费,并让主体相信消费的每一个选择都是自己做出的,进而心甘情愿抑或主动去接受资本的支配与控制。在媒介和信息的作用下,这种意识形态话语被反复宣传和强调,因此权力关系也能够被不断再生产。在主体对社会关系的承认达到一定程度时,意识形态就产生了一种无形的约束力,进而去规范和教化人们,控制其思想和行动。现代社会是一个物质财富极其充裕的社会,但人们依然处于无尽的忙碌和辛劳之中,这是因为资本总是试图通过意识形态去制造或制定种种人们必须遵守的规范以及必须达到的标准。这就促使个体为了确认自己的存在和体现自己的身份,而不断进行自我监督和约束,进而过上人们普遍认为的好的生活。比如资本借助媒介大肆渲染企业家收入不菲、地位显赫的生活状态,娱乐新闻也不断宣扬明星的面容姣好、身材婀娜。大众媒介持续的意识形态宣传会在无形之中给人制造出一种压力感,人们为了不被社会淘汰必须不断充实和提高自身进而符合社会的总体要求。由此,"如果说暴力的国家机器要努力维护国家的物质生产秩序的话,那么意识形态国家机器直接参与到社会的物质生产过程中了。但它们比暴力的国家机器在物质再生产中的作用更大、更有效"①。意识形态控制的再生产使得主体每时每刻都受到权力的教化与监督,这样社会才能够不断塑造出符合自身需要的劳动主体,资本主义的剥削关系才能够不断维持。

## 三 抽象统治结构的再生产

从社会统治的角度来看,资本主义生产关系的普遍运行建构了一个抽象的"物"统治的世界,资本主义意识形态的约束机制则建构了一个抽象的观念统治的世界,在二者的共同作用之下,资本主义社会能够持续再生产出一种抽象的社会统治结构。马克思将抽象对人的统治看作资本主义社会的本质

---

① 王晓升:《从再现生活到再生产权力——意识形态概念的新理解》,《天津社会科学》2012年第6期。

特征。但是马克思的抽象不是古典政治经济学对物的共同本质的简单抽象，而是以价值形式为核心分析资本为什么能够实现对人全方位统治的现实抽象。普殊同在马克思的基础之上进一步将价值形式的抽象原则定位到资本主义的劳动过程之中，他认为正是作为一种社会中介的抽象劳动建构了一种非个人的、客观性的抽象统治结构，这种抽象统治结构不仅是资本主义生产方式的本质性特征，也是人之存在的现实场域。而现代生命政治的精细治理使得资本主义社会的抽象统治原则变得更加普遍化和合法化，它不仅以一种符号化和数字化的形式向整个社会领域快速扩散，也使资本的抽象统治原则以法治化的形式稳定下来，成为一种人们意识中必须遵守的规范。这样，资本主义的价值形式、劳动方式以及生命政治权力的循环运作，使得资本主义社会的抽象统治结构能够不断被再生产出来。抽象统治结构的再生产导致了人在社会中成为缺席的存在，资本主义社会的运行逻辑是一种"去人化的逻辑"。由此，资本获得了完全的自主性，它彻底取代了人成为整个社会的主体。

在《德意志意识形态》中马克思恩格斯曾说过："在现代，物的关系对个人的统治、偶然性对个性的压抑，已具有最尖锐最普遍的形式。"[1] 资本对人的统治实质上就是"物的关系对个人的统治"。在《1857—1858年经济学手稿》中，马克思更是进一步指出："个人现在受抽象统治，而他们以前是互相依赖的。但是，抽象或观念，无非是那些统治个人的物质关系的理论表现。"[2] 所有这些论述都表明，资本形而上学作为一种主体性形而上学，归根结底就是抽象对个人的统治，这也构成了"现存世界"的根本性质。马克思揭示了资本主义社会人受抽象统治的社会现实，但是我们需要进一步追问的是，这种抽象统治结构到底是如何形成的？这就需要对马克思的价值概念作深入的理解。在马克思那里，价值不是一个道德层面的概念，马克思借助价值概念所要阐明的是由资本逻辑建构抽象统治结构何以可能的问题。商品交换的前提是两个不同的商品之间应该具有形式上的可通约性，而价值就是商

---

① 《马克思恩格斯全集》第3卷，人民出版社，1960，第515页。
② 《马克思恩格斯文集》第8卷，人民出版社，2009，第59页。

品之间的通约性的现实表征。古典政治经济学家们将价值看作内在于物的"自然属性"，马克思则认为价值具有超自然的属性，它是由特定的社会关系所建构的。因为，价值不是对物质本质上所具有的共同性进行形而上学的概念抽象，而是要揭示出蕴含在这些共同性背后的社会关系，因此抽象不是对物的内在本质进行概括，而是对"社会规定"进行具体的把握。正像马尔库塞所说的："抽象是资本主义自己的杰作，而马克思的方法则追随着这一过程，在这种抽象的关系中，个体的劳动是依据它所代表的社会必要劳动时间而计算的，并且存在于人们之间的这些关系是作为物（商品）的关系而存在的。商品世界是一个'虚伪'和'神秘'的世界，对它的批判分析必须首先遵循构成世界的抽象。"[1] 马克思超越古典政治经济学的地方就在于他将抽象的思考置入具体的经济领域中，通过对价值概念的分析揭示了资本主义抽象统治的秘密。价值是资本主义社会抽象统治结构的地基，正是在价值形式的普遍作用下，商品交换才得以大规模进行。

价值形式的普遍作用使得资本主义社会成为一个以商品交换为基础的市场社会。而市场的交换原则又进一步干预和控制人的劳动，对人们的存在本身产生影响。在市场中，一切产品都是待价而沽的，因此人的劳动的独特性也被消解，劳动行为和劳动产品本身有无价值不再由自身决定，而是由市场裁决。这样，一切存在都成为可量化和可通约的，资本主义社会成为一个任何事物和存在的差异都能够被磨平、一切都可以被资本穿透的透明社会。在市场的统摄下，"事物与行为变得可量化，当然量化就意味着异质性之间具有了可通约性，这个社会正在逐渐地'同质化'。因为，事物与行为自身存在的意义被掏空，一切的一切最终都指向了这座同质化的围城"[2]。在这种同质性的社会当中，价值形式塑造的交换原则和行为规范随着商品的普遍生产和交换逐渐内化到人们的认知之中，这样，价值就不再是一种外在压迫，而是一种内在性的规训。本来，价值形式的抽象是一种特殊的社会表现形式，

---

[1]　〔美〕马尔库塞：《理性和革命——黑格尔和社会理论的兴起》，程志民等译，上海人民出版社，2007，第265—266页。

[2]　孙亮：《政治经济学批判与人的存在观念重构》，中央编译出版社，2021，第2页。

但是这种"'表现形式'必须置于特定的社会关系中才能真正理解事物本身；表现形式不断发展最终构成了统治人们生活的'抽象形式'并获得了永恒性的外观"①。也就是说，马克思运用抽象的方法是为了让我们更好地理解交换的本质，但是这种抽象却因其是被社会关系所赋予的而具有了现实性，这样，抽象统治的结构就在价值的平台之上逐步确立起来，并逐渐获得了独立于人的客观性，进而对人进行规训和统治。

　　普殊同进一步确证了价值形式对人的这种抽象统治，并对资本主义社会抽象统治结构的形成逻辑进行了具体的分析。在他看来，"资本主义特有的社会统治的形式，在根本上不是由私有财产，也不是由剩余产品和生产资料的资本主义所有权导致的；相反，它建立在财富的价值形式本身上，建立在与活劳动（工人）相对立的社会财富形式上，财富的价值形式是一种结构上异己的、统治性的权力"②。在此基础之上，普殊同将价值形式的统治置于具体的劳动生产过程之中。资本主义社会以价值为基础的生产不仅为财富和资本的积累创造了无数的可能，也将个人的所有时间都变成了劳动时间，标志人类差别的具体劳动不断被抽象劳动所中介和吸纳，进而变得同质化、单一化和机械化，这就使人仅仅作为工人而存在。普殊同批评传统马克思主义学者将资本主义劳动看作"超历史"的存在，他认为资本主义劳动作为一种特殊的社会中介，本身就建构了一种抽象的社会统治结构。我们不能仅仅关注市场、私有财产和分配方式，还必须从根本上批判资本主义劳动本身。在资本主义社会当中，"当人们将自己的劳动进行价值化生产的同时便出现了'统治权力'的从属关系。由此，现代性的统治转变成了一劳动便进入从属权力的统治关系中，使得主体与抽象社会的断裂日趋恶化"③。也就是说，仅仅依靠国有化和计划取消市场并不能改变资本主义，因为在一个社会当中只

---

① 孙亮：《政治经济学批判与人的存在观念重构》，中央编译出版社，2021，第4页。
② 〔加〕普殊同：《时间、劳动与社会统治——马克思的批判理论再阐释》，康凌译，北京大学出版社，2019，第34页。
③ 孙亮：《重审〈资本论〉语境中的"抽象"与统治》，《贵州大学学报》（社会科学版）2020年第1期。

要存在着抽象劳动，这个社会的性质就是资本主义的，因此，反对资本主义不仅仅意味着废除阶级或者取消市场，还必须在根本上指向资本主义劳动建构的抽象统治体系。这样，普殊同还进一步批评了传统马克思主义者将阶级视为主体的理论，指出随着劳动建构的抽象统治结构的扩散，现代社会的主体不是人而是资本。资本不断在人之外制造出统治的结构，支撑着权力的运作，并进一步取代了主体成为新的社会统治范式。

价值形式的抽象性建构为抽象统治结构的形成奠定了基础，随着资本形态的不断演变以及权力形式的不断更新，价值形式在现代社会以一种生命政治权力的方式更深入全面地将人们的生活本身毫无死角地形塑为价值生产性的劳动。"'价值'概念与人的存在方式的相关性，开启了'生命政治学的思考'。'价值'不仅成为人的劳动乃至人的生存的'生命政治'手段，也是'人受抽象规训'的存在论基础，而剩余价值揭示了现代世界'生命政治'的所有秘密。"① 福柯通过对微观权力运作机制的研究，指出了权力支配人的方式从一种外在的惩戒转向内在的自觉自愿的抽象力量统治。这种权力的精细化运作模式使得资本的抽象统治快速向生活世界扩散，并借助法治的力量得以普遍化。因此，资本抽象原则不仅借助价值形式得以确立，还在权力的运作之下不断实现自身的社会化。现代社会权力的隐性调节似乎使人们更加自由，并具有充分的自主选择性。实际上人们的自主性行为的背后隐藏着资本的结构性统治。这种结构性统治不仅能借助意识形态的调节内化到人们的意识结构之中，还依靠国家的力量以法治的形式将其原则在社会范围内确立起来，成为人们必须遵守的规范。所以，"在资本逻辑、价值规律依然主导着人们生活的历史阶段，事物化的过程不断地形塑人们守规矩、按照规则办事等法治观念。就是说用法治的方式将个人的各种欲望权利化，价值规范下的交换主体欲望与另外的交换主体欲望之间的关系被表述为权利与权利的关系，这正是法治的核心理念"②。资本抽象统治结构的不断再生产导致

---

① 孙亮：《政治经济学批判与人的存在观念重构》，中央编译出版社，2021，第29页。
② 孙亮：《政治经济学批判与人的存在观念重构》，中央编译出版社，2021，第41页。

人与社会之间发生了彻底的断裂，资本的抽象统治力量本来是人们塑造出来的一种他性存在，但是随着资本成为整个社会的主体性力量，这种他性存在开始具有独立性，它不断吞噬和侵蚀着主体的自性存在。于是，资本的抽象统治结构使个人丧失其一切特性而成为市场上的原子式存在，社会也成为一个统治的机器而变得越来越片面。个人的原子式生存和社会的片面性结构就是人与社会在抽象统治结构中的基本规定。这样，在价值形式、劳动形式以及生命政治权力的共同运作之下，资本主义社会的抽象统治结构能够不断被再生产出来，从生活方式的角度对人实施更加全面的规训与管控。

总的来看，资本统治权运行的根本特征就是资本作为主体对人进行抽象统治，这种抽象统治在技术和权力的作用下能够不断被生产和再生产，对人进行强制性的支配。由此，资本形而上学把人的一切都浸泡在金钱的冰水当中，人的精神与自由被遮蔽得如此严重，以至于我们忘记了人是具有"神性"的存在，而完全堕入"物性"之中。特别是在生命政治权力的作用之下，资本建构的"这种抽象统治结构是四海为家的，它潜伏、藏匿于人们生活的各个层面，已经无法再从阶级剥削或阶级统治的意义上来认识。所以，克服资本主义便是要重新整合个人与个人所造就的社会之间的断裂"①。虽然马克思从资本出发揭示了统治和管控人们的种种客观形式，但我们也应该明确，马克思在揭示资本统治的同时还从资本主义生产关系中推导出一条扬弃异化和解放人类的现实道路。因此，消解人在非神圣形象中的异化、反抗资本形而上学的统治，构成了我们时代马克思主义哲学最真实的理论主题。正如哈特、奈格里所指出的："我们必须将现代性理解为一种权力关系：统治与反抗，主权与争取解放的斗争。"② 现代性的权力关系是双重性的，与其说它是进行压制和规训，不如说是主体的生产和反抗，它既是掌握生命的权力，也是生命本身的力量。在这样的情形下，人的劳动就不应仅仅是资本再生产的一种手段，社会的超越性条件和物质性基础只能从工人的身体和生命

---

① 孙亮：《重审〈资本论〉语境中的"抽象"与统治》，《贵州大学学报》（社会科学版）2020年第1期。

② 〔美〕哈特、〔意〕奈格里：《大同世界》，王行坤译，中国人民大学出版社，2016，第48页。

本身中去寻求。"只有身体的视角及其力量才能够去挑战财产共和国所编织的规训和管控。"① 这样，身体必须以一种反抗的形象重返历史的舞台，它拒绝将生命商品化，试图摆脱加诸自身的资本权力，并发展出无法磨灭的欲望和不断改善的生命形式。

① 〔美〕哈特、〔意〕奈格里：《大同世界》，王行坤译，中国人民大学出版社，2016，第17页。

# 第四章　反抗资本统治权的可能性方案

在现代社会，资本通过与权力和技术的深度融合，已经将其统治权力和意识形态渗透进人们日常生活的每一个时刻，实现了对整个人类的生活世界的殖民。由此，马克思所指认的"个人现在受抽象统治"成为资本主义的社会现实。面对这种情况，我们要想在现代性的语境中探讨未来人类文明的新形态，就必须直面资本统治权本身，寻求从资本文明建构的"座架性装置"中逃逸，进而实现人类自由解放的现实道路。实际上，马克思对资本的理解是双向度的，既揭示了资本奴役和剥削人的消极后果，也肯定了资本对于生产力提升的文明作用。马克思对资本的双向度理解提示我们，要想打破资本的统治，我们既不能退回到前资本主义社会的经济状态中去，也不能取消现代社会经济甚至整个社会发展的原动力，而应该思考如何发挥人的主观能动性，充分利用资本的正向作用，规避资本带来的负面作用，进而引导统治权与人们的利益相一致，而这就是驾驭资本统治权的道路。资本的统治虽然建构了一个越来越抽象的世界，但是这个抽象的世界并不是外在于人的世界，它只是表现为在人之外统治人的力量。我们不能过于关注外在的支配形式而忽略了主体本身的革命力量。实际上，"主体是远比两级对比更为本源的创生性力量，而人格僵化机构或流动的捕获装置都无法最终耗竭其创生'主体化的新模式'的可能"①。由此，在现代性的权力关系中，打破资本的规训与操控，就意味着我们必须充分利用主体的创造性和超越性去驾驭资本统治

---

① 〔意〕吉奥乔·阿甘本：《论友爱》，刘耀辉、尉光吉译，北京大学出版社，2017，第125页。

权。马克思在分析资本权力对人奴役与管控的同时，也从资本与劳动的双重视域中寻求超越资本管控的道路。在现时代，我们仍然可以借鉴马克思的这一思路，将驾驭资本统治权理解为主体在争取自身解放的过程中不断重塑资本观念以及重组劳动生产方式的过程。

## 第一节　反抗资本统治权的三种路径

在论证统治来源时，近代政治哲学家们从个人权利的角度，认为权力之压迫性的根源在于国家，国家权力过大就会威胁公民个人的自由，因此他们主张通过各种制度建构来严格限制国家权力，以此反对政治上的专制。马克思则基于人的物质生产实践，提出了无产阶级必须通过整体革命的方式颠覆资本主义的所有制关系，这样才能推翻资本主义的统治，实现彻底的人类解放。而随着资本统治权向生活世界的全面扩散以及阶级意识的不断消解，人们很难形成一个整体性的和颠覆性的革命策略。为此，后现代主义学者开始将革命的目光转移到日常生活中来。他们大致从两个方向寻求超越资本统治的方案：一是强调向原始的象征交换体系复归，这样就可以摆脱资本的统治，恢复人们的社会交往；二是强调个体要通过改变自身行动以及让艺术介入生活实践等方式在资本抽象同一性统治的裂缝中寻找自己作为主体的可能性空间。总的来看，近代政治哲学家们采取的方案是通过制度和法律等来限制权力，进而驯服统治权；马克思采取的是釜底抽薪式的解放方案，即取消私有制进而彻底取消资本的统治权；后现代主义学者们则强调通过从当前资本主义生产方式中"出走"或向原始生产方式"退回"来逃避或者是抵抗资本统治权。正像马克思对资本双重作用的分析一样，统治权形成的背后也是蕴含着人们对美好生活追求的自然需要的，只要我们对其加以限制，它就不会总是导致压迫与奴役。因此，我们既不能彻底取消统治权，也不能逃避统治权，而必须沿着马克思的道路，从资本主义生产方式的根基处去寻求驯服资本统治权的可能性方案。

## 一　从生产方式层面取消资本统治权

马克思从资本主义社会中人的存在方式入手，揭示了资本对工人的奴役与剥削。面对资本统治权，马克思虽然也指出了资本的文明向度，但他更关心工人的现实生活状况，资本主义对人的剥削已经使工人丧失了自由个性，处于一种全面异化的状态。因此，马克思并非止于对资本主义社会进行批判，更重要的是他从资本主义本身出发，致力于寻找人类解放的现实道路。因此，马克思哲学理论的终极诉求就是要通过对资本主义的现实批判，使人摆脱抽象的统治而进入能够充分体现人的自由个性的共产主义社会。作为人类解放的理想形式，共产主义触及超越于政治意义的更多的东西。它触及有关所有权的某种东西。也就是说，要想超越资本对人的奴役与管控，就必须从根本上扬弃资本主义私有制。由此，虽然马克思对资本持双向度的理解，但是在对资本主义社会的批判和对未来人类文明形态的探讨中，他是以对资本的单向度理解为出发点的。正因为以资本的负面效应为出发点，马克思最终走上了一条彻底扬弃资本，进而取消资本统治权的道路。从经济层面的所有制关系来看，马克思关于共产主义社会的构想经历了一个从消灭私有制到重建个人所有制的转变过程，而这种转变不仅意味着一种新的所有制关系的出现，也意味着一种新的主体性的生成。

在《1844年经济学哲学手稿》中，马克思首先分析了异化劳动，并根据私有财产的性质给出了共产主义的定义。"共产主义是对私有财产即人的自我异化的积极的扬弃，因而是通过人并且为了人而对人的本质的真正占有。"① 人在政治上的异化是由市民社会与国家的分离造成的，而人在经济上异化的根源则是私有财产的产生。共产主义作为人类解放的完整进程，不仅要消除政治异化，更要扬弃人在经济层面的异化。所以马克思从克服异化的角度来描述未来社会，将共产主义视为人向人的本质复归的必然结果。这种共产主义的社会形式，不仅是对私有财产的真正扬弃，更实现了人对财产的

---

① 《马克思恩格斯文集》第1卷，人民出版社，2009，第185页。

真正占有，使人在经济上也作为完整的人而存在。"对私有财产的扬弃，是人的一切感觉和特性的彻底解放；但这种扬弃之所以是这种解放，正是因为这些感觉和特性无论在主体上还是在客体上都成为人的。"① 马克思的这一判断也是符合当今资本主义社会发展的特征的。因为在如今的资本主义社会中，我们所赖以生存的一切资源，甚至是我们的语言、文化等都被纳入资本的私有化过程当中了，齐泽克将现代资本主义的这种私有化称为"资本主义的新圈地运动"。这是资本对人们的公有物的全方位占领，它不断挤压着人们的生存空间。所以，面对资本主义的这种私有化过程，仅仅有制度上的改变是不够的，还必须扬弃私有制的前提，也就是私有财产本身，去对抗资本对人的压制。在这个意义上，"共产主义无非是消灭私有财产的积极表达，粗陋的共产主义要求建立普遍的私有财产社会，而真正的共产主义要求消灭私有财产本身。共产主义不是对物的占有，而是对人的本质的占有，是从人出发为了人而占有我们的主体性"②。

至于扬弃私有财产重新获得人的主体性的共产主义要如何实现，马克思从历史发展和社会生产的视角进行了详尽阐发，明晰了未来共产主义社会所应具有的所有制形式。"共产主义和所有过去的运动不同的地方在于：它推翻一切旧的生产关系和交往关系的基础，并且第一次自觉地把一切自发形成的前提看做是前人的创造，消除这些前提的自发性，使这些前提受联合起来的个人的支配。"③ 从生产关系的角度看，共产主义在经济上的独特价值和意义就是要打破资本对生产资料的单独垄断，使劳动者的劳动产品能够真正为自己所支配和占有，这种占有必须深入生产过程的所有制形式中才能实现。在所有制的意义上理解共产主义，马克思认识到，共产主义要消灭的对象就是体现着资本对工人进行盘剥的所有制关系，这种所有制是建立在资产阶级对劳动者的劳动和生产的无限占有和剥削的基础上的，是典型的资产阶级的

---

① 《马克思恩格斯文集》第 1 卷，人民出版社，2009，第 190 页。
② 汪行福：《为什么是共产主义——激进左派政治话语的新发明》，《当代国外马克思主义评论》2010 年第 8 辑。
③ 《马克思恩格斯文集》第 1 卷，人民出版社，2009，第 574 页。

所有制。"共产主义的特征并不是要废除一般的所有制，而是要废除资产阶级的所有制……从这个意义上说，共产党人可以把自己的理论概括为一句话：消灭私有制。"① 这里马克思恩格斯从工人受剥削和奴役的现实的生存状况出发，阐发了共产主义的经济内涵就是要消灭私有制，但是这不是一种武断的消除，马克思最终的理想是实现全人类的自由解放，共产主义不是要消除所有的私有制，而是要终止一种体现着剥削的所有制关系。

通过对资本主义现实的政治经济进行深入的分析和批判，马克思在《资本论》中对共产主义社会的所有制形式进行了科学的揭示，将"重新建立个人所有制"作为新社会所有制形式的主要特征，这也是共产主义进入高级阶段的表现。"资本主义生产由于自然过程的必然性，造成了对自身的否定。这种否定不是重新建立私有制，而是在资本主义时代的成就的基础上，也就是说，在协作和对土地及靠劳动本身生产的生产资料的共同占有的基础上，重新建立个人所有制。"② 这里"个人"并不是纯粹追求私利的个人，而是联合起来的重新占有自己劳动产品的个人。而"个人所有制"，就是建立在劳动者联合劳动基础上的所有制。共产主义是对个人与劳动分离状态的克服，共产主义的个人所有制实现了劳动者对生产资料和劳动产品的双重占有。而更为关键的是，"所有权并不仅仅是对商品的占有。准确地说，它超越了一种占有的任何司法性假设。对它的一种恰当的表述是，所有权是那种使得任何一种占有都完全成为一个主体占有的东西。所有权并不是我的占有，它就是我"③。也就是说，这种个人所有制并不是一种单纯的个人占有，它本身就意味着个人主体性的生成，它并不是一种私有制，也不是一种公有制，而是一种能真正体现人的主体性价值的人民主权的制度。因为共产主义"反对一切私有财产的组织方式和生产资料的私人所有制，以及对劳动力的私人剥削和对资本流通的私人控制。但是它也反对公有，即对这一劳动权力

---

① 《马克思恩格斯文集》第2卷，人民出版社，2009，第45页。
② 《马克思恩格斯文集》第5卷，人民出版社，2009，第874页。
③ 〔法〕让-吕克·南希：《共产主义，语词——伦敦会议笔记》，张志芳译，《当代国外马克思主义评论》2010年第8辑。

异化运作所作的国家与民族的配置"①。马克思想要寻找的是一条重建所有制的道路，这种个人的所有制不是简单的对物的占有，而是要在体制意义上充分体现人的一种主体地位和内在价值。对此，哈特认为马克思是在一个特殊的占有概念上展开关于共产主义的构想的，即"不再占有以私有财产为形式的客体，而是占有我们自己的主体性、我们的人性、社会关系……马克思不是在谈论捕捉已经存在的某物，而是在创造新的某物。共产主义的积极内容，即与私有财产的废除所对应者，是对于主体性的自主的人类生产，对于人性的人类生产"②。所以，我们可以看出，无论是马克思从所有权的意义上对共产主义的描述，还是现代法国激进左派对共产主义的重启，都体现了共产主义的一种主体性特征。在"共产主义话语中，从公有制计划经济向共有性和个人独特性可理解为共产主义理论的主体性转向，这一转向的核心是把主体性、生存论维度重新结合到理论之中。"③

而当我们将主体性纳入共产主义的构想中来，共产主义就与人的自由个性的实现关联在了一起。可以说，实现人的自由与发展就是瓦解资本逻辑的最终目标。因此，人的自由在深层次上表征着人类超越资本逻辑获得自由解放后的生存状态。马克思正是基于人的生存与发展来探求自由的实现。于是，扬弃资本主义所有制必然导向建立自由人的联合体。而自由人联合体建立的根本目的是要实现人的自由个性的全面发展。所以，不应仅仅将共产主义理解为人向人的本质的复归，还必须同时将其理解为人的自由个性的实现。马克思想要探求的是人类解放的现实道路，而人类解放就是主体性的解放，是对人的独特性的彰显。作为人类解放的完成状态，共产主义应以人的自由个性的全面发展为其价值诉求，这表现为一个超越"人的依赖性"和"物的依赖性"，变"资本的独立性和个性"为"现实的个人的独立性和个

---

① 〔意〕安东尼奥·奈格里：《共产主义：概念与实践之思》，申林译，《当代国外马克思主义评论》2010 年第 8 辑。

② 〔美〕哈特：《共产主义之共者》，陆心宇译，《当代国外马克思主义评论》2010 年第 8 辑。

③ 汪行福：《为什么是共产主义——激进左派政治话语的新发明》，《当代国外马克思主义评论》2010 年第 8 辑。

性", 从资本主义经由社会主义, 最终达到共产主义的过程。在这个意义上, "共产主义是对人类个体彼此间亲密共契关系的一种本体论的标示, 是对人类生存方式的形而上学式领悟"①。总的来看, 马克思超越资本统治的方案是从资本主义生产方式的角度扬弃剥削和奴役人的所有制关系, 进而实现共产主义。

## 二 从日常生活层面抵制资本统治权

马克思面对资本统治权时主张无产阶级要从整体上推翻资本主义社会奴役和压迫人的社会关系, 通过扬弃私有制来实现共产主义。而随着资本主义社会的进一步发展, 资本及其统治关系开始呈现出全新的形式。因此, 后现代主义以及生命政治学的众多学者逐渐意识到资本统治权无孔不入的精细统治, 他们不再试图从整体上颠覆资本的统治, 而是根据资本主义社会的新特征揭示权力的具体运作方式, 从人们的日常生活层面寻求打破资本管控的路径。从批判的方式上来看, 他们坚持了马克思的思路, 对资本主义的消费意识形态以及生命政治权力的管控进行了深入的分析和批判。但是在革命道路的层面, 他们越来越认识到资本支配形式的强大以及资本统治权的不可取消性, 于是主张采取各种策略来抵制统治权, 进而反抗资本逻辑对人的奴役与侵蚀。在具体的革命策略上, 他们主要形成了三种方案: 一是彻底抛弃资本统治权, "退回" 到原始的象征交换体系, 进而摆脱商品交换等价原则的约束, 恢复人类交往的相互性; 二是从情感的角度联合起贫困的诸众, 通过对共同性的生产从当前资本的统治关系中 "出走", 进而实现彻底的民主; 三是发挥人的主体性, 去生成新的交往关系和社会关系, 进而实现从资本主义生产关系的内部向外部 "逃逸"。

面对资本统摄下消费逻辑对人需求的塑造和意识形态控制, 鲍德里亚认为我们必须恢复原始的象征交换体系。象征交换是鲍德里亚提出的、用以批

---

① 〔法〕让-吕克·南希:《共产主义, 语词——伦敦会议笔记》, 张志芳译,《当代国外马克思主义评论》2010 年第 8 辑。

判资本主义意识形态的核心概念，它代表的是一种理想性的人的本真存在状态。鲍德里亚认为，在当代资本主义社会消费关系中，物失去了原来本真的象征交换中人与人之间的直接的意义交流，在现代生成了一种新的意义情境，这个意义不是来自物，也非来自人，而是来自作为消费符号的物与其他符号物之间的差异性关系。在资本主义意识形态之下，价值的流通总是要受到神秘符码的影响，这种符码在功能性的符号之下，监控着客体与主体的需要之间的关联。"由此，物的功能性，它们的有用性的道德符码，将被经济学的等价逻辑所控制"①。传统马克思主义设定的需求体系实质上是一种一般的等价体系，它取消了象征性，使用价值不再被视为物的固有功能，而是被看作一种社会规定，所有主体的劳动在此都有用，在需求的体系中被抽象，并被赋予了一种等价的逻辑。但实际上，有用、需要、使用价值——没有一个能够指认出主体的目的，从而呈现出主客体之间不定性的关系，或者呈现出主体之间的象征交换。因为如今的资本主义意识形态，特别是资本主义政治经济学的话语体系，都是围绕价值和价值增殖而展开的。马克思主义话语系统，特别是马克思主义政治经济学的话语系统，也是围绕使用价值和使用价值的生产而展开的。这两种话语系统，必定都将人的活动理解成为包含着实用目的和价值生产的工具性活动。象征交换则是一种反价值、非实用、非目的性的活动，这种活动是耗费、浪费、牺牲、挥霍、游戏和象征主义的。

象征交换解构了使用价值和使用价值的衡量尺度——客体满足主体需要的属性，它没有一致的衡量尺度，而完全是破坏、耗费、浪费，它也完全不遵循劳动生产的按投入产出进行效率计算的经济理性，其中人与自然的相互作用完全不是有目的、有意识的工具性活动。"在象征交换当中，物或者其所有的价值都回归于无。正是某种东西，通过给予和回馈，在它的显现或者缺席中消解了或者表征了关系的解体。'物'，这个 res nulla，根本没有使用价值，它对任何事物都没有益处。由此，只有通过持续的交互性交换来设定其意义才能逃离交换价值，而这种交互性交换只存在于礼物及其回馈之中，

---

① 〔法〕鲍德里亚：《符号政治经济学批判》，夏莹译，南京大学出版社，2015，第175页。

在开放的不定性关系之中，而不是在最终的价值关系之中。"① 在这个意义上，鲍德里亚的革命，就是要使人们手中所有物品的价值（有用性）全部"回归于无"。人与人、人与物的关系不再具有复杂有序的经济效用的价值取向，而复归于原初的无定性的脱序化的象征交换。由此，反对资本管控的途径就是要彻底焚烧伪象征性符号，恢复象征性。因为只有在象征性中，物或者价值都回归于无。只有通过持续的交互性交换才能逃离交换价值，这种交互性存在于开放的不定性关系之中，而不是价值关系之中。由于资本主义社会以追求价值增殖为目的，因此这种开放的不定性关系只有原始的象征交换体系能够提供。

相较于鲍德里亚从整个社会的交换关系和价值体系的角度寻求解放的路径，哈特、奈格里则根据资本主义生产方式的变化，从主体的角度进行超越资本统治的革命筹划。哈特、奈格里强调"对资本、共和国制度以及两者勾连而成的权力所进行的超越性批判，并不意味着绝对的拒绝或者完全的接受和顺从。相反，我们的批判是反抗和转化的积极过程，这样的一种批判并非要回到过去，或者无中生有地创造未来，而是旨在开启转变的过程，在旧社会的躯壳中创造新社会"②。而这种新社会的创造必须依赖新的革命主体"诸众"。诸众是财产共和国中穷人的代表，但是其不是单一的个体，而是奠基于共同性之上的不断创造和转变的"多"的集合。而诸众需要以"爱"的力量进行联结。哈特、奈格里指出，爱不仅要将散落的诸众联合起来生产共同性，同时也要使诸众在联合的过程中摆脱任何超越性形象，如政党权力或者主权权力，从而避免集体力量成为凌驾在个体之上的异化权力。随着资本主义生产方式的转变，财产共和国内的诸众不仅是受资本管控的生产与再生产的囚徒，同时还具有反抗的力量。"在生命政治劳动的语境下，诸众可以在日常生活中习得并增强他们的民主能力，从而最终实现世界大同。这是彻底的内在性政治。替换成一组对子就是诸众的内在生命政治去对抗帝国超

① 〔法〕鲍德里亚：《符号政治经济学批判》，夏莹译，南京大学出版社，2015，第295页。
② 〔美〕哈特、〔意〕奈格里：《大同世界》，王行坤译，中国人民大学出版社，2016，第5页。

验的生命权力。"① 而这种反抗使他们认识到，在剥削体制的背后，依然存在着共同性的踪迹。哈特、奈格里认为，如今的资本主义社会中占主导地位的是生命政治的生产，在这种生命政治生产的语境下，生产的重心从物质商品的生产转移到了社会关系的生产。因此，诸众的生命政治产品要超越量化的计量，采取共同的形式。而资本对生命政治生产的剥削和管控越来越成为阻碍生命政治生产力发展的因素。这样，资本不再是决定协作的组织，而是由工人自主进行协作。资本不是提供协作，而是剥夺协作，这种剥夺不是发生在个体工人身上，而是发生在社会劳动身上。因此，资本越来越处于生产过程和财富的生成过程之外，生命政治劳动正变得更具自主性，这就为诸众的反抗提供了可能。而在生命政治语境下，诸众反抗资本的途径主要采取"出走"的形式。这是通过彰显劳动力潜在自主性而让劳动力从资本的关系中退出的过程，这种"出走"不是拒绝生命政治劳动的生产力，而是拒绝资本对生产能力日益突出的制约。且"出走"必须发现并建构可以让生产能力得到发挥的新的社会关系、新的生命形式，前提是建基于共同性。这种反抗不是外在于资本，而是内在于资本的过程。于是，超越资本管控的革命筹划就是一个在爱的统合下，诸众不断自我改造、生成他者，从而打开资本社会关系的豁口，逾越资本的规训和管控模式的过程。而这个过程可以在对另类秩序的建构中为民主开辟新的政治空间。

德勒兹也从主体的角度探求超越资本统治与管控的革命方案。但是与哈特、奈格里不同的是，他将主体从资本管控中抽身的途径称为"逃逸"。在面对资本主义的社会统治时，福柯和阿甘本将资本主义社会的装置视为一个极端的权力作用场域，而德勒兹更关注装置这一概念的"新异性"。他认为装置这一概念不仅在一定程度上有力地介入了资本主义的社会现实，同时也从主体化的意义上提供了指向未来的思索的可能。在德勒兹那里，装置由不同性质的线组成，是力量之线的交织，它本身并非一成不变，而总是会产生

---

① 〔美〕哈特、〔意〕奈格里：《大同世界》，王行坤译，中国人民大学出版社，2016，译者序第 7 页。

出反抗和断裂的"逃逸线",这些"逃逸线"有助于打破旧装置而带来新装置。在德勒兹看来,主体具有超越资本的创生性力量,并蕴含着无限的可能。在这个意义上,主体化正是蕴含在装置内部的"逃逸线",被既定装置的权力和知识所排斥的个体,反而可以从一种崭新的生存状态中寻求新的权力和知识形式,并在另一种新颖的生活形式中重新发现自己。"逃逸并非单纯是一种消极的形态(逃逸外在的辖制与规训),而更是从最为根源的内部抵制所有僵化、固着的形态,重新将生成之力带向强度的峰值。"① 这样,装置既是规训和宰制主体的场域,也是主体性不断创造和生成的场域。由此,德勒兹认为,在资本文明的座架与统治下,超越资本的逻辑绝不是等待资本在其自身界限中自行瓦解的逻辑,而应该是主体在不断实现自己的本质中生成自由个性的逻辑。由此,德勒兹的"逃逸线"为我们提供了从理论上瓦解资本的统治、实现主体创生的可能。在现代性的权力关系中,打破资本规训与操控,从"座架性装置"中逃逸的革命筹划表现为一个在主体的统合下,不断"反抗—断裂—创生"的过程。

### 三 从人民立场出发驾驭资本统治权

马克思基于资本的负面效应,指出我们应该彻底扬弃资本主义私有制,进而取消资本的统治权。鲍德里亚、哈特等后现代主义学者虽然看到了资本对于主体性创生的积极作用,但在具体的革命策略上又偏离了资本主义生产方式本身。无论是向原始的象征交换体系复归,或者是从当前的资本主义统治关系中出走,还是从资本主义的权力装置中逃逸,本质上都没有撼动资本统治权,虽然在一定程度上展现了人们对资本主义制度不满的宣泄,但最终走向了激进的抵制或者消极逃避资本统治权的道路。实际上,马克思虽然在革命策略上是从资本的负面作用出发的,但他对资本的理解却是双向度的,他高度肯定了资本对于整个社会发展的积极作用。立足于当代资本主义社会发展的最新状况,我们必须明确:"统治权本身是不可取消的,贸然取消统

---

① 〔意〕吉奥乔·阿甘本:《论友爱》,刘耀辉、尉光吉译,北京大学出版社,2017,第128页。

治权非但不会为人类带来更好的生活，反而会损害人类所享有的自然权利。与此同时，试图退回到过去的思路也是行不通的，那只是一种乌托邦式的浪漫遐想。这就决定了我们既不能取消统治权，也不能退回到古代社会，而只能驯服统治权。"① 驯服统治权就是要基于资本积极作用的观念，从人民性的立场出发去引导资本与人们的利益相一致。

在《共产党宣言》中，马克思恩格斯指出："资产阶级的生产关系和交换关系，资产阶级的所有制关系，这个曾经仿佛用法术创造了如此庞大的生产资料和交换手段的现代资产阶级社会，现在像一个魔法师一样不能再支配自己用法术呼唤出来的魔鬼了。"② 也就是说，资本主义社会已经无力驯服和驾驭"资本"这一"魔鬼"了。在此基础之上，吉登斯将现代资本主义社会的权力关系看成是难以驯服的猛兽。而现代社会人们想要获得自由解放，关键就在于"作为整体的人类，究竟在什么程度上能够驾驭那头猛兽？或者至少，能够引导它，从而降低现代性的危险并增大它所能给予我们的机会"③。因此，无论是马克思的支配魔鬼还是吉登斯的驾驭猛兽，都向我们表明：驾驭资本逻辑是人类获得解放的关键。而在现代社会，驾驭资本逻辑就意味着我们要从根本上驯服资本统治权。而面对资本统治权向人类生活世界的全面扩散，我们如何才能够驯服统治权，进而摆脱资本的管控与奴役呢？通过前面的论述我们知道，一方面，在政治哲学的视域当中，统治权形成的背后是有其自然需要的，人们聚集在一起形成政治共同体，通过社会契约形成统治权。其是为了解决人们在自然状态中所无法解决的问题，进而保障人们的自然权利。所以统治权首先是不能被取消的，如果取消了统治权，人们就将退回到混乱无序的自然状态之中，从而面临更多的问题。另一方面，我们也不能像鲍德里亚所说的那样退回到原始的象征交换体系，因为资本对整个人类社会的发展有巨大的推动作用，原始社会中虽然不存在价值的剥削与奴役，但向过去退回就意味着我们放弃了现代社会发展的原动力，因此也是

---

① 王庆丰：《资本统治权的诞生》，《国外理论动态》2018 年第 8 期。
② 《马克思恩格斯文集》第 2 卷，人民出版社，2009，第 37 页。
③ 〔英〕安东尼·吉登斯：《现代性的后果》，田禾译，译林出版社，2000，第 133 页。

行不通的。所以，我们可以借鉴近代政治思想家们面对统治权问题时的解决思路，即既不向过去退回，也不彻底取消统治权，而是要通过各种制度手段来驯服资本统治权，从而引导它与人民的利益相一致。

近代政治哲学家们主要通过两种手段来驯服统治权：一是采取分权理论，最大限度地限制权力行使的范围，从而保障人们的自由权利；二是通过民主制度来规范和引导统治权，从而确保权力的运行能够服务于人民的福祉。从第一种手段来看，洛克指出，权力和自由并不是截然对立的，人们授予政府权力是为了保障自身的安全和财产，良好的政府能够善用人民赋予的权力，只有那些不受限制的专制权力才会威胁和妨碍人们的自由。于是，为了防止专制权力对人们的侵害，他主张将国家的权力划分为立法权、行政权和对外权三种。三种权力相互分离，彼此制约，共同为人民的利益服务。其中立法权是国家的最高权力，立法机关必须依据人民的利益来制定法律，进而保障人民的生命和财产不受侵犯。但是立法机关只有制定法律的权力，执行权是由其他机关掌握的，而人民虽然转让了自己的一部分权利给国家，但是"当人民发现立法行为与他们的委托相抵触时，人民仍然享有最高的权力来罢免或更换立法机关"①。这样，通过分权理论，洛克在一定程度上调和了个人权力与国家权力的矛盾，使统治权能够一直服务于人民的利益。而从第二种手段来看，在驯服统治权的过程中，斯宾诺莎提出了其民主制设想，他认为，"若是每个个人把他的权力全部交付给国家，国家就有统御一切事物的天然之权，每个人必须服从，否则就要受到最严厉的处罚。这样的一个政体就是一个民主政体。民主政体可以界定为一个特殊的社会，这一社会行使其全部职能"②。在这个政体中，斯宾诺莎主张每个人都应让渡出其全部的自由行动之权，从而形成一个具有极大权力的政府，每个人都应完全听命于它。虽然这个政府有着极大的统治权，统治权意味着服从，但服从并不直接意味着不自由。斯宾诺莎指出，服从有两种方式：奴隶的方式和儿子的方

---

① 〔英〕洛克：《政府论》（下），叶启芳、瞿菊农译，商务印书馆，2016，第94页。
② 〔荷〕斯宾诺莎：《神学政治论》，温锡增译，商务印书馆，1963，第219页。

式。奴隶必须服从主人的命令，主人的命令是为了主人本身的利益的，因而奴隶是完全没有自由的；儿子必须服从父亲的命令，但父亲的命令是为了儿子的利益的，因此儿子服从父亲的命令并不会成为奴隶，而是会获益。由此可见，当人们必须服从统治者的命令的时候，如果统治者的命令是为了统治者自身的利益的话，那么服从这种命令的人就是奴隶，没有自由；"但在一个国家或一个王国中，最高的原则是全民的利益，不是统治者的利益，服从最高统治之权并不使人变为奴隶，而是使他成为一个公民"①。也就是说，服从统治权这种形式并不是不自由的根源，而是统治权本身的特点决定了服从统治权究竟是奴役还是自由。用巴利巴尔的话来说，"斯宾诺莎要说明的是一个强得多的论点：国家主权和个人自由不必分离，实际上也并不抵触，因为二者就不存在于矛盾之中"②。因此，这种驯服统治权的思路的核心就在于实现统治权与人民利益一致，而实现这种一致的方式就是通过民主制，保障每一个人的思想自由之权和自由表达之权，确保公民可以在不触犯法律的前提下充分表达自己的意愿，使统治权充分吸纳民意，并在统治者的命令中体现公众的利益。"实际存在的最高权力证明是一个集体生产的持续过程，个体的力量在这个过程中'被转化为'公共的力量，而意识形态上的摇摆不定也通过这个过程得到平息。"③

总的来看，无论是洛克的分权理论还是斯宾诺莎的民主制构想，实际上都是要通过制定恰当合理的政治制度来驯服统治权，使之能够服务于人民的利益。借鉴政治哲学家驯服统治权的经验，我们在当代驯服资本统治权也可以从两个方面来考虑。首先是通过合理的制度建构来限制资本统治权，规范权力作用的边界，从而使经济发展不再仅仅为资本的自我增殖本性服务，而是可以与人们的利益相一致。要想实现这一目的，我们不仅要从资本表现出的种种统治形式出发来寻求超越资本的方法，还必须从资本本身入手，重塑资本的观念。在马克思看来，资本之所以能够对人实施奴役，根本原因在于

---

①　〔荷〕斯宾诺莎：《神学政治论》，温锡增译，商务印书馆，1963，第220页。
②　〔法〕艾蒂安·巴利巴尔：《斯宾诺莎与政治》，赵文译，西北大学出版社，2015，第44—45页。
③　〔法〕艾蒂安·巴利巴尔：《斯宾诺莎与政治》，赵文译，西北大学出版社，2015，第50页。

它由少数人所掌握，因而它本质上是一种私有资本，在当代我们要想驯服资本统治权就应该充分发挥资本的积极作用，在批判私有资本观念的同时塑造出新的服务于人民利益的资本观念。其次是从人的主体性的角度出发，重新组织劳动生产的协作方式，进而在经济领域实现真正的民主。洛克和斯宾诺莎驯服资本统治权的目的在于使人们在政治领域实现民主，进而获得自由权利。但是在当代资本主义社会，我们不能仅仅关注政治领域的民主和自由，劳动者的经济活动才是其基本的生活活动，如果经济领域中的自由不能得到保障，那么政治领域中的自由也是一纸空文。在资本统治权全面扩散的现代社会，只要有雇佣劳动存在的地方，资本主义的权力统治关系就会存在，因此，要想真正实现驯服资本统治权，就不能仅仅限制资本统治权的范围，而且要通过切实可行的方式发挥人的创造性，进而重组劳动生产方式，真正实现劳动者的民主管理和自治。

## 第二节　驾驭资本统治权的双重视角

马克思不仅揭示了资本权力对人的剥削与奴役，还试图在资本的抽象统治中寻求能够实现人的自由解放的现实道路。因此，马克思致力于建构超越资本主义文明的社会主义文明。实际上，马克思一直是从资本与劳动的双重视角去批判资本主义社会的。从资本的角度来看，马克思对资本并不是持绝对否定的态度，他认为资本如果去掉自身的阶级性质，也可以成为社会的集体财产。而从劳动的角度来看，马克思也一直批判资本主义社会的异化劳动对人的奴役，主张工人可以通过合作生产的方式，实现自己的本质。在当代，我们也可以借鉴马克思批判资本主义的双重视角，从劳动与资本两个方面出发去寻求驾驭资本统治权的方案。

### 一　重塑资本观念：引导资本为民生服务

在马克思看来，现代社会的秘密在于"资本"。马克思通过"资本"概念不仅洞察了现代资本主义社会的本质，也为未来人类社会的文明形态指明了方向。因此，"资本"成了马克思思想中最为核心的概念。尽管马克思对资本进行了激烈的批判，但这并不意味着资本一无是处。实际上，马克思一直以双向度的眼光来理解资本，他既指出了资本增殖逻辑下权力关系对人的束缚和统治，也阐明了资本在促进生产力提升以及推动社会发展方面的伟大的文明作用。因此，资本有负面的统治效应，也具有正向的积极作用。在当代我们驾驭资本统治权，要在马克思关于资本概念基本内涵的基础上，从资本的积极作用出发，在现代性的语境中塑造新的资本观念，为其注入新的时代性内涵。在重塑资本观念的过程中，中国式现代化道路在吸收中国共产党百余年历史经验的过程中不断深化对资本文明的认识和理解，不仅以超越资本文明为前提，以促进文明形态变革为目标，在独特的中国语境中找到了一条不同于马克思所论述的超越资本文明的道路，还在新时代的语境下形成了以批判性地反思私有资本逻辑、创造性地塑造公有资本观念和理想性地建构公有资本逻辑为主要内涵的独具中国特色的资本文明观，这种中国化资本文明观的确立不仅在新的时代境遇下更新和扩展了历史唯物主义的理论内涵，也充分体现了中国共产党在探索超越资本文明的社会主义发展道路过程中对马克思主义哲学发展的原创性贡献，为我们驾驭资本逻辑提供了十分有益的借鉴。

1. 批判私有资本观念

马克思通过对资本主义社会现实的分析和批判，揭示了资本野蛮扩张本性下人受奴役和剥削的社会生活状况。在马克思看来，正是资本主义社会私有制关系的存在导致了工人的劳动产品被占有和剥夺，并不断受到资本家的压榨和剥削。在这个意义上，建立在资本增殖逻辑基础上的资本主义文明，其本质上是一种私享意义上的文明，这导致的结果是资本主义发展所带来的巨大的物质文明成果为资本家所私享。因此，马克思坚决批判使人受压迫和奴役的私有资本逻辑，并提出无产阶级要想实现自身解放必须联合起来消灭私有制，重建个人所有制，只有这样才能解决由生产资料私有制带来的剥削问题。新中国成立以来，中国共产党在坚持对私有资本逻辑批判的基础上，进一步发展了马克思的所有制理论，对社会主义中国应该实行什么样的所有制问题进行了广泛的探索与实践，逐步确立了以公有制为主体、多种所有制经济共同发展的所有制理论。由此，坚持批判私有资本逻辑，并致力于建构超越资本文明的社会主义发展道路和切合中国国情的所有制理论，既是中国化资本文明观的理论自觉，也是我们重塑资本观念的前提。

生产资料所有制是界定资本文明属性的基础，它不仅是资本关系本质的体现，也决定着整个社会经济制度的根本性质。马克思阐明了资本增殖的规律及其背后所隐含的对人的社会规训，并进一步将对私有资本逻辑的批判落实到所有制理论的现实变革和具体建构当中。在马克思看来，人是社会性的动物，具有一种公共性存在的本质，必须在与他人、社会的关联之中充分实现自身的发展。但是随着私有财产的产生，资本的增殖逻辑逐渐取代了人之存在的公共性逻辑，私有资本逻辑占据了人们生活世界的主导性地位。而资本对利润的绝对追求将人异化为一种单纯追求私利的抽象存在，社会也成为公共性萎缩的私人社会。在这个意义上，现代资本主义社会的本质是一种私人社会，它把原子化的个人视为目的，而把社会关系看作达到私人目的的手段。社会的公共性原则被资本的逐利性原则所吞噬，工人的劳动产品也被资本家所占有和享用。在私有资本逻辑主导下，我们所赖以生存的一切资源，甚至是我们的语言、文化等都被纳入资本的私有化过程当中了。由此，社会的公共性空间不断遭到资本的挤压，人彻底丧失了其自由个性发展的生存场域。"根据马克思的观点，社会的真正含义应该是使人在其中作为'类存在物'的共同体，而私有制社会把人联系起来的唯一纽带却是'自然的必然性'、'需要和私人利益'。以私有财产为前提的现代国家，并不能拯救共同性萎缩的现代社会。民主政治在今天日渐丧失活力已是不争的事实。民众在资本逻辑的操控下，更热衷于消费狂欢，对政治领域和公共生活却抱以绝对冷漠的态度。政治冷漠为大资本和利益集团介入政治制造了空间，使民主政治受到资本逻辑的侵蚀。"① 正是资本的增殖逻辑造成了人的公共性的缺失，在这个意义上，要想真正实现人的解放，必然要改善支配人的现实存在的资

---

① 袁立国：《共同性的重建与共产主义观念》，《哲学研究》2018 年第 4 期。

本关系。马克思正是在这个意义上，对现代社会的私有资本逻辑展开分析批判。马克思认为，资本主义社会这个"魔术师"已经无力驯服和驾驭"资本"这一"魔鬼"了，因此，我们应当谋求一种新的生产方式，彻底地消灭这一问题。在马克思看来，我们要想彻底瓦解资本的逻辑对现代社会的控制，就必须把"资本"连根拔掉。现代社会产生资本的根源是"私有财产"。要想彻底地瓦解资本的逻辑，就必须扬弃私有财产。在这个意义上，在经济层面改善资本关系就是要变革资本主义社会的财产关系和所有制关系。马克思指出共产主义作为超越了资本文明的理想社会形态"是对私有财产即人的自我异化的积极的扬弃，因而是通过人并且为了人而对人的本质的真正占有"①。由此，共产主义在经济上的具体含义就是要打破资本对生产资料的单独垄断，使劳动者的劳动产品能够真正为自己所支配和占有，从而进一步废除和消灭私有制，建设能够彰显人之自由个性的"个人所有制"。毫无疑问，马克思这种方案是对现代社会问题的根本性解决。马克思的解决路径是一种釜底抽薪式的方案。

随着"历史发展到经济全球化日趋明显的今天，世界各资本主义国家依然是私有资本逻辑占主导地位的社会，社会主义中国也依然存在大量私有资本，这意味着马克思当年面对的资本逻辑批判语境至今仍然存在，由此也决定了私有资本逻辑批判仍然是中国化的历史唯物主义必须坚持的观照当代现实的基本方式"②。党的十一届三中全会后，中国共产党在"解放思想、实事求是"的思想路线的指引下，认真总结在所有制问题上的经验和教训，根据中国社会的具体国情深化对所有制理论的探索，创造性地制定了以公有制为主体、多种经济成分共同发展的方针，逐步消除了所有制结构不合理对发展生产力的束缚和羁绊，旨在促进公有制实现形式多样化和多种经济成分协调发展，在所有制改革上迈出了历史性的一步，从而进一步解放和发展了生产力。中国共产党反思所有制理论的标志性成果就是把"以公有制为主体、

---

① 《马克思恩格斯文集》第 1 卷，人民出版社，2009，第 185 页。
② 高云涌：《"公有资本逻辑建构"与中国化的历史唯物主义——以政治经济学批判为中心》，《马克思主义与现实》2016 年第 3 期。

多种所有制经济共同发展"提升为社会主义初级阶段的基本经济制度，在制度筹划的层面上将其固定为一种长期、稳定、和谐的制度安排。党的十七大报告更是将"坚持和完善公有制为主体、多种所有制经济共同发展的基本经济制度，毫不动摇地巩固和发展公有制经济，毫不动摇地鼓励、支持、引导非公有制经济发展"① 作为建设社会主义的具体目标来加以践行。

随着对资本文明认识和理解的不断深入，中国共产党持续深化所有制理论改革，将具体的改革目标落实到发展混合所有制经济、完善国有企业现代企业制度等方面，不断促进各种所有制经济平等竞争、公平参与。党的十九届四中全会再次明确强调坚持"两个毫不动摇"，提出"探索公有制多种实现形式，推进国有经济布局优化和结构调整，发展混合所有制经济，增强国有经济竞争力、创新力、控制力、影响力、抗风险能力，做强做优做大国有资本"②。中国共产党对所有制理论的艰辛探索历程向我们展示出"在社会主义初级阶段的中国，混合所有制经济建设的实践对资本逻辑的'批判'赋予了新的时代内涵：'批判'不是绝对的批判，而是建构性的批判；'批判'不是目的性的批判，而是手段性的批判。新时代的资本逻辑批判不是为了在当下立刻消灭资本逻辑，而是在规范、限制、纠正资本逻辑负面效应的前提下积极建构公有资本和非公有资本的增殖逻辑、运动逻辑、竞争逻辑和风险逻辑，使其真正规范起来、完善起来"③。也正是在这个意义上，中国共产党关于所有制理论的探索与实践实际上是在坚持批判私有资本逻辑的前提下，纠正了社会主义公有制只能实行计划经济的错误认识，把公有制经济与现代企业、市场经济有机联系起来，充分激发并释放了市场活力，为社会主义国家的实践提供了有益借鉴。

2. 塑造公有资本观念

马克思在《资本论》中阐明了资本生产的双重性，他一方面揭示了资本野蛮增殖本性对人的自由个性的剥夺，另一方面也肯定了资本在发展社会生

① 《中国共产党第十七次全国代表大会文件汇编》，人民出版社，2007，第 25 页。
② 《十九大以来重要文献选编》中，中央文献出版社，2021，第 281 页。
③ 高云涌：《资本文明的理论自觉与新时代市场经济的塑造》，《天津社会科学》2018 年第 6 期。

产力层面的巨大文明作用。"资本的文明面之一是，它榨取这种剩余劳动的方式和条件，同以前的奴隶制、农奴制等形式相比，都更有利于生产力的发展，有利于社会关系的发展，有利于更高级的新形态的各种要素的创造。"①马克思关于资本文明的论述是马克思主义资本理论的核心内容，也是中国共产党在全新的时代背景下反思和批判资本文明的理论地基。在马克思看来，资本从本质上来讲是一种承载着特定社会关系的权力体系。社会主义在利用资本发展经济的同时，还需要通过一系列政治、经济和文化手段，化解资本发展带来的问题。因此，如何在社会主义条件下驾驭或驯服资本逻辑成为中国共产党面临的重大问题。邓小平通过主张建设社会主义市场经济，将所有制层面上混合所有制经济的发展推进到公有资本逻辑的建构中。公有资本观念不仅契合建设社会主义的具体要求，也改变了我们对资本性质的理解，成为中国化资本文明观具体观照社会现实的根本方式。

实际上，中国共产党变革所有制关系的种种举措已经显示出运用社会主义力量在充分占有资本文明积极成果的基础上来发展生产力的意识，特别是在我国大力发展混合所有制经济的过程中，"中国特色的社会主义实践又创造性地发展出了一种新的资本历史形态——公有资本，从而使建构、完善公有资本逻辑成为当代中国必须承担的新的历史使命。相对于私有资本逻辑批判，'公有资本逻辑建构'是中国语境中历史唯物主义观照当代现实的特有方式，从而使中国化的资本文明观呈现出资本逻辑批判与资本逻辑建构的双重维度"②。中国共产党在特定的历史条件下选择了实行社会主义市场经济，这就意味着资本不是一个被绝对排斥的对象，为了经济和社会的稳步发展，在社会主义条件下仍然可以存在资本关系。邓小平在对社会主义治理路径的探索过程中把市场和资本主义进行了切割，摆脱了以往把市场和资本主义、计划和社会主义画等号的错误认识，通过把计划和市场理解为手段，创造性地提出了"社会主义市场经济"的概念。"计划多一点还是市场多一点，不

---

① 《马克思恩格斯文集》第 7 卷，人民出版社，2009，第 927—928 页。
② 高云涌：《"公有资本逻辑建构"与中国化的历史唯物主义——以政治经济学批判为中心》，《马克思主义与现实》2016 年第 3 期。

是社会主义与资本主义的本质区别。计划经济不等于社会主义，资本主义也有计划；市场经济不等于资本主义，社会主义也有市场。计划和市场都是经济手段。社会主义的本质，是解放生产力，发展生产力，消灭剥削，消除两极分化，最终达到共同富裕。"① 计划依靠的是行政权力的支撑，而市场依靠的是资本的隐性权力的支撑。市场调节会使社会生产具有更大的灵活性、丰富性，最大限度地发挥社会成员的劳动积极性和创造性，有助于提高生产效率并进一步推动技术创新。中国道路之所以能取得成功，正是因为不断总结自身发展中的经验教训，合理吸收资本主义治理经验。面对资本逻辑对人类生活世界的全面渗透，中国共产党创造性地建立了中国特色社会主义市场经济体制，引入了市场或资本这一现代社会最有效的资源配置方式和扩大再生产的手段，在建构资本增殖的逻辑，利用其充分发展生产力进而达到促进国民财富稳步增长和提高人民生活水平的目的的同时，进一步通过建构公有资本逻辑，来制约、驾驭和驯服资本增殖的逻辑，实现财富的合理分配和社会的公平正义，让资本充分为民生服务。

针对资本如何更好地为民生服务这一问题，党的十五大创造性地提出了"公有资本"的概念。"公有资本就是体现社会主义公有制性质的资本。在我国主要包括国有资本、集体资本，以及由国有资本、集体资本控股的企业法人资本和事业法人资本。"② 这也就意味着，在资本主义的资本关系之后，诞生了"公有资本"这种崭新的资本关系形态。中国共产党在对资本文明的认识和探索过程中逐渐认识到：资本要想真正保障民生，必须保持自身的公有属性。如果说邓小平关于计划和市场的论述为我们破除了关于"资本"的教条观念的话，那么"公有资本"概念的提出则启示我们从两个方面去驾驭和驯服资本。国家政权通过行政权力和国有资本去调控和引导资本，这也就是我们通常所说的宏观调控。党的十七大报告指出："要深化对社会主义市场经济规律的认识，从制度上更好发挥市场在资源配置中的基础性作用，形

① 《邓小平文选》第 3 卷，人民出版社，1993，第 373 页。
② 杨天赐：《党的十五大报告经济词语解释》，中国财政经济出版社，1997，第 130 页。

成有利于科学发展的宏观调控体系。""发挥国家发展规划、计划、产业政策在宏观调控中的导向作用，综合运用财政、货币政策，提高宏观调控水平。"① 中国化资本文明观形成的理论地基就在于中国特色的社会主义市场经济的实施，而市场经济的中国特色则在于通过将国有资产转化为"国有资本"，引导、吸收全社会的资本来实现公平正义，进而充分保障民生，实现共同富裕。同时，除行政权力之外，国有资本应该在驾驭和引导社会资本方面发挥积极的作用，国有资本应该扬弃资本逻辑以营利为目标的倾向，将人民的实际生存放在首位，从而发挥资本的积极作用，保障和服务民生。"因此，当代中国的问题，一言以蔽之，就是'社会主义对资本力量'的问题。从总体上说，只有当社会主义力量足够强大，能够引导、利用、驾驭、制约私人资本力量，才有可能保持和发展我国的社会主义制度，才能建立起真正的社会主义市场经济。反过来说，当社会主义力量无法引导与驾驭私人资本力量，反过来私人资本力量成为全社会主宰力量。"②

　　总的来看，改革开放以来，我国致力于建设中国特色社会主义市场经济，标志着社会主义结束了对资本力量的恐惧与敌对的态度，而代之以充满自信的主人翁态度，资本只是我们利用的手段，而不是我们信奉的主义，在国家政权的引导下我们可以将资本力量纳入社会主义轨道，为社会主义建设服务。与此同时，"社会作为共同体是一种公共性的存在，需要其成员普遍拥有相应的公共精神。公共精神集中表现为关注公共生活、保护公共环境、创造公共财富和提供公共服务。生成和践行这种公共精神，是对现代社会公民的基本要求。在这个意义上，可以说社会建设中最重要的是公共精神的建设"③。这也就意味着，我们不仅要在"驯服资本"的意义上引导资本成为公共性的力量来为民生服务，也要在社会与人的公共性存在层面引导人们形成自觉的公共精神。这种公共精神的塑造要求我们将公共性的维度注入资本

---

① 《十七大以来重要文献选编》上，中央文献出版社，2009，第17、21页。

② 王庆丰：《超越"资本的文明"："后改革开放时代"的中国道路》，《社会科学辑刊》2013年第1期。

③ 郑广永主编《走向制度文明：从主体性到公共性》，国家行政学院出版社，2014，第77页。

的观念之中。

### 3. 建构公有资本逻辑

经过百余年的发展和积淀，中国共产党在社会主义建设过程中不断深化对资本文明的认识，积极重塑资本观念，在实践中形成了"私有资本批判"与"公有资本塑造"共存的局面。但与此同时，中国化资本文明观的形成还有赖于在新时代经济发展实践的基础上，建构一种公有资本的逻辑，从而实现对资本文明的驾驭与导控。所谓公有资本的逻辑，即发挥资本的正面作用，规避资本的负面效应，引导资本为民生服务。而这必然要超越从所有权的意义上来对资本进行简单的公有或私有的划分，并进一步在使用权的意义上拓宽公有资本的内涵，这样一种公有资本的逻辑的建构超越了公有与私有之间的绝对对立，是人民性的真正体现。因此，关于资本的公有逻辑建构既符合人之存在的公共本性，也契合马克思共产主义的理论诉求，特别是对于今天中国道路的建设也具有重要的理论意义。

马克思恩格斯指出："资本不是一种个人力量，而是一种社会力量。因此，把资本变为公共的、属于社会全体成员的财产，这并不是把个人财产变为社会财产。这里所改变的只是财产的社会性质。它将失掉它的阶级性质。"[①] 这就意味着，在资本的私人性与公共性之间，没有不可逾越的鸿沟。公有资本与私有资本不是绝对对立的，一种符合人之存在本性的资本关系必然是能够对人民的福祉有所裨益的，这就是我们所强调的公有资本的逻辑。它不再是从所有权的角度来强调资本的公私属性，而是从使用权的角度，将人民性纳入资本关系之中，引导资本为民生服务。就资本本身来讲，我们可以将公共性的概念进行引申，它不再意指某种公有或共享的观念，而是从根本上指向民生。只要是能够为人民的福祉服务，私有或私人的资本也可以被称为一种公有资本。在这个意义上，公有仍然是所有权的问题，所有权要借助使用权来实现，公有性也只有通过公共性才能实现。从使用权的意义上来理解资本，公有资本的逻辑以人民的福祉为立足点，将公共性的内涵纳入资

---

① 《马克思恩格斯选集》第 1 卷，人民出版社，1995，第 287 页。

本的观念之中。"公共"比"公有"意义更广泛、更全面，公有性是公共性的内涵之一。公共性的发展是现代社会生活发展的历史过程和必然逻辑，公共性问题是普遍存在的社会问题。"公共性的建设和完善是当代中国和世界发展中一个具有核心意义的问题，它成为当代哲学特别是马克思主义哲学关注的焦点是理所当然的。"[1] 因此，中国化资本文明观要想保持自身的特色，走出不同于西方的社会主义发展道路，亟须从驯服资本的逻辑出发，引导全社会形成一种具有公共性内涵的资本观念。现代社会仍然是资本逻辑占主导地位对人实施统治的社会，而真正驯服资本逻辑的社会必然是公共性较为完善和发达的社会。因此，"社会建设的中心就是公共性建设。中国社会融入世界的过程也是同国际社会公共性接轨的过程。随着现代化的迅速推进和融入全球化过程的加快，中国社会公共性问题的重要性日益突出。"[2]

在当代社会，具有公共性内涵的资本观念的塑造需要建立在社会共同体建构的基础上。马克思一生致力于建构能够彰显人类自由个性的共产主义共同体，这是一种共在、共处和共和的共同体。其中社会的公共所有物不应该被资本家独占和享用，而应该归共同体中的全体成员共同占有，这体现出的是共产主义社会中利益的共同性和公共性。在这个意义上，哈特、奈格里对于共同性的论述为我们塑造和引导公有资本逻辑提供了有益借鉴。在哈特和奈格里的视域中，要真正追求民主政治式的自由与平等，就必须将人们在共同生活、共同行动和共同劳动下的共同产品从私有的形式中解放出来，使之成为真正意义上的公有产品。他们寻找到了一个新的革命性范畴——共同性，并进一步认为"反现代性的革命性力量就深深植根在共同性之中"。[3]但是这种共同性并不是一种单纯的共享或财产的公有形式，也不是私人的资本管控形式。"我们所继承的公共知识和文化与公有制或私有制都不相协调，甚至还有所冲突。因此，思考私有、公有和共同性的三角关系会非常有趣，但这容易造成一种印象，那就是三者可以构成一个封闭的系统，其中，共同

① 郑广永主编《走向制度文明：从主体性到公共性》，国家行政学院出版社，2014，第78页。
② 郑广永主编《走向制度文明：从主体性到公共性》，国家行政学院出版社，2014，第77页。
③ 〔美〕哈特、〔意〕奈格里：《大同世界》，王行坤译，中国人民大学出版社，2016，第62页。

性介于私有和公有之间。事实上，共同性存在于既不同于私有制，也不同于公有制的另外一个层面，并且具有自身的自主性。"① 随着社会生产形式逐渐朝非物质劳动生产的方向转变，共同性逐渐在这个世界上成为核心概念。只有当我们共享并参与进共同性，诸众的民主才是可以想象并可能实现的。这种共同性的场域是民主与自由得以确立的唯一可能的空间。我们所强调的关于资本的公共性观念在一定意义上接近这种共同性，它不是介于公有与私有之间的一种模糊状态，而是真正将"人民性"纳入资本的权力关系之中。提出这样一种关于资本的公共性观念，主要是基于"驯服资本"的逻辑，并采取了一种民主的视角。如果我们将资本视为一种公共性的存在，"它首先意味着，在公共领域中展现的任何东西都可为人所见、所闻，具有可能最广泛的公共性"②。资本的公共性首先意味着一种公开性，它在本质上是向人民敞开的，作为民生力量的公共性资本将不再是远离人民的生活世界的，每个个体在公共性的场域中都可以体验到一种共同感或公在感。但是作为公共性资本的公开性将不再绝对排斥私有，只要资本可以为人民的福祉服务，私有的资本也可以成为一种具有公共性质的资本。

中国共产党在百余年的发展历程中不仅坚持批判私有资本逻辑，同时也积极建构公有资本逻辑，创造性地提出了公有资本的概念，深刻地认识到超越资本文明的关键在于厘清资本本身的性质。由此，具有公共性内涵的资本逻辑的建构就绝不是超然于资本的生产关系之外，而是内蕴于资本本身之中的。对于如何选择和建构一种符合人的自由全面发展、打破资本奴役与管控的社会形式，哈特深刻地指出："太多时候，好像我们仅有的选择就是：要么资本主义，要么社会主义；要么用私有财产的规则，要么用公有财产的规则。这样的结果是：对于国家管控的弊端之弥补就是私有化，而对于资本病症的治疗就是公有化，即实施国家调控。我们需要探索另外的可能：既不是资本主义的私有财产，也不是社会主义的公有财产，而是共产主义之共

---

① 〔美〕哈特、〔意〕奈格里：《大同世界》，王行坤译，中国人民大学出版社，2016，第 201 页。
② 〔美〕汉娜·阿伦特：《人的条件》，竺乾威等译，上海人民出版社，1999，第 40 页。

者"①。哈特对"共者"的揭示已经内蕴资本的公共性内容，提示我们要超越对资本进行简单的公、私之分的做法，从共同性生产的角度寻求超越资本奴役与管控的新的社会结构。只不过，与我们强调公共性资本观念不同的是，哈特仍然认为这种"共者"的生产是在资本关系之外的。"尽管，生产共者对于资本主义经济日益关键，资本却不能够干涉这种生产的过程，而必须保持外在。"②他没有意识到，真正的共同性必然要深入资本关系的内部，甚至使这种资本关系本身就具有共同性或公共性。我们不是要在资本的权力关系之外去生产共同性，而是必须使资本关系本身成为公共性的。因为资本关系是整个社会的主导关系，任何脱离这种关系去寻求共同性的努力最终必然都是徒劳，失去人们现实生活的根基。所以，我们所强调的资本的公共性概念就是要将人民性以及民主的内涵注入资本关系之中，注入共同性的生产过程之中。这就意味着，资本的公共性维度必然是充分体现民主的。

现代社会作为一种私人社会，是压制人的公共性的，而按照马克思的看法，私人社会的扬弃必然要依靠共产主义程序的开启。共产主义意味着"表达以彻底民主的方式管理整个生产体系包括劳动分工和财富积累与再分配的欲望与能力，——一种作为'一切人的民主'"③。因此，从民主的视角出发，共产主义"反对一切私有财产的组织方式和生产资料的私人所有制，以及对劳动力的私人剥削和对资本流通的私人控制。但是它也反对公有（public），即对这一切劳动权力［potenza］异化运作所作的国家与民族的配置"④。而与共产主义理论相适应的关于资本的公共性观念在一定意义上也基于这种民主视角，它不再强调公有与私有的对立，而是试图跨越这种公、私对立的界限，使资本真正为人民的利益服务。它不仅在批判资本逻辑的基础

---

① 〔美〕哈特：《共产主义之共者》，陆心宇译，《当代国外马克思主义评论》2010 年第 8 辑。
② 〔美〕哈特：《共产主义之共者》，陆心宇译，《当代国外马克思主义评论》2010 年第 8 辑。
③ 〔意〕奈格里：《共产主义：概念与实践之思》，申林译，《当代国外马克思主义评论》2010 年第 8 辑。
④ 〔意〕奈格里：《共产主义：概念与实践之思》，申林译，《当代国外马克思主义评论》2010 年第 8 辑。

上更新了对资本的定义，也在保障民生的意义上重新对民主理论进行了思考。"几乎三个世纪了，我们一直把民主思考为对公有利益的管理，即国家占有公体的制度化。倘若我们今天寻求民主，我们需要把它彻底重思为对公体的公共管理。这种管理包含对（世界性）空间与（制宪性）时间的重新定义。它不再是定义社会契约形式的情形：一切事物是每个人的，从而不属于任何人；而是：一切事物，由于是由每个人生产的，所以属于一切人。"①可以说，马克思对社会联合体的设定意在超越以私人利益为原则的物性逻辑，建构使全人类的自由解放得以可能的共同世界，实现人与人的"共在"。而正如私有之于资本主义、公有之于社会主义，共产主义的合理含义是"共有"，即共同性的占有。将这种共同性的占有诉诸关于资本的公共性观念，公共性资本就是一种公共性的分配模式，要使资本的力量真正服务民生。超越公有与私有的对立层面，资本的公共性指向的是一切人的福祉和利益。正如奈格里对共同性本身的论述，共同性虽然开启了新的主体性生产，但是资本的力量仍然会采取各种形式和手段来阻碍共同性的生产，强调资本的公共性并不意味着我们已经彻底摆脱了资本的统治关系，而只是基于一种民主的视角，使这样的一种统治关系仍然可以服务于人民，实现对资本的正向引导。

## 二 重组劳动方式：实现工人的自治管理

马克思在《资本论》中阐述了资本的增殖本性，但是资本的增殖却不是自行完成的，它是建立在资本主义雇佣劳动关系的基础之上的。资本若要维持自身的统治和实现对剩余价值的剥削，就必须不断再生产出劳动工人和雇佣劳动的社会关系。这不仅导致劳动者与生产资料相分离，也使得劳动者失去对自身劳动力的所有权。因此，雇佣劳动条件下的劳动者彻底丧失了自身的自主性，从而依附资本家，处于资本的从属位置。面对统治权的侵袭，近

---

① 〔意〕奈格里：《共产主义：概念与实践之思》，申林译，《当代国外马克思主义评论》2010年第8辑。

代政治哲学家们通过制度建构的途径试图保障人们在政治领域中的自由权，但是在现代社会我们更应该关注人们在经济领域中承受的劳动剥削，如果经济领域中的自由无法实现，那么政治领域中的自由也难以得到保障。所以，面对资本统治权，"一方面，我们要加大资本逻辑批判；另一方面，要加大劳动逻辑的重塑，批判那种认为只有资本才能推动生产力提升的观念，真正意识到生产力的提升可以依靠劳动方式的重组而达成，从而进一步重塑劳动组织方式与提升劳动的生产能力，试图对人自身的丰富性、创造性有所推进"①。在这个意义上，在当代我们寻求驯服资本统治权的可能性方案，不仅要发挥资本的积极作用重塑资本观念，更要从主体的角度出发，关注工人的真实社会需要，进一步重组劳动生产方式，从而实现经济领域中的民主。

1. 从工人实际发展需要出发的协作劳动

在《资本论》中马克思指出："从资本主义生产的意义上说，只有生产资本的雇佣劳动才是生产劳动。"②也就是说，资本主义生产方式是以雇佣劳动为基础的。雇佣劳动不仅是工人的现实生产活动，也是资本主义经济发展的前提。在雇佣劳动的条件下，工人不仅丧失了生产资料，还为了生存将自身劳动力的所有权转让给资本家。这样，雇佣劳动就不仅能够生产出财富，为了维持资本的增殖，保障资本主义的社会统治，它还不断再生产出雇佣工人和资本家的雇佣劳动关系，从而将工人对资本家的人身依附关系确立下来。这样，"当人们将自己的劳动进行价值化生产的同时，便出现了'统治权力'的从属关系。由此，现代的统治转变成了一劳动便进入从属权力的统治关系中，使得主体与抽象社会的断裂日趋恶化"③。在这个意义上，资本统治权对人施行奴役与管控的主要手段就是通过雇佣劳动颠倒主体与资本之间的关系。在资本主义雇佣劳动关系中，作为主体的劳动者在资本强制性权力的压制下往往处于"客体"地位，而拥有劳动支配权的资本则取代了劳动者

---

① 孙亮：《政治经济学批判与人的存在观念重构》，中央编译出版社，2021，第 258 页。
② 《马克思恩格斯全集》第 33 卷，人民出版社，2004，第 136 页。
③ 孙亮：《重审〈资本论〉语境中的"抽象"与统治》，《贵州大学学报》（社会科学版）2020年第 1 期。

成为整个资本循环过程中的主体，资本增殖的需要也逐渐取代了工人发展的社会需要。在这种情况下，我们要想打破资本的统治就必须肯定劳动者的主体力量，从工人本身的发展需要出发恢复劳动者的主体地位。

马克思详细分析了雇佣劳动的本质以及资本与雇佣劳动之间的辩证关系。在马克思看来，雇佣劳动与资本之间是既对立又统一的关系。在《资本论》中，他将雇佣劳动者定义为与生产资料相分离的工人。因此，资本掌握生产资料，雇佣工人则是非资本的、与资本相对立的。但同时，资本的本质属性是增殖，这种增殖又是建立在雇佣劳动的基础之上的。对于资本来说，雇佣工人既具有作为劳动力的使用价值，又具有作为货币持有者的价值。从生产的角度来看，资本在生产的环节消耗掉从雇佣工人那里所购买到的劳动力，劳动者在这个环节则为了生存不断被迫劳动，以达到资本的最终目标，即增殖。在这个过程中，劳动者逐渐丧失了自己的自由意志，而服从资本的意志。因此，在生产过程中雇佣工人对资本来说就是提供剩余劳动，进而实现其增殖的工具。而从资本循环的过程来看，对于资本家来说，雇佣劳动者不仅具有劳动力的使用价值，他还是货币持有者，能够消费资本家的商品。这样，雇佣劳动者不仅具有使用价值，还具有特殊的价值，即用赚取来的工资进行消费。"因而，雇佣劳动体现在资本的每一个运动中，作为资本增长的必要手段，它为了资本而存在，它也是资本的媒介。"① 从资本与雇佣劳动的关系中我们可以发现，资本主义的雇佣劳动制度一方面使工人与自己的生产资料相分离，进而丧失对自己生产的劳动产品的使用权；另一方面资本还通过夺取剩余价值，使工人丧失了对自己劳动力的所有权。而劳动与所有权的这种分离导致的直接结果就是劳动力本身成为商品，劳动者丧失了自身的主体性，沦为资本主义生产关系的附属物。因此，作为一种统治权，资本首先就是一种无偿占有和支配劳动的权力，它能够凭借对生产资料的占有直接购买劳动力，并且无偿地占有剩余劳动。在这个意义上，"马克思揭露了资

---

① 〔加〕莱博维奇：《超越〈资本论〉——马克思的工人阶级的政治经济学》，崔秀红译，经济科学出版社，2007，第92页。

本主义剥削根植于工人将自身的所有权让渡给资本家这一事实——这是一种可以使用工人工作能力的权力,一种可以从工人那里攫取劳动的权力"①。而资本家占有工人剩余价值只不过是资本主义社会统治的表象,资本主义社会统治的根源在于资本,资本统摄下的雇佣劳动关系本身就建构了一种抽象的社会统治形式。雇佣劳动中蕴含的权力支配关系彻底改变了人的现实存在状态。在雇佣劳动中,"个人不仅是自我规定的主体,以意志为基础而行动;他们同时属于一个客观的强制与约束体系,它独立于他们的意志而运作——在这个意义上,他们同时也是客体"②。

　　雇佣劳动不仅关系到工人生存状态,还在根本上关涉资本主义再生产。马克思在分析再生产问题时指出,工人阶级的不断维持和再生产是资本主义再生产的重要条件。加拿大马克思主义学者莱博维奇也认为,资本主义雇佣劳动绝不是一个简单的自然生产过程,而是一种特殊社会关系,是雇佣劳动的再生产过程。之所以这么说,是因为资本如果想保证自己增殖以及维持自身的统治,就必须要保证有稳定的雇佣劳动人口为其提供劳动力和创造剩余价值。在这种意义上,雇佣劳动并不仅仅是一种生产物质财富的方式,如普殊同所说,还是一种"社会统治"形式。"因为社会强制是抽象地形成的,是作为社会中介活动的劳动所对象化的社会关系的结果。资本主义特有的对劳动的抽象强制与剥削在根本上并非源于非劳动阶级对剩余物的占有,而是源于资本主义劳动形式。"③ 为了实现资本的增殖目标,雇佣劳动不仅要从人口的意义上不断生产出雇佣工人,还要在关系的层面上不断再生产出资本主义的雇佣劳动关系,从而加固工人对资本家的人身依附关系。在资本主义条件下,资本主要是通过以下两个途径来保障劳动人口和雇佣关系的再生产的。一是通过机器的运用,制造出工人之间的对立和竞争。在这种情况下,

① 〔加〕莱博维奇:《超越〈资本论〉——马克思的工人阶级的政治经济学》,崔秀红译,经济科学出版社,2007,序言第2页。
② 〔加〕普殊同:《时间、劳动与社会统治——马克思的批判理论再阐释》,康凌译,北京大学出版社,2019,第191页。
③ 〔加〕普殊同:《时间、劳动与社会统治——马克思的批判理论再阐释》,康凌译,北京大学出版社,2019,第187页。

"生产力"或大机器不是在物质生产中节省劳动，而是在价值生产中提高剥削率和延长劳动时间。二是通过制造新的需要，催促工人不断进行劳动。在这种情况下，工人只有不断购买商品或消费才能缓和自己与劳动产品和生产资料的对立。长此以往，就产生了资本家与工人之间不同的生存状态："原来的货币占有者作为资本家，昂首前行；劳动力占有者作为他的工人，尾随于后。一个笑容满面，雄心勃勃；一个战战兢兢，畏缩不前，像在市场上出卖了自己的皮一样，只有一个前途——让人家来鞣。"① 在这个意义上，资本主义的雇佣劳动既是一个不断剥夺工人的生命基质、加固资本统治的过程，也是一个促使工人反抗资本统治与剥削的过程。而无产阶级要想打破雇佣劳动的统治，获得自主自由的发展，必须使身体具有一种反抗意识，通过社会革命和不断的斗争来改变不合理的劳动制度、砸碎资产阶级的国家机器。

在雇佣劳动条件下，劳动者总是处于一种客体性的地位。因此，资本主义的负面效应就是资本造成了雇佣劳动条件下工人阶级的分化与分工，并在此基础上攫取了工人协作生产的劳动果实。在这种情况下，"要想逃离资本主义社会赋形的统治，不能从一个否定了我们的抽象的统治力量开始思考，即不能想着一种彻底的打破'统治的一方'，而是需要从'我们出发'重构劳动的生产组织形式"②。莱博维奇在考察了雇佣劳动之后认为要想实现工人的解放，必须关注工人的社会发展需要，使工人有计划地展开协作，进而消除竞争，打破资本的管控和束缚。莱博维奇指出，在工人维持身体存活的生理需要和对必需品的消费需要之外，还存在着一种被雇佣劳动掩盖的需要，即工人发展的社会需要，这一需要是由工人作为全面发展的社会的人所决定的。这是一种要求实现人的自由发展的需要，因此它是工人获得解放不可缺少的一部分。在雇佣劳动的条件下，不仅存在着资本的增殖需要，还存在着工人的发展需要。正如资本的生产过程把资本的增殖当作其目标一样，工人

---

① 《马克思恩格斯文集》第 5 卷，人民出版社，2009，第 205 页。
② 孙亮：《重审〈资本论〉语境中的"抽象"与统治》，《贵州大学学报》（社会科学版）2020年第 1 期。

的生产过程也必须将工人自身发展的需要当作目标。而为了满足这种发展的需要，工人必须联合起来与资本主义的统治关系进行斗争。正像雇佣劳动生产出雇佣工人一样，工人在反对资本的斗争中，也能以不同的方式生产他们自身。这个意义上，"马克思不仅展开了对资本政治经济学的评论，他还揭示了它的对立面——工人阶级的政治经济学，这种政治经济学强调：劳动者的联合是社会生产力发展的源泉，而劳动者的分化是他们受剥削的条件"[①]。而在有计划地反对资本和雇佣劳动的过程中，工人能够在与他人的合作中不断创造出新的力量和新的交往形式，从而恢复自己的主体地位。

2. 生产主体性的非物质劳动

在资本主义雇佣劳动的条件下，资本以一种绝对的方式成为一种总体性的控制力量，它不仅在价值增殖的过程中完全控制了劳动，也在人们的社会生活中完全控制了人的主体性。在这种情况下，"劳动在增殖的过程中被控制以至于其自治性在很多情况下都被极大程度地削减，几乎削减到不存在"[②]。面对这种情况，自治主义者哈特、奈格里和保罗·维尔诺等人从全球性的视角出发，立足于当代资本主义劳动形式的新变化，寻求恢复工人主体性地位、实现工人自治联合的可能方案。在他们看来，现代社会以"一般智力"为核心特征的非物质劳动正在挑战传统雇佣劳动的核心地位。在当代资本主义社会，非物质劳动不仅能够生产出社会财富，还能生产出主体性和全新的社会关系。因此，这种以智识、情感和认知为特征的非物质劳动不可能被工厂社会时代发展出来的规训和管控形式所管控。而工人也可以在奇异性相遇和共同性生产的过程中反抗现代性的权力关系，进而超越资本的管控。这种非物质劳动理论从积极的意义上提出了革命的可能性方案，但是却忽略了在数字、算法等新的权力关系之下，劳动者"重新主体化"的进程，其没有缓和阶级分化的趋势，也没有形成有组织的抵抗力量。相反，由非物质劳

---

① 〔加〕莱博维奇：《超越〈资本论〉——马克思的工人阶级的政治经济学》，崔秀红译，经济科学出版社，2007，第120—121页。

② 〔意〕奈格里：《〈大纲〉：超越马克思的马克思》，张梧等译，北京师范大学出版社，2011，第104页。

动生产出的主体性本身也开始被资本权力进一步吸收，由此，主体性本身也开始成为资本权力运行的有机环节，服务于资本的增殖过程。

哈特、奈格里分别从生产内容和协作方式两个角度分析了非物质劳动的基本特征。从生产内容的角度来看，随着资本主义的进一步发展，工人的工作逐渐呈现出更加智能化和灵活性的特点，因此，在这种形势下，劳动者的工作内容就不再是简单地进行基本的生产性劳动，而是要适应资本的发展趋势，进一步掌握和处理工作中的基本信息以及做出相应的决策。特别是随着互联网的出现，劳动已经不再局限在工厂中，人们随时随地都可以进行知识创造。在这个意义上，非物质劳动生产出的是知识、信息、情感等内容。因此，"非物质劳动被界定为生产商品的信息内容与文化内容的劳动。非物质劳动的概念涉及劳动的两个不同方面。一方面，关于生产商品'信息内容'的活动；另一方面，关于生产商品'文化内容'的活动，非物质劳动包括通常不被认为是'工作'的一系列活动。换句话说，指大量界定和确定文化和艺术标准、时尚、品味、消费者规范的活动"①。这就使非物质劳动的生产超出了实体性社会财富的范围。而从工人协作模式的角度来看，哈特、奈格里认为，在机器出现以前，劳动者的协作模式是一种没有固定关系的简单协作模式，而随着机器大工业的出现，工人在生产过程中与机器之间形成了一种更为固定化的协作模式，工人逐渐依附机器，开始从事长期的固定化劳动。但是哈特、奈格里并没有从悲观的角度看待这种关系，而是认为这种协作关系在非物质劳动的条件下蕴藏着更大的解放力量。在他们看来，工厂中可见的规训和暴力只是一种形式上的从属关系，非物质劳动打破了工厂的界限，将我们的一切活动都纳入非物质性生产的过程之中。因此，现代社会的从属关系不再体现为工厂中工人与资本家的关系，"今天的人们之间的劳动和协作，不再仅仅局限于工厂的流水线上的协作，而是变成了全社会范围内的整体协作，他们在工作、学习、交流，甚至在互联网和朋友圈上的一次点击，

---

① 〔意〕毛里齐奥·拉扎拉托：《非物质劳动》（上），高燕译，《国外理论动态》2005年第3期。

都构成了一种新型的非物质的协作关系，而这种协作关系的本质就是‘一般智力’”①。这种“一般智力”的出现意味着一种新的主体性的生成。这样，非物质劳动在本质上就是一种主体性的生产活动，它能够让主体在新的社会关系中打开资本的豁口，进而摆脱资本的外在控制，进一步实现自治。

从主体性生产的视域去审视新的劳动关系，哈特、奈格里指出了非物质劳动具有的两个核心特征：一是劳动成果的非量化性；二是劳动过程的自主性。马克思视域当中的雇佣劳动之所以具有如此强大的统治力量，原因就在于价值形式的等价原则将一切都纳入它的同一性逻辑之中，一切物品在价值形式面前都是同质性的、可量化的。但是非物质劳动生产并不产出实体的产品，它生产出的是一种虚拟性的财富。由于它生产出的是知识、情感等内容，这些产品显然无法像物质劳动成果那样能够被精确地量化分析。在这个基础上，哈特、奈格里指出：“生命政治生产的结果——其中包括社会主体性和关系、生命形式等——也具有直接的本体论的维度。在这个过程中，价值得以生成，却无法得到计量，或者说，价值不断逾越任何计算图式单位；它溢出企业的复式记账本并扰乱民族国家的公共资产负债表。你如何能够计量一个观念、一张图像或者一个关系的价值？生命政治劳动过程的自主性以及价值的不可计量的逾越性正是当下资本主义统治中矛盾的核心要素。”② 在这个意义上，正是非物质劳动成果的不可量化性使得资本无法完全掌控非物质劳动的全部过程。由于非物质劳动条件下工人的协作模式不再像在工厂中那样依赖资本从外部提供，而是可以自主提供，资本就不再是协作的提供者，而是协作的剥夺者。由于非物质劳动的产品不再具有量化的形式，而采取共同的形式，资本的这种剥夺就不是发生在个体工人身上，而是发生在社会劳动那里。由此，社会开始出现两股力量，一是越来越具有自主性的劳动力，二是日益成为纯粹统治力量的资本。这种对立使得资本越来越处于生产过程和财富的生成之外，因而生命政治劳动正变得更具自主性，这就为诸众

① 蓝江：《一般智力的生命政治生产——奈格里的生命政治思想谱系学蠡探》，《福建师范大学学报》（哲学社会科学版）2020 年第 5 期。
② 〔美〕哈特、〔意〕奈格里：《大同世界》，王行坤译，中国人民大学出版社，2016，第 194 页。

的反抗提供了可能。"在生命政治劳动的语境下，诸众可以在日常生活中习得并增强他们的民主能力，从而最终实现世界大同。这是彻底的内在性政治。替换成一组对子就是诸众的内在生命政治去对抗帝国超验的生命权力。"①

哈特、奈格里的非物质劳动理论在一定程度上确实反映了资本主义全球化条件下，劳动组织方式的全新特征，为工人实现民主自治开辟了可能的理论空间。但他们没有注意到的是，伴随劳动方式发生的变化，资本主义的剥削和管控形式也进行了升级。既然非物质劳动能够生产出体现工人自主性的共同性，那么资本就可以通过占有和吸纳主体性劳动的形式去吞噬这种共同性。哈特、奈格里注意到了互联网和信息技术的发展给人们带来的新的生产能力和创造能力，但同时他们却忽略了在数字、算法等更高级的技术力量出现的时候，主体性的生产是如何与资本的增殖过程融为一体的。正如拉扎拉托指出的那样："成为交流的主体这一管理要求大有可能变得比早先的脑力劳动和体力劳动（想法与实际实施）之间的严格区分更加具有极权主义性质，因为资本主义试图将工人的个性和主体性包括进价值的生产中。"② 后福特制下，资本不再限制主体性的发挥，相反，为了实现自身的统治目标，资本会在消费主义和欲望形而上学的支撑下不断培植和塑造出更多的主体性，在人们日常生活和工作的过程中将资本的欲望转化为劳动者的欲望，进而促使其不断进行自我优化和自我剥削。在这个意义上，"劳动者的此种主体化不仅没有削弱资本的权力，反而让雇佣关系对劳动者的统治超出了固定的劳动时间、劳动场所和劳动内容，占领了原先被劳动者的集体政治行动隔绝在其辖区之外的各个领域，如身份认同、情感倾向、意义建构、交往关系等，将劳动者的主体性要素全面转化成了资本所占有的生产力的一部分"③。由此，非物质劳动条件下呈现出的劳动者的主体性以及劳动过程的自主性特

---

① 〔美〕哈特、〔意〕奈格里：《大同世界》，王行坤译，中国人民大学出版社，2016，译者序第7页。

② 〔意〕毛里齐奥·拉扎拉托：《非物质劳动》（上），高燕译，《国外理论动态》2005年第3期。

③ 夏莹、牛子牛：《主体性过剩：当代新资本形态的结构性特征》，《探索与争鸣》2021年第9期。

征，本质上不是人的自由个性的真正体现，而是标志着资本已经将主体性本身变成了其权力关系中的一个有机环节。资本不断诱导劳动者将自身的主体性生产变成服务于其增殖的手段。这样，我们必须明确劳动主体性的凸显是实现自治的一个方面，但并不完全等同于实现了彻底的解放。因此，我们必须在把握资本主义劳动形式新变化的同时，区分出两种不同的主体性：一种是能够使劳动者具有自治能力，回应其解放诉求的主体性；另一种则是被资本同化和吸收，服务于资本增殖的主体性。要在明确二者区别的基础上去真正发挥工人的力量，探寻重组劳动生产方式的可能性方案。

3. 以工人自我管理为目标的经济民主

哈特、奈格里基于全球化发展的特征揭示了劳动方式从物质性向非物质性的转变以及劳动场所从工厂向大都市的迁移。在他们看来，"大都市"是工人奇异性相遇并生产共同性的重要场域。但实际来看，非物质劳动并没有彻底打破传统雇佣劳动的统治关系，工厂仍然是现代社会权力关系起作用的典型"装置"。在现代社会，极权性质的工厂逐渐升级为体现工人自主性的管理型企业。在这种企业模式下，生产和协作仍然是由资本组织和提供的，精细化的劳动分工和灵活性的企业管理不仅没有使主体获得解放，而且不断将其塑造为进行自我剥削的欲望主体。在这种情况下，我们重组劳动生产方式面临的核心问题就是如何能够在保障生产力发展的同时防止劳动异化。在这个意义上，一些西方左翼思想家如道格拉斯·拉米斯、罗伯特·达尔、大卫·施韦卡特等严厉批判了资本主义的劳动关系，提出了将民主引入经济领域的经济民主构想，他们将经济民主看作社会主义的核心特征。"资本主义发展的缺陷是，它剥削和压迫工人并产生不平等，而社会主义的优越性是，它结束剥削和压迫并给工人指派自己生活的权利，也就是说，它将使经济领域民主化。"[1] 拉米斯聚焦经济领域中不平等的权力关系，倡导建立平等、开放的社会生产关系，并以工人的自我管理为目标提出了资本主义的替代性方案。

在政治哲学的视域当中，人们出于谋求和平以及追求幸福生活的需要将

---

① 〔美〕道格拉斯·拉米斯：《激进民主》，刘元琪译，中国人民大学出版社，2016，第3页。

自己的自然权利转让给政府或主权者，因此主权者有义务来保障个人的自由和财产不受侵犯。在政治领域，主权者在行使统治权的同时是要承担相应的责任的。马克思在《资本论》中揭示了资本主义生产对工人身体和意志的摧残。在工厂中，资本家确立了严苛的纪律来规训和管控工人，进而将政治上的专制制度转移到经济领域，并将对工人的管控以《工厂法》的形式合理化地确定下来。资本家通过支付工人工资榨取工人的剩余价值，这样他们便不需要对工人的生命和健康负责。因此，经济领域中的资本权力是一种产生了统治效果却无须承担民主责任的权力。在这个意义上，马克思不仅充分阐释了资本增殖过程对经济领域中民主原则的破坏，也提示我们去关注人们在工作场所中所面临的不平等问题。而随着资本主义的进一步发展，虽然也出现了非物质劳动等全新的生产形式，但是马克思所揭示的存在于工厂中的不平等关系并没有消失，而是进一步延伸到现代企业当中。在当今时代，人们在企业中仍然要受到老板和经理的层层监督和支配，这种支配不会受到任何制度和法律的约束，因而具有专制性的特征。在这种企业管理模式下，"没有法治。命令可能是随意的，并会随时更改，毫无先行通知和申诉的机会。上级不对他们所指挥的人负责，他们不能被其下级所任免。除少数特定情况之外，下级既没有对他们所遭受的待遇的申诉权，也没有对被给予的命令的协商权"①。在这个意义上，现代企业已经成为具有等级制体系的统治机构，它能够全方位地管控劳动者的全部生活。资产阶级极力宣扬自己在政治领域实现了民主之时，却在经济领域大力推行新的等级制度。这样，原本存在于政治领域的专制和暴力却在经济领域全面复活了。为此，必须将民主的逻辑引入经济领域，尽可能地实现工作场所中的平等以及促进工人进行自治管理。

面对工作场所中的不平等问题，美国学者施韦卡特认为在全球化的今天，我们要寻找一种新的能够体现工人自主性的协作方式，就不能够停留在对资本主义批判的层面上，要从根本上改变构成资本主义的结构性元素，提

---

① Elizabeth Anderson, *Private Government: How Employers Rule Our Lives and Why We Don't Talk about It*, Princeton University Press, 2017, p.37.

出资本主义的替代性方案，这种替代性的方案就是"经济民主"理论。施韦卡特指出："资本主义是以三个基本制度为特征的：生产资料私有制、市场和雇佣劳动制度。苏联经济模式废除了生产资料私有制（通过将农场工厂集体化）和市场（通过建立中央计划），但保留了雇佣劳动制度。经济民主废除了生产资料私有制和雇佣劳动制度，但保留了市场。"[①] 同资本主义的结构性特征相对应，经济民主也具有三个根本性的特征：一是工人的自我管理；二是市场；三是投资的社会控制。

针对资本主义的雇佣劳动制度，施韦卡特指出，经济民主的核心概念就是实现工人的自我管理，即由工人实际性地掌握企业的控制权，以此来将政治领域中的民主引入具体的工作场所中。工人自我管理型企业由所有工人统一经营，他们可以通过投票的方式民主地决定企业的发展规划、生产内容以及车间的工作纪律等。为了防止工人谋取私利，他们虽然拥有企业的控制权，但并不拥有生产资料，经济民主制度下的生产资料被看作整个社会的集体财产。但是生产资料的集体性不意味着民主管理的企业要施行收入的平均制，而是可以按照劳动者贡献的大小来决定工资的高低。由此，进入这样一个企业就相当于进入了一个民主的共同体当中，工人可以享受到企业中的任何权利，同时也要承担相应的义务。针对资本主义的市场制度，施韦卡特认为经济民主的方案并不排斥市场，而是拥有和利用市场。他在总结苏联教训的基础上认为，中央计划经济存在诸多缺陷，它不仅不利于提高生产效率而且会助长专制集权。缺乏市场的运行规律和竞争机制，任何社会的经济发展都难以得到保障。因此，经济民主保留了市场，是一种市场经济，它非但不会排斥利润，反而会努力赚取利润，不过在利润的计算方式上与资本主义企业差别很大。"资本主义企业把劳动力算作成本；而工人自我管理的企业则不把劳动力视作成本。在经济民主下，劳动力在技术层面上并不是与土地和资本家等量齐观的另一种'生产要素'。相反，劳动力是剩余索取者。"[②] 针

---

① 〔美〕戴维·施韦卡特：《超越资本主义》，黄瑾译，社会科学文献出版社，2015，第50页。
② 〔美〕戴维·施韦卡特：《超越资本主义》，黄瑾译，社会科学文献出版社，2015，第53页。

对资本主义的私有制，施韦卡特指出经济民主的第三个特征就是投资的社会控制，即用于社会投资的资产并不是像资本主义社会那样来自私人储蓄，而是来自政府征收的资本资产税，这种资金最后又通过公共投资银行重新注入新的经济体。在施韦卡特看来，资本主义经济活力的保持以及资本再生产是通过资本的重新投资来实现的，资本主义社会的投资要么来自私人的直接储蓄，要么来自公司股东的间接储蓄，但是经济民主制度下经济发展的活力并不依赖私人储蓄的积累。经济民主社会获得投资的资本的方式更为直接和透明，它直接来自政府向企业征收的资本资产税，这种征税的活动是公开进行的，因此它注入经济的过程就是一个公共而非私人的过程，并且还能够进一步防止资本家对资产的私人垄断。

综上可见，施韦卡特以经济民主为核心概念提出了资本主义的替代性方案。经济民主的模式就是工人自我管理的企业在市场的环境中相互竞争，同时由社会控制投资活动。在这个意义上，"经济民主保留了商品和服务市场，但以车间的民主化取代了劳动力的商品化、以社会投资体系代替了私人金融市场。经济民主的扩展模式主要包括两项内容，即政府充当工作的最后提供者角色和允许企业家式资本家在大部分私人企业和一些大企业中存在"①。经济民主的概念在根本上关涉对工作场所的治理问题，通过将民主的逻辑引入工厂和企业当中，经济民主尽可能地减少了经济领域中的不平等现象，并为劳动者实现自治管理敞开了空间。因此，经济民主带来的直接效果就是它提供"能够自决的积极的社会自由的可能性；它授权那些想参与管理的工人，平等参与决策并对其公司的发展方向表达意见，从而减少经常伴随管理不力的异化和去民主化"②。同时，我们还必须思考在经济民主的制度下是否还存在资本家，或者说资本家在经济民主中到底扮演什么样的角色。在资本主义制度当中，资本家不仅是企业的直接管理者，还是商业发展的直接投资人，此时资本家与企业家并没有实现完全的分离。但是通过上面的论述我们知

---

① 〔美〕戴维·施韦卡特：《超越资本主义》，黄瑾译，社会科学文献出版社，2015，第4页。
② 〔美〕汤姆·马勒森：《经济民主：21世纪左翼的"大概念"》，彭萍萍译，《当代世界与社会主义》2014年第3期。

道，经济民主理论下不需要资本家来管理企业，工人也可以有充分的自我管理和决策能力，并且投资是由社会提供的。由此，资本家在经济民主制度下就只剩下一个角色，即致力于技术突破和概念创新的企业家。这就极大地削弱了剥削和管制，工人本身也可以成为具有良好管理职能的社会主义企业家。由此，"经济民主的控制权、经济剩余索取权和生产、分配决策权的基础来自劳动，而非资本。这就从根本上否定了资本主义经济组织的基本逻辑"①。而经济民主制度下，工人以相互合作和自主管理的方式分享企业收益，进而打破资本对生产资料的垄断和占有，实现劳动者与所有者这两种身份的有机统一。

总的来看，在探索驯服资本统治权的可能性方案的过程中，有三个核心性的概念，即解放视域的转换、资本观念的重塑以及劳动方式的重组。其中解放视域的转换是基础，它要求我们对资本不再做单向度的理解，认为资本只具有消极作用或负面效应，而主张对资本进行双向度的理解，既批判资本的负面效应，也利用资本的积极作用，在此基础上从生产方式的根基处寻求驾驭资本逻辑、驯服资本统治权的方案；而资本观念的重塑是思路，它要求我们在利用资本的积极作用、规避资本消极作用的同时打破使用权和所有权的对立，从而将人民性的立场纳入资本的逻辑之中，通过将公共性的概念注入资本的观念中来引导资本服务于民生；劳动方式的重组是目标，通过肯定工人的主体性力量将政治领域中的民主逻辑引入经济领域，在对工作场所治理的具体实践中打破资本的奴役与管控，实现工人的自治管理。关于驯服资本统治权的这三种观念构成了一个完整的概念逻辑系统，它提示我们驯服资本统治权并不一定要彻底瓦解资本的逻辑，能够彰显人的自由个性的社会一定是一个有能力重新拥有并驾驭资本的社会。在这个意义上，对于驯服资本统治权的方案的揭示就是对人类社会未来发展道路以及人类文明新形态建构的尝试性探索。

---

① 张嘉昕：《经济民主：劳动者参与管理和分享收益的逻辑走向》，《社会科学家》2017 年第6 期。

# 结语　资本统治权批判的当代价值

随着生产力的飞速发展，人类社会进入了世界历史时代。全球化的现代性进程不仅改变了人类的生存状态，也深刻地变革了人类的文明形态。随着金融资本主义的兴起以及资本主义治理术的发展，资本文明已经发展到极端，以资本统治权为核心特征的财治共和国正在对人类实施全方位的规训、管控与形塑，致使人们一直处于异化的生存状态之中。在这个意义上，由资本文明所建构的统治关系在现代社会已经架构起一座庞大的"座架性装置"，它深刻标志着资本、权力、技术"三位一体"对人类进行抽象统治。面对资本统治权的不断扩张以及资本主义抽象统治的加深，我们必须在把握资本文明内涵和实质的基础上积极探索一种新的文明类型。因此，资本统治权批判的现实旨趣就是要在新的时代特质下凝练和概括驾驭资本的文明观念，进而寻求打破资本奴役与管控的现实道路。

文明是人类社会所特有的文化现象，它代表的是整个人类社会存在的理想。因此，对人类文明的思考深层蕴含着对人本身的反省和对人类未来发展方向的求索，这也成为包括哲学在内的整个人类文化表达、探讨和研究的永恒主题。从思想史来看，历代哲学家都根据自己所处时代的特征对现代社会的人类文明进行了深刻的反省和批判，揭示了现时代的人类文明对人类自身的宰制和奴役。弗洛伊德从心理的层面上，揭示了文明发展对人的本能的压抑；海德格尔、马尔库塞等人为我们揭示了现代社会的人们处于技术座架的统治之中；福柯从权力微观运作的角度，指出人们处在生命政治的规训和惩罚之下；鲍德里亚则根据消费社会的特征，指出我们正在遭受符号的统治。这些论断从不同的侧面为我们揭示了现代人的生存处境。但是从历史唯物主义的立场看来，这些理论判断都没有从生产方式的意义上剖析我们时代的文明形态，所寻找到的救赎途径无法有效地突破资本主义社会的桎梏，而只能局限在资本主义社会体制之下。因此，西方思想家关于现代社会或现代性的研究是以西方发达资本主义社会为基础和前提的，他们的理论探讨无法彻底超越"资本的文明"。

与近代西方思想家不同的是，马克思恩格斯从社会历史的框架去理解和剖析人类文明，从资本主义生产方式的根基处入手，在批判资本主义社会对人的剥削与奴役的基础上，指出了文明的进步并不能仅仅停留在保障人们物质生活的层面，还必须指向人的自由个性的发展。马克思恩格斯认为在资本主义条件下，虽然人类的物质文明成果越发丰富，但是人本身并没有获得自由解放，反而越来越受到资本主义的剥削，所以才会产生"文明每前进一步，不平等也同时前进一步"① 的悖论。文明社会中的个体不应该是为了生存而机械地劳作，而是应该充分发挥自己的个性、完善自己的人格。从某种程度上来说，"文明的本质并不在于其物质成就，而在于这样的事实：每个人心中都有这样的理想——完善自我，改善民族的以及全人类的社会和政治状况；而这些理想也以活力四射、持之以恒的方式决定着人们的思维方式"②。在这个意义上，以何种思维方式去理解和调节人与世界的相互关系，并反思人类文明的前进和发展，决定了不同文明的特质。每一种文明都建基于一套特定的思维模式，各民族特有的世界观和历史经验不断塑造着这种思维方式。"只有当生活在文明社会的人养成足以让他们去完善自我、完善社会的精神习惯时，物质文明才会变成真正的文明。"③ 在这个意义上，文明发展的过程就是人类在实践的基础上不断自我认识和自我解放的过程。而文明社会中的主体要想实现自身的解放，必须先打破抽象的统治和束缚，在改造

① 《马克思恩格斯文集》第9卷，人民出版社，2009，第147页。
② 〔德〕阿尔伯特·史怀哲：《文明与伦理》，孙林译，贵州人民出版社，2018，第3页。
③ 〔德〕阿尔伯特·史怀哲：《文明与伦理》，孙林译，贵州人民出版社，2018，第3页。

世界的实践活动中充分占有自己的文明成果。马克思恩格斯认为未来就是要打破资本的统治与束缚，建构能够彰显人的自由个性的共产主义社会。因此，共产主义作为马克思主义哲学最有魅力的概念之一，它不仅关涉人的存在，在根本上也指向人类文明。共产主义作为人类文明的新形态，首先以批判的辩证法为工具塑造一种新的文明理念，呼吁人们"对现存的一切进行无情的批判"；其次以实践为核心原则，构建了一种新的文明体系，打破解释世界的藩篱，实现改变世界的革命；最后以"人类解放"为理论旨归，彰显了一种新的文明内涵：在对旧世界的批判中，创生出新的更符合人性的社会关系。

在现代社会，由马克思所分析和揭示的资本对人的奴役与管控已经随着科学技术的发展获得了全新的表现形式。资本不仅与技术相结合不断实现自身的增殖和扩张，还与生命政治的治理术结合在一起不断维持和更新着自身的统治关系，由此，资本的权力已经囊括所有其他权力形式上升为整个社会的最高统治权。因此，资本统治权批判的现实旨趣就是在新的时代特质下，具体揭示资本统治权的产生和发展以及其具体的运作机制，并从生产方式的根基处入手，寻求驯服资本统治权的可能性方案，进而塑造和凝练出驾驭资本的文明观念。

实际上，资本统治权是资本在增殖的过程中与权力关系融合在一起而形成的，它通过对人的规训管控与形塑使人一直处于异化状态之中。由此，我们可以概括出资本统治权背后所蕴含的三种逻辑：资本的增殖逻辑、权力的统治逻辑以及人民的生存逻辑。而在现时代我们批判资本统治权，塑造驾驭资本的文明观念，就是要处理好这三重逻辑之间的关系。如果抛开权力对人无孔不入的管控，单看资本增殖的话，资本并不是万恶之源，就连马克思都充分肯定了资本在推动社会生产力发展中的"伟大的文明作用"。只有当资本的增殖逻辑与权力的统治逻辑融合在一起实现对生活世界入侵的时候，资本才获得了支配和统治人的权力。在资本文明的条件下，社会是以资本的发展为起点，此时资本的增殖逻辑与权力的统治逻辑一起吞噬了人民的生存逻辑，因此资本文明本质上是一种文明成果被统治阶级占有的私享文明。而我们如果想在现时代建构一种超越资本文明的新文明形态，就必须重新扭转资本与人民之间的关系，坚持以人民的生存逻辑为支点，在吸收马克思对资本的双向理解的基础上，通过塑造公共性资本以及实行经济民主，使资本增殖以及权力统治的逻辑服务于人民的利益。只有这样，这三重逻辑之间才能形成一个良好的循环，人类文明才能向一种人人互惠互利的共享形态发展。

总的来看，资本统治权批判就是要在揭示资本权力运作机制的基础上，明晰资本主义社会统治的基本特征与内在结构，在正确处理资本的增殖逻辑、权力的统治逻辑以及人民的生存逻辑关系的基础上促进文明形态变革。在这个意义上，资本统治权批判彰显出双重理论价值。一方面，从理论建构的角度来看，无论是近代政治哲学还是现代生命政治学理论，都从文明发展的角度对权力问题给予了非常高的关注。霍布斯、洛克、卢梭等从"自然权利"的角度出发，论证了统治权的形成源于人们的自然需要，由此，人们受到的奴役与压迫主要是来自政治领域。现代生命政治学理论聚焦主权形式从君主权力向规训权力的转化，详细分析了权力的微观运作模式，揭示了一种新型的资本主义治理方式。但是如果仅仅把统治权限制在政治领域，或者仅仅从微观的角度孤立地研究权力如何作用于具体的人，我们可能就会遗漏马克思政治经济学批判的核心问题，即资本作为一种抽象所形成的社会统治的问题。在这个意义上，资本统治权成为连接政治哲学与生命政治学的理论中介。在现时代，无论是宏观领域的政治统治还是微观领域的权力治理术，其理论根基都在于资本统治权。因此，对于资本统治权问题的研究可以帮助我们充分理解从政治统治权到经济统治权，以及从主权权力到规训权力这两种理论转型，为我们在当代建构一种马克思主义的政治哲学或者马克思主义的生命政治学理论奠定思想基础。另一方面，从文明形态变革的角度来看，资本文明的产生和发展深刻影响着我们的时代，这使在实践过程中不断孕育和发展的马克思主义哲学必须在反思和批判资本文明的基础上，引领我们开启一种新的文明类型。因此，从资本统治权的视角把握现代资本文明的本质，成为马克思主义哲学研究中的重要课题。在这一问题框架的指引下，对资本统治权的产生、发展及其运作机制的阐释，可以进一步巩固和深化对于马克思所指认的"抽象成为统治"问题的研究；而对于驯服资本统治权的可能性方案的探索，也可以不断深化我们对资本文明的认识和理解，指引我们以超越资本文明为前提，以促进文明形态变革为目标，在新的时代特质下凝练和概括驾驭资本的文明观念，寻求打破资本奴役与管控的现实道路。

# 参考文献

（一）经典文献

[1]《马克思恩格斯文集》第 1—10 卷，人民出版社，2009。

[2]《马克思恩格斯全集》第 3 卷，人民出版社，2002。

[3]《马克思恩格斯全集》第 25 卷，人民出版社，2002。

[4]《马克思恩格斯全集》第 30 卷，人民出版社，1995。

[5]《马克思恩格斯全集》第 23 卷，人民出版社，1972。

[6]《马克思恩格斯全集》第 31 卷，人民出版社，1998。

[7]《马克思恩格斯全集》第 32 卷，人民出版社，1998。

[8]《马克思恩格斯全集》第 44 卷，人民出版社，2001。

[9]《马克思恩格斯全集》第 45 卷，人民出版社，2003。

[10]《马克思恩格斯全集》第 46 卷，人民出版社，2003。

[11]《马克思恩格斯选集》第 1—4 卷，人民出版社，2012。

[12] 马克思、恩格斯、列宁、斯大林：《论社会主义文明》，中共中央党校出版社，1982。

（二）中文著作

[1]〔德〕阿尔弗雷德·索恩-雷特尔：《脑力劳动与体力劳动：西方历史的认识论》，谢永康、侯振武译，南京大学出版社，2015。

[2]〔加〕莫伊舍·普殊同：《时间、劳动与社会统治——马克思的批判理论再阐释》，康凌译，北京大学出版社，2019。

[3]〔英〕阿尔弗雷多·萨德-费洛:《马克思的价值:当代资本主义政治经济学批判》,周丹、孔祥润译,社会科学文献出版社,2021。

[4]〔德〕雅斯贝尔斯:《论历史的起源与目标》,李雪涛译,华东师范大学出版社,2018。

[5]〔德〕阿尔伯特·史怀哲:《文明与伦理》,孙林译,贵州人民出版社,2018。

[6]〔奥〕西格蒙德·弗洛伊德:《文明及其缺憾》,杨韶刚译,中国法制出版社,2018。

[7]〔美〕布鲁斯·马兹利什:《文明及其内涵》,汪辉译,商务印书馆,2017。

[8]〔美〕马修·梅尔科:《文明的本质》,陈静译,中国社会科学出版社,2018。

[9]〔日〕福泽谕吉:《文明论概略》,北京编译社译,商务印书馆,2019。

[10]〔以〕艾森斯塔特:《大革命与现代文明》,刘圣中译,人民出版社,2018。

[11]〔美〕马尔库塞:《爱欲与文明》,黄勇、薛民译,译文出版社,2019。

[12]〔德〕斯蒂芬·门内尔、约翰·古德斯布罗姆编:《论文明、权力与知识——诺贝特·埃利亚斯文选》,刘桂林译,南京大学出版社,2005。

[13]〔奥〕约瑟夫·熊彼特:《资本主义、社会主义与民主》,吴良健译,商务印书馆,1999。

[14]〔英〕锡德尼·维伯、比阿特里斯·维伯:《资本主义文明的衰亡》,秋水译,上海人民出版社,2018。

[15]〔美〕伊曼努尔·华勒斯坦:《历史资本主义》,路爱国、丁浩金译,社会科学文献出版社,1999。

[16]〔加〕埃伦·米克辛斯·伍德:《资本主义的起源——学术史视域下的长篇综述》,夏璐译,中国人民大学出版社,2016。

[17]〔德〕于尔根·科卡、〔荷〕马塞尔·范德林登:《资本主义:全球化时代的反思》,于留振译,商务印书馆,2018。

［18］〔英〕艾伦·麦克法兰：《现代世界的诞生》，管可秾译，人民出版社，2020。

［19］〔加〕迈克尔·A.莱博维奇：《超越〈资本论〉——马克思的工人阶级政治经济学》，崔秀红译，经济科学出版社，2007。

［20］〔美〕戴维·施韦卡特：《超越资本主义》，黄瑾译，社会科学文献出版社，2015。

［21］〔美〕大卫·施韦卡特：《反对资本主义》，李智、陈志刚等译，中国人民大学出版社，2016。

［22］〔美〕罗伯特·海尔布隆纳：《资本主义的本质与逻辑》，马林梅译，东方出版社，2013。

［23］〔美〕詹明信：《晚期资本主义的文化逻辑》，陈清侨、严锋等译，生活·读书·新知三联书店，2013。

［24］〔英〕安东尼·吉登斯：《资本主义与现代社会理论——对马克思、涂尔干和韦伯著作的分析》，郭忠华、潘华凌译，上海译文出版社，2018。

［25］〔法〕鲍德里亚：《物体系》，林志明译，上海人民出版社，2001。

［26］〔法〕鲍德里亚：《消费社会》，刘成富、全志钢译，南京大学出版社，2014。

［27］〔法〕鲍德里亚：《符号政治经济学批判》，夏莹译，南京大学出版社，2015。

［28］〔法〕鲍德里亚：《生产之镜》，仰海峰译，中央编译出版社，2005。

［29］〔法〕波德里亚：《象征交换与死亡》，车槿山译，译林出版社，2006。

［30］〔法〕博德里亚尔：《完美的罪行》，王为民译，商务印书馆，2014。

［31］〔法〕居伊·德波：《景观社会》，王昭凤译，南京大学出版社，2006。

［32］〔法〕米歇尔·福柯：《疯癫与文明》，刘北成、杨远婴译，生活·读书·新知三联书店，2019。

［33］〔法〕米歇尔·福柯：《规训与惩罚》，刘北成、杨远婴译，生活·读书·新知三联书店，2012。

[34]〔法〕米歇尔·福柯:《必须保卫社会》,钱翰译,上海人民出版社,2010。

[35]〔法〕米歇尔·福柯:《生命政治的诞生》,莫伟民、赵伟译,上海人民出版社,2011。

[36]〔法〕米歇尔·福柯:《安全、领土与人口》,钱翰、陈晓径译,上海人民出版社,2010。

[37]〔美〕迈克尔·哈特、〔意〕安东尼奥·奈格里:《大同世界》,王行坤译,中国人民大学出版社,2016。

[38]〔美〕迈克尔·哈特、〔意〕安东尼奥·奈格里:《帝国——全球化的政治秩序》,杨建国、范一亭译,江苏人民出版社,2003。

[39]〔意〕安东尼奥·奈格里:《〈大纲〉:超越马克思的马克思》,张梧、孟丹、王巍等译,北京师范大学出版社,2011。

[40]〔意〕保罗·维尔诺:《诸众的语法:当代生活方式的分析》,董必成译,商务印书馆,2017。

[41]〔德〕韩炳哲:《在群中——数字媒体时代的大众心理学》,程巍译,中信出版集团,2019。

[42]〔德〕韩炳哲:《倦怠社会》,王一力译,中信出版集团,2019。

[43]〔德〕韩炳哲:《精神政治学》,关玉红译,中信出版集团,2019。

[44]〔德〕哈特穆特·罗萨:《新异化的诞生:社会加速批判理论大纲》,郑作彧译,上海人民出版社,2018。

[45]〔美〕塞缪尔·鲍尔斯、赫伯特·金蒂斯:《民主与资本主义》,韩水法译,商务印书馆,2013。

[46]〔美〕加里·B. 赫伯特:《权利哲学史》,黄涛、王涛译,华东师范大学出版社,2020。

[47]〔美〕史蒂芬·史密斯:《黑格尔的自由主义批判——语境中的权利》,杨陈译,华东师范大学出版社,2021。

[48]孙正聿:《哲学通论》,复旦大学出版社,2005。

[49]孙正聿:《哲学:思想的前提批判》,中国社会科学出版社,2016。

[50] 王庆丰:《〈资本论〉的再现》,中央编译出版社,2015。

[51] 王庆丰:《辩证法的观念》,吉林大学出版社,2020。

[52] 白刚:《瓦解资本的逻辑》,中国社会科学出版社,2009。

[53] 白刚:《回到〈资本论〉》,人民出版社,2018。

[54] 孙亮:《重审马克思的阶级概念》,江苏人民出版社,2016。

[55] 姚介厚等:《世界文明通论——国外文明理论研究》,福建教育出版社,2010。

[56] 黄裕生:《权利的形而上学》,商务印书馆,2019。

(三)学术论文

[1] 孙正聿:《塑造"文明的活的灵魂"》,《人民日报》2014年4月27日。

[2] 孙正聿:《哲学理念创新与文明形态变革》,《人民日报》2016年8月8日。

[3] 孙正聿:《"现实的历史":〈资本论〉的存在论》,《中国社会科学》2010年第2期。

[4] 孙周兴:《技术统治与类人文明》,《开放时代》2018年第6期。

[5] 贺来:《反思现实生活中的抽象力量》,《教学与研究》2012年第10期。

[6] 贺来、白刚:《"抽象对人统治"的破除与马克思的现代性批判》,《马克思主义哲学研究》2009年第1期。

[7] 白刚:《〈资本论〉与人类文明新形态》,《四川大学学报》(哲学社会科学版)2015年第5期。

[8] 白刚:《"抽象力":〈资本论〉的"认识论"》,《哲学研究》2020年第3期。

[9] 王福生:《类哲学与人类文明新形态》,《天津社会科学》2018年第6期。

[10] 王庆丰:《文明社会的四个本质性特征》,《天津社会科学》2018年第6期。

[11] 王庆丰:《〈资本论〉中的生命政治》,《哲学研究》2018年第8期。

[12] 王庆丰:《资本统治权的诞生》,《国外理论动态》2018年第8期。

［13］王庆丰：《〈资本论〉与辩证法的高阶问题》，《哲学动态》2019 年第
2 期。

［14］王庆丰：《〈资本论〉中三个崭新的因素——马克思对〈资本论〉的
自我解读》《学习与探索》2018 年第 2 期。

［15］王庆丰：《资本形而上学的三副面孔》，《哲学动态》2017 年第 8 期。

［16］王庆丰：《商品的界限》，《山东社会科学》2017 年第 7 期。

［17］王庆丰：《超越"资本的文明"："后改革开放时代"的中国道路》，
《社会科学辑刊》2013 年第 1 期。

［18］王庆丰：《资本的界限——现代社会的合理性边界》，《求是学刊》
2016 年第 1 期。

［19］王庆丰：《欲望形而上学批判——〈资本论〉的形上意义》，《社会科
学辑刊》2015 年第 5 期。

［20］王庆丰：《马克思关于资本主义社会的三个隐喻》，《社会科学家》
2015 年第 1 期。

［21］孙亮：《抽象的统治与主体的位置——对莫伊舍·普殊同重构马克思批
判理论的反思》，《马克思主义哲学研究》2020 年第 2 期。

［22］孙亮：《〈资本论〉语境中"价值形式"分析的主体困境》，《内蒙古
社会科学》2020 年第 7 期。

［23］孙亮：《重审〈资本论〉语境中的"抽象"与统治》，《贵州大学学
报》（社会科学版）2020 年第 1 期。

［24］孙亮：《"货币图式"的非概念性与政治经济学批判》，《哲学研究》
2020 年第 11 期。

［25］孙亮：《重新理解〈资本论〉语境中的"价值形式"批判》，《社会科
学》2019 年第 6 期。

［26］孙亮：《从"社会事实"到"社会存在"——基于〈资本论〉价值形
式批判的尝试性分析》，《天津社会科学》2021 年第 2 期。

［27］汪行福：《马克思"现实抽象"批判四维度》，《马克思主义与现实》
2018 年第 2 期。

[28] 王善平：《现代性：资本与理性形而上学的联姻》，《哲学研究》2006年第1期。

[29] 仰海峰：《〈资本论〉与资本主义社会的哲学批判》，《哲学动态》2017年第8期。

[30] 吴晓明：《论马克思辩证法的"实在主体"》，《哲学研究》2020年第8期。

[31] 翁寒冰：《马克思权力批判理论的逻辑进路》，《当代国外马克思主义评论》2019年第1期。

[32] 翁寒冰：《马克思对"商品的社会形式"之内在危机特性的探讨——一种超越抽象同一性维度的思考》，《哲学研究》2020年第4期。

[33] 董彪：《权力视域中的资本——资本权力的概念、机制及其现代效应》，《马克思主义哲学论丛》2017年第4期。

[34] 周嘉昕：《现实抽象与唯物辩证法——重思〈资本论〉写作过程中的辩证叙述方式》，《哲学研究》2019年第2期。

[35] 周嘉昕：《索恩·雷特尔"现实抽象"的三重维度》，《学习与探索》2017年第1期。

[36] 周嘉昕：《真实的抽象：从阿多诺到齐泽克》，《马克思主义与现实》2014年第4期。

[37] 李乾坤：《价值形式、国家形式与资本主义社会结构——基于德国新马克思阅读的探讨》，《国外社会科学前沿》2020年第3期。

[38] 李乾坤：《对〈资本论〉价值形式理论的三种哲学阐释》，《江西社会科学》2019年第2期。

[39] 黄玮杰：《一般智力、价值形式与激进辩证法》，《贵州师范大学学报》（社会科学版）2018年第2期。

[40] 黄玮杰：《价值形式、现实的抽象与象征秩序——从阿多诺到齐泽克的政治经济学批判》，《学习与探索》2020年第1期。

[41] 张义修：《"现实抽象"：商品交换中生成的认知机制》，《学习与探索》2017年第7期。

［42］鲁绍臣：《〈资本论〉的当代解读：抽象统治的视角与反思》，《党政干部学刊》2015年第11期。

［43］鲁绍臣：《〈资本论〉与抽象统治：当代价值形式学派的贡献与反思》，《现代哲学》2015年第6期。

［44］庄忠正：《"个人现在受抽象统治"——马克思对资本主义社会中人的生存状况的批判》，《求索》2016年第7期。

［45］唐爱军：《马克思对"抽象统治"的揭示与批判》，《中共南京市委党校学报》2010年第3期。

［46］王淼：《"个人现在受抽象统治"——马克思对资本的存在论批判》，《吉林大学社会科学学报》2012年第5期。

［47］郝志昌：《超越资本文明：人类文明形态变革的学理性根据》，《河南大学学报》（社会科学版）2021年第1期。

［48］刘晓晓、蓝江：《矛盾运动：抽象统治的根由——从对资方学界价值形式的批判入手》，《黑龙江社会科学》2020年第3期。

［49］张杰：《马克思权力批判思想研究》，南京大学博士学位论文，2017。

［50］董键铭：《资本权力批判——资本之为权力的哲学研究》，吉林大学博士学位论文，2020。

［51］王雪：《破解资本权力之谜——马克思资本批判理论中的一个政治问题》，吉林大学博士学位论文，2020。

（四）外文文献

［1］John Holloway, *Crack Capitalism*, *London*：Pluto Press, 2010.

［2］Benhabib S., Critique. Norm, and Utopia, *A Study of the Foundations of Critical Theory*, New York：Columbia University Press, 1986.

［3］Vesa Oittinen, *Evald Ilyenkov's Philosophy Revisited*, Helsinki：Kikimora Publications, 2000.

［4］Jonathan Nitzan, Shimshon Bichler, *Capital as Power: A Study of Order and Creorder*, Abingdon：Routledge, 2009.

［5］Michael Mann, *The Sources of Social Power*, Vol. 1, Cambridge：Cambridge

University Press, 1986.

[6] Marcuse H. , *Heideggerian Marxism*, Nebraska: University of Nebraska Press, 2005.

[7] Albert Borgmann, *Crossing the Postmodern Divide*, Chicago: The University of Chicago Press, 1992.

[8] H. H. Gerth & C. W. Mills (eds. ), *From Max Weber: Essays in Sociology*, New York: Oxford University Press, 1946.

[9] Alberto Toscano, "The Open Secret of Real Abstraction", *Rethinking Marxism*, (2008) 20.

[10] Anselm Jappe, "Sohn-Rethel and the Origin of' Real Abstrac-tion: A Critique of Production or a Critique of Circulation?", *Histori-cal Materialism* 21. 1 (2013).

**图书在版编目(CIP)数据**

资本统治权批判 / 蔡垚著 . -- 北京：社会科学文
献出版社，2025.1. -- ISBN 978-7-5228-4166-3
Ⅰ. F014.39
中国国家版本馆 CIP 数据核字第 2024R2V908 号

## 资本统治权批判

著　　者 / 蔡　垚

出 版 人 / 冀祥德
责任编辑 / 王小艳
责任印制 / 王京美

出　　版 / 社会科学文献出版社·马克思主义分社 (010) 59367126
　　　　　　地址：北京市北三环中路甲 29 号院华龙大厦　邮编：100029
　　　　　　网址：www.ssap.com.cn
发　　行 / 社会科学文献出版社 (010) 59367028
印　　装 / 三河市东方印刷有限公司

规　　格 / 开　本：787mm×1092mm　1/16
　　　　　　印　张：12.75　字　数：195 千字
版　　次 / 2025 年 1 月第 1 版　2025 年 1 月第 1 次印刷
书　　号 / ISBN 978-7-5228-4166-3
定　　价 / 89.00 元

读者服务电话：4008918866